共享经济时代汽车租赁需求预测及调度方法研究

杨亚璪　谭英嘉　著

人民交通出版社股份有限公司

北京

内 容 提 要

共享经济时代汽车租赁业得到蓬勃发展,本书以共享经济时代为背景,充分挖掘和分析汽车租赁需求的特征和影响因素,从出行方式选择、租赁意向、动态环境变化、顾客选择偏好、顾客选择行为、租赁车队调度、租赁收益分配等方面,对个体的汽车租赁出行选择行为和租赁商的车队存量控制与动态调度策略进行了研究,并从收益和效率方面对汽车租赁运营进行了探讨。本书的主要内容是作者主持的教育部人文社会科学研究青年基金项目"共享经济时代分时租赁车队调度策略及应对机制研究"(项目编号:17YJCZH220)的部分研究成果,可为租赁商把握市场动态、优化车队调度、调整运营策略提供一定的理论依据和参考。

本书可供从事汽车租赁经营、共享经济发展等研究的人员及政府部门管理人员参考,也可供高等院校交通运输规划与管理、交通运输经济等专业的师生参考使用。

图书在版编目(CIP)数据

共享经济时代汽车租赁需求预测及调度方法研究/杨亚璪,谭英嘉著. —北京:人民交通出版社股份有限公司,2022.8

ISBN 978-7-114-17973-0

Ⅰ.①共… Ⅱ.①杨… ②谭… Ⅲ.①汽车管理—需求—预测—研究 ②汽车管理—车辆调度—研究 Ⅳ.①F540.5

中国版本图书馆 CIP 数据核字(2022)第 087096 号

Gongxiang Jingji Shidai Qiche Zulin Xuqiu Yuce ji Diaodu Fangfa Yanjiu

书　　名:	共享经济时代汽车租赁需求预测及调度方法研究
著　作　者:	杨亚璪　谭英嘉
责任编辑:	郭　跃
责任校对:	赵媛媛
责任印制:	张　凯
出版发行:	人民交通出版社股份有限公司
地　　址:	(100011)北京市朝阳区安定门外外馆斜街 3 号
网　　址:	http://www.ccpcl.com.cn
销售电话:	(010)59757973
总　经　销:	人民交通出版社股份有限公司发行部
经　　销:	各地新华书店
印　　刷:	北京建宏印刷有限公司
开　　本:	720×960　1/16
印　　张:	15
字　　数:	235 千
版　　次:	2022 年 8 月　第 1 版
印　　次:	2023 年 7 月　第 2 次印刷
书　　号:	ISBN 978-7-114-17973-0
定　　价:	46.00 元

(有印刷、装订质量问题的图书,由本公司负责调换)

前言
FOREWORD

移动互联技术的高速发展和社交网络应用的快速渗透,促发了人们对共享理念的认同,也促进了共享实践领域不断扩展。国家信息中心发布的《中国共享经济发展报告(2022)》显示,2021年我国共享经济继续呈现出巨大的发展韧性和潜力,全年共享经济市场交易规模约36881亿元,同比增长约9.2%,其中交通出行领域交易额达2344亿元,较2020年增加了68亿元。汽车租赁业乘着共享经济时代的大潮得到蓬勃发展,租车出行理念深入人心。从用户需求端来看,近年来驾驶人数量一直保持在私家车保有量的两倍左右,汽车租赁市场保持每年10%的高速增长,2020年以来受新冠肺炎疫情影响,增速略有下降。然而资讯信息与租赁渠道的多样化,使得顾客的租赁需求更具有可比性、自主性和个性,这也为租赁商的供给决策带来了不确定性。对汽车租赁商而言,兼顾顾客的需求特征和复杂的市场结构,准确预测租车需求和优化调度车队资源,设计应对机制解决供给缺失或过剩带来的收益损失显得尤为重要。本书运用因子分析、期望最大化法、非集计模型、结构方程模型、动态规划、多目标整数规划、博弈论等经典理论模型展开分析,研究多模式竞争、路网动态变化条件下的汽车租赁需求特征、待租车辆动态存量控制、车队调度策略及企业收益分配问题。

本书的主要内容是作者主持的教育部人文社会科学研究青年基金项目"共享经济时代分时租赁车队调度策略及应对机制研究"

(项目编号:17YJCZH220)的部分研究成果。本书由重庆交通大学杨亚璪(重庆华夏人文艺术研究院特聘研究员)和深圳市综合交通与市政工程设计研究总院有限公司谭英嘉撰写。杨亚璪负责全书的结构策划和统稿,谭英嘉负责数据分析和资料整理,参与编写的有:聂垚(编写第二章~第四章),张礼平(编写第五章),谭英嘉(编写第六章),胡小海(编写第七章),胡仕星月(编写第八章)。作者在撰写过程中,参考了部分文献,并在书后一一列出,在此对引用文献的作者表示真诚的感谢,若有疏漏,敬请谅解。

  重庆交通大学硕士研究生吴瑶、张伟勇、张礼平,深圳市综合交通与市政工程设计研究总院有限公司工程师朱一洲、利敏怡、况雪等协助完成了文字校对和图表绘制。本书的出版得到了重庆交通大学李豪教授、彭勇教授的大力支持和帮助,他们对有关内容提出了宝贵的意见,在此表示深切的谢意。

  由于作者水平有限,书中难免存在不足之处,敬请各位同行批评指正。

作　者

2022 年 4 月

目 录
CONTENTS

第一章　绪论 ··· 1
　第一节　研究背景 ··· 1
　第二节　文献综述 ··· 3
　第三节　文献研究现状 ··· 8
　第四节　本书的主要内容 ·· 8
第二章　多模式选择的汽车租赁意向影响因素分析 ······················ 10
　第一节　变量提取 ·· 11
　第二节　模型分析 ·· 15
　第三节　实例分析 ·· 20
　本章小结 ·· 30
第三章　动态因素影响下汽车租赁的选择行为研究 ······················ 32
　第一节　租车特征分析 ·· 33
　第二节　租车出行选择模型 ·· 42
　第三节　模型应用 ·· 54
　本章小结 ·· 67
第四章　考虑顾客选择偏好的汽车租赁需求预测方法 ··················· 69
　第一节　研究基础 ·· 70
　第二节　模型分析 ·· 81
　第三节　实例分析 ·· 92
　本章小结 ·· 102
第五章　考虑顾客选择行为的车辆动态存量控制模型 ·················· 104
　第一节　汽车租赁的存量控制 ··· 105

第二节　模型分析 …………………………………………………… 111
　　第三节　算例分析 …………………………………………………… 119
　　本章小结 ……………………………………………………………… 127
第六章　巢式需求下的汽车租赁车队调度策略研究 …………………… 129
　　第一节　租赁站点联营区的划分 …………………………………… 130
　　第二节　战略车队调度 ……………………………………………… 136
　　第三节　战术车队调度 ……………………………………………… 149
　　第四节　算例分析 …………………………………………………… 161
　　本章小结 ……………………………………………………………… 170
第七章　考虑服务外包的汽车租赁收益分配研究 ……………………… 172
　　第一节　服务外包 …………………………………………………… 173
　　第二节　模型分析 …………………………………………………… 183
　　第三节　算例分析 …………………………………………………… 195
　　本章小结 ……………………………………………………………… 201
第八章　集约发展模式的汽车租赁企业运营效率评价 ………………… 203
　　第一节　效率评价研究基础 ………………………………………… 204
　　第二节　运营效率测评模型 ………………………………………… 210
　　第三节　实例分析 …………………………………………………… 213
　　本章小结 ……………………………………………………………… 220
第九章　主要结论 …………………………………………………………… 222
参考文献 ……………………………………………………………………… 224

第一章 绪论

在互联网信息技术的推动下,资源共享这一商业模式盘活了闲置资源的再利用,在提升社会经济效率的同时也减少了资源浪费。在城市交通供给多元化的情况下,汽车租赁作为一种共享经济和"互联网+"的融合产业,为交通出行领域的可持续发展提供了一项切实可行的解决方案,且满足了人们多样性的出行需求。该商业模式主要为用户提供随取即用的车辆租赁服务,能够提高闲置车辆的使用率,一方面抑制居民的购车需求,解决大城市私家车占有过量的问题,另一方面实现闲置资源的最大化利用。

第一节 研究背景

汽车租赁是指将汽车的资产使用权从拥有权中分开,出租人具有资产所有权,承租人拥有资产使用权,出租人与承租人签订租赁合同,以交换使用权利的一种交易形式。它作为汽车共享产业的分支,在我国保持持续高速发展,77%的大型租赁商具有整车生产厂商背景,新近投放运力中的95%为新能源车型。截至2019年底,汽车租赁市场的整体车队规模达到22.88万辆。预计到2025年,我国汽车租赁市场规模将达到1585亿元左右,年复合增长率约为13%。共享经济借助移动互联技术,将"点对点"的分散需求满足转化为"多对多"的平台供应,极大地降低了信息交易和沟通成本,为汽车租赁服务提供了平台,不仅有利于促进资源共享和节能减排,也有利于调整城市交通结构,缓解供需矛盾。顾客需求的不确定性和广泛分布特征,对租赁商在应对顾客选择行为上提出了很高的要求,如何最优化调度车队资源,并设计应对机制以缓解供给缺失或不足带来的收益损失显得尤为重要。研究共享经济时代汽车租赁需求预测及车队调度策略,可以使汽车租赁商真正做到在正确的时间和地点,以正确的价格和数量将服务提供给需要的顾客,从而实现资源最大化利用和收益最大化获得。

同时,渠道的多元化导致了顾客多样选择行为的产生。随着互联网等信息技术的发展和普及,顾客获取市场信息也变得更加迅速和便捷,使得部分顾客基于当前汽车租赁价格、服务水平及其他相关信息,对未来租车产品形成理性预期,对其车辆品质、租赁价格、安全水平有了特定的需求,并以此来决定后期对产品的租赁时间,实现效用的最大化。此类顾客被称为策略顾客。顾客策略行为使得汽车租赁公司的供给决策变得不确定,从而减少了租赁公司的收益。目前,在汽车租赁市场上存在着大量的策略顾客。研究发现,租赁公司在车辆存量控制和车队调度时,若忽略顾客的选择行为,会给公司的收益带来不小损失。因此,如何在顾客租车决策行为下实施有效的收益管理显得尤为重要。具体而言,在移动互联技术快速发展背景下,分析顾客租车需求、还车需求和在途时间特征,以需求预测为基础,跟踪监测各租赁站点待租车辆库存,并提出租赁车队的网络优化调度策略,可以为租赁商更好地开展网络设计提供理论参考,包括车型种类、租赁站点数量、设施配置、用地等规划设计;为租赁商确定车队规模、站间车辆调度数量和调度策略提供建议;同时可以有效缩短顾客等待时间,实现租赁商车队资源利用和整体收益最大化。

因此,本书针对共享经济背景下的顾客租车选择行为和复杂的市场结构,分析汽车租赁的需求特征及影响因素,建立需求预测模型,准确预测需求量,并以需求预测为基础,构建考虑顾客租车选择行为的租赁车队和站点网络规模联合优化模型,提出车辆存量控制和车队调运的策略,为汽车租赁企业实施有效的收益管理提供理论依据。

第二节 文献综述

与本书相关的研究主要集中在顾客租车需求、租赁车辆存量控制、车队优化调度等方面,已有一些文献从不同角度对其展开了分析。例如,Baltas 等(2013)建立了基于非集计理论的补偿性选择模型来研究顾客选择行为、心理特征、车辆使用目的等因素对其车型选择的影响;Han 等(2015)基于 2007—2010 年的真实数据进行预测,通过调整当天和农历假期来反映日期波动,得到汽车租赁的季节性需求预测结果。此外,本书基于顾客选择行为对租赁车辆存量控制和车队规划进行分析,所以有关租赁商车队规划策略的研究也是本书关注的重点,现有的研究主要分析了汽车租赁车队调度的模型和方法。例如,Talluri(2004)等以 Logit 模型为基础,利用马尔可夫决策方法建立存量控制模型,探究最优嵌套控制策略的可行性;Julian 等(2006)将库存量与租赁需求的匹配作为车队调配目标,并通过 3 个连续的决策阶段来实现即联营区划分、战略车队规划和战术车队规划;Fink 等(2006)针对战术车队规划的问题,提出了基于一周滚动规划周期处理问题的建模思路;Li 等(2010)基于动态规划的思想,考虑单一车型单程租赁优于往返租赁条件下,确定了两站点间租赁车队的规模及车辆调配策略。下面分别就租车需求特征及预测、车队的优化调度和租赁商选择与效率评价的研究进行综述。

一、租车需求特征及预测

对于租车需求的特征和数量的预测,通常根据历史统计和预订系统数据获得车辆需求和归还的变化特征,采用偏移的预定曲线拟合短期需求,采用季节性时间序列分析方法预测长期需求。多车型需求呈现出巢式结构,可以根据预订数据采用回归模型,将集计需求描述为泊松分布、伽马分布等离散分布类型。而由于预订量受供应能力约束,其历史数据不能真实地反映实际市场需求,因此,可以对受约束数据进行修复,并体现预约记录的拒绝量对预测的价值。也有研究采用非集计模型,如基于活动或主体的模型预测共享租车需求,但模型的准确性缺乏论证。目前,已有许多国内外学者对租车需求特征和预测展开了研究,主要涉及以下几个方面。

(1)顾客需求特征与租车影响因素。Mannering等(2002)通过分析顾客的偏好动机,构建了车辆购置决策模型,包括车辆租赁与购买与否以及车型选择。Papon等(2008)运用Logistic模型探讨了法国居民租车与家庭拥有车辆数、家庭驾驶证数量之间的关系,并基于历史租车数据分析了用户来源和租车目的。Liao等(2009)基于结构方程模型(SEM)分析了顾客租车的影响因素,发现企业可靠性、影响度、认知度等因素与租车意愿存在显著的关系。黄猷翔(2009)基于消费者租车需求期望与实际应用体验进行探讨,从服务品质、顾客满意度、顾客忠诚度等层面对消费者再续约意愿进行研究。赵敏和王善勇(2018)基于计划行为理论(TPB),分析影响汽车共享使用意向的主要因素,发现感知价值对接受态度有显著正向影响,而感知风险有负向影响。刘向等(2019)应用Nested Logit离散选择模型来探究影响用户出行选择的因素,发现使用成本、站点距离、出行里程、驾龄、私家车拥有情况以及年龄等因素对顾客是否选择租车出行有显著影响。

(2)汽车租赁数据修复与需求预测。实际应用中,部分顾客的需求因为价格、时间、产品、库存等因素未被满足,不能直接获取这些数据,因此,需要对这部分受约束的需求进行修复,通常把修复后的数据称为"无约束需求"。如何完成对顾客真实需求的估计,是需求预测特有的难题。其中,Swan(2002)为解决航空客运需求的无约束估计问题,提出早期的单舱位Spill模型,研究发现正态分布的Spill模型更具普适性。郭鹏等(2008)提出多舱位Spill模型,对航空客运无约束需求的预测方法展开了研究,并对单舱位和多舱位模型在不同需求水平下进行对比,发现多舱位模型能够避免重复记录而造成真实数据高估的问题。郭鹏等(2014)又对Spill模型和EM算法的无约束修复过程进行仿真比较,发现当需求趋于不稳定时,EM算法优于Spill模型。在汽车租赁需求研究领域,Geraghty(1997)等将需求预测分为长期预测和短期预测,其中长期预测来自对季节性历史数据的分析,短期预测基于预订租车量的变化。Zhu(2006)首次揭示预订系统记录的拒绝量对无约束需求估计的重要性,并指出潜在需求包括多次预约被拒、推迟预约成功、预约成功后取消、到期未履行四种情况,只要甄别四种情况导致的拒绝量就能得到潜在的需求量。Nikseresht 和 Ziarati(2017)基于多项 Logit 选择模型,提出了根据预订信息、产品可用性和市场份额等历史数据来估计选择模型参数的算法,实例验证发现该估计方法执行时间快且误差低。贡文伟和黄晶(2017)建立基于灰色理论与指数平滑法的组合预测模型,对 M 公司新车型的需求量展开预测,结果表明组合预测效果比单一预测模型误差小,预测性能更好。相关研究人员(2018)考虑顾客主观选择行为,通过 SP 调查得到顾客偏好概率,利用多项 Logit 模型来量化其他车型转移过来但受到截尾的需求量,从而提出对 Spill 模型的改进方法,改进的 Spill 模型平均误差明显减小。

二、租赁车队存量控制与规划调度

汽车租赁站点存在空间距离和波动需求,顾客租车存在租期长短和异地还车,会造成各站点车辆供给和需求的不平衡。于是,将待租车辆看作库存产品,依靠信息共享实现车辆在站点间的合理调配,优化物流过程,成为企业完成资源有效配给和利用的关键,这属于运输和库存的整合优化问题。租赁时长的随机性和租赁过程的动态性导致决策过程变得较为复杂,主要体现在以下几个方面。

(1)车辆存量控制与容量分配。针对考虑时间因素的动态存量控制,Lee 等(1993)建立了一个离散时间的动态规划模型。Talluri 等(2004)考虑顾客选择行为下,建立基于存量控制的马尔可夫决策模型,证明一定条件下可以获得最优嵌套控制策略。Schmidt(2009)运用有限时阈的马尔科夫过程,解决了汽车租赁预订的动态控制过程。霍佳震等(2016)通过建立综合考虑需求双向转移的多等级机票存量控制静态模型,探索航空公司收益的最大化。相关研究人员(2016)基于 Logit 模型建立顾客选择的效用函数,并基于顾客选择行为确定了车辆存量水平。闫振英等(2019)基于网络收益管理理论,构建了多种选择行为下的马尔可夫链选择模型,来研究高速铁路席位动态控制策略。针对租赁容量的配置研究,大多数是将收益管理中的容量分配引入租赁问题,并构建随机动态规划模型对问题进行求解。

Haensel 和 Schmidt(2012)设计近似算法解决了提前期确定的前提下,汽车租赁的容量控制问题。Li 和 Zhan(2016)基于提前期随机和容量不确定的情况,研究了单个站点的动态预订控制模型,并设计启发式算法解决了该问题。也有文献考虑顾客的不同类型,进行了容量分配。例如,Jain 等(2015)讨论了当租赁需求为时间的减函数时,企业的最优分配策略是限制归还时间较长顾客的需求。刘名武等(2018)将顾客分为具优先权的顾客和普通顾客,采用排队论模型讨论了易逝品的库存控制模型。

(2)调度阶段划分和决策系统框架。以库存与需求的匹配为目标,联营区划分、战略车队调度和战术车队调度三个连续决策阶段是租赁车队调度策略的基本共识。陈旭(2005)基于收益管理对单车型、单个租赁站点的车辆租价与配置进行了定量化研究,根据计算结果分析了顾客主观价值差异和顾客到达率对租赁商最优定价和最大期望收益的影响。Fink(2006)将一周时间划分为 14 个时段,提出了基于滚动调度周期处理问题的建模思路,给出了租赁车辆物流决策支持系统的框架。相关研究人员(2008,2009)借用 P-中值模型实现了租赁联营区的划分,提出租赁车队的调度应考虑到由于顾客租车所产生的系统内部调节量,并分析未按预订到场、租期的不确定性等因素。

(3)调度模型约束和优化目标差异。2009 年以来,学者开始将车辆维修时间、维修人员配置、租赁需求转包等约束条件考虑进来,并从用户角度和租赁商运营角度提出优化目标。Hertz(2009)提出的模型考虑了车辆维修、租赁需求转包,以最小成本条件下满足所有顾客请求为目标。王仙凤(2009)将维修能力是否满足需求列为约束条件,以成本最小为优化目标,得到车辆的调度和配置方案。Li(2010)考虑了单一车型、两个租赁站点之间的车队规模确定和优化调度问题,采用两阶段动态规划模型获得优化结果。相关研究人员(2010,2011)以物流成本最小为目标,针对需求固定和随机情况下问题的复杂性,以企业运营成本最小为目标建立模型,并采用 Benders 分解算法求解。罗利(2011)建立了超售模型,并选择粒子群算法求解单日车辆调度的随机期望模型。Peng(2014)建立了车队规模和调度转运的一体化非线性整数规划模型,并指出即便付出更多的成本去满足顾客需求都是值得的。

三、租赁商收益分配与效率评价

（1）合作商选择与收益分配策略。为实现资源合理配置，增强企业核心竞争力，实施非核心竞争力业务外包便是一条有效途径，因此，进行服务商选择和收益分配的探讨显得至关重要。对于服务商选择的研究，Akomode 等（1998）提出了一种基于行为研究和层次分析法面向计算机的定制模型，分别从技术水平、服务质量、总成本、承诺、响应时间、业绩6个指标对承包商进行综合评价。张燨等（2014）运用 BP 神经网络技术，构建了基于动量 BP 神经网络的工程项目承包商选择模型，并验证了模型的准确性。任远波等（2018）引入社会网络分析法（SNA），总结出选择公共服务承包商的5个关键性指标。对于租赁收益分配的研究，国内外主要侧重于对收益分配方法、模型的探索。最早关于收益分配的定量分析方法是由 Shapley 提出来的，旨在根据成员的贡献度，对合作中产生的收益进行分配。Karlsen（1989）采用模糊理论，对收益分配的方法进行了分析。叶晓甦等（2017）通过探讨顾客感知对公共价值的影响机制，建立了政府、社会资本和公众三方的收益分配模型。王延清（2007）将利益分配分为初次阶段和调整阶段，分别采用 Nash 谈判集模型和博弈论方法对两阶段的收益分配进行研究。

（2）运营效率评价指标与方法。效率的评价方法主要包括两种，即数据包络分析法（Data Envelopment Analysis，DEA）和随机前沿分析法（Stochastic Frontier Analysis，SFA）。Sami 等（2013）采用 SFA 测算了18个城市、64个公交企业运营的技术效率，认为企业规模、资本投入是重要影响因素。章玉等（2017）基于各城市公交统计数据，运用 SFA 测算出公交运营效率。张春勤等（2017）基于 SE-DEA 模型与 Malmquist 指数的组合评价法，从生产、服务等方面对公交企业运营绩效进行综合评价。在汽车租赁企业运营领域，Lazov 等（2017）通过构建以车辆利用率和车队规模为指标的评价模型，对汽车租赁企业的利润管理进行分析评价。孙泽生等（2017）采用神州租车10个城市的面板数据，探讨了私家车保有量、车牌限行政策等外界因素对租车产业发展的影响。Li 等（2017）研究了汽车租赁业收益管理、运营绩效管理中存在的问题。孙泽生等（2017）采用10个城市的神州租车面板数据，探讨了私家车保有量、车牌限行政策等外界因素对租车产业发展的影响。

第三节　文献研究现状

从上述文献的整理和归纳来看，相关学者对汽车租赁出行选择、需求预测、存量控制等收益管理方面的研究取得一定的成果，但也存在有待完善的地方，具体如下：

(1)在选取顾客选择影响因素时缺乏科学性，多依赖于主观先验信息，顾客的实际意愿不能完全体现出来，与实际选择考虑的复杂情况有误差。

(2)租车需求预测方面的文献很少考虑到历史数据受约束的情况，即部分顾客的需求因为某些原因未被满足，而不能直接获取到这些数据。因此，在进行需求预测前，需要对这部分受约束的需求数据进行修复。

(3)现有的存量控制研究没有同时考虑到汽车租赁运营状态转移、顾客选择行为和车辆存量之间的相互影响。例如，很多顾客会因为租赁公司无车而被拒绝，而在需求不旺盛时，往往又会出现车辆闲置的情况。

(4)对巢式需求下的战术车队规划问题进行的探讨止于有限类车型和站点的情形，其模型的解法尚不够完善。

(5)服务商评价指标的选取一般从承包成本和顾客需求两方面考虑，但对顾客自身选择驱动因素和选择影响机制的考虑还不足，且评估模型中缺少统一的量化标准。

第四节　本书的主要内容

本书在共享经济时代背景下，以顾客租车需求特征和影响因素为基础，提出租赁商车队存量控制和调度策略，揭示需求与供给的相互作用机理，主要内容包括以下几个部分。

第一部分,汽车租赁的需求特征、影响因素与预测方法研究。依据历史数据和预订数据更新,揭示各类车型租赁需求在时间、空间和结构上的变化特征。第二章从微观角度出发,将影响顾客租车需求的因素按照来源的差异界定为两类,即内部因素(个人属性、心理感知、个人偏好)和外部因素(供给策略、实际状况)。通过因子分析法区分和界定信息交织,探求影响租赁站点租车需求的主要因素。第三章进一步考虑季节变化、过往租车经历等动态因素的影响,对顾客租车出行选择行为展开了探讨。第四章考虑到租车需求受到预订系统所提供产品数量、种类、价格的约束而造成数据有所缺失,进而采用改进的 Spill 模型进行无约束估计,估计出真实的、无约束的需求;并通过意向调查数据获取信息,从概率角度用定量方法对顾客租车需求进行了预测。

第二部分,租赁车队存量控制和调度策略研究。汽车租赁的吸引力在于服务水平和系统成本,服务水平受到潜在顾客对租赁站点的可达性影响,主要包含两方面:一是顾客到达租车和还车站点的距离(起讫点距离),二是租车站点是否有可用车辆;系统成本受到站点数量、站点规模、车队规模、可用车辆数的影响。对此,第五章综合考虑汽车租赁运营状态、顾客选择行为和车辆存量之间的相互影响,对租赁商的车辆存量动态控制进行研究。第六章继续从联营区划分、战略车队调度和战术车队调度三个方面,分别以"分层建网、区域调度"原则为基础建立联营区划分模型、以"满足需求、成本最小"为原则建立战略车队调度模型、以"动态调整、效益最大"为目标建立战术车队调度模型,来探讨租赁商车队规划的调度策略。

第三部分,服务商选择与运营效率评价。第七章综合考虑汽车租赁服务商的综合实力、技术先进性、管理完备性、服务可靠性等特征,构建了服务商的综合评价指标体系,并得出合理有效的选择方案,再利用讨价还价博弈模型,对合作双方的剩余利润分配展开了研究。第八章借助随机前沿分析和超越对数生产函数,引入车队规模水平和车辆利用率两个外生变量,对不同类型企业的运营效率进行了测算。

第二章 多模式选择的汽车租赁意向影响因素分析

汽车租赁通常简称为租车,分为干租和湿租两种,其中干租不提供驾驶劳务,湿租则提供驾驶劳务。本书研究的租车为干租,即居民前往汽车租赁公司或站点仅选取租车服务。本章从居民出行的视角,综合考虑其出行的不确定性和广泛分布的特征,通过对非集计理论和结构方程模型的组合应用,对居民的个体特征、出行特征、心理感知特征、态度和理论行为特征以及租车的基本特征进行系统性分析,从而确定影响居民租车意向的关键因素,为进一步分析租车行为偏好、预测租车需求提供理论基础。

随着城市交通体系的逐步完善,在多种交通方式共存的情况下,居民的日常出行方式变得多样化。租车作为一种新型出行方式,具有便捷性、舒适性和高效性等特点。面临汽车购置费用高、持有成本高、异地用车成本高的"三高"问题,居民出行方式选择逐渐从小汽车转向为租赁费用低、借还方便、可选车型多的租车。在这种情况下,为具体了解居民的个性化出行需求,在进行影响因素研究时,不仅要考虑居民的自身状态和出行需求偏好,还要兼顾租车出行的基本特性。

目前,国外学者对出行者租车行为的研究较成熟,关于出行方式选择影响因素的研究方法主要采用集计模型和非集计模型方法。Papon 等(2008)运用 Logistic 模型分析了法国居民租车与家庭拥有车辆数、家庭驾照数量之间的关系。Liao 等(2009)基于结构方程模型(SEM)分析了居民租车的影响因素,发现企业可靠性、影响度、认知度等因素与居民租车意愿存在显著的关系。Mattia 等(2019)通过构建基于计划行为理论的结构方程模型,研究了出行者态度、主观规范和感知的行为控制对使用汽车共享服务意图的影响。国内关于居民租车行为的研究成果还很匮乏，尤其缺少对租车内部、外部特征的考虑。例如，高永等(2016)根据对租车用户的问卷调查结果，量化计算出网约租车发展后居民出行方式选择的变化。谢俊斐等(2019)以某市大学生旅游出行特征为基础数据，运用因子分析和聚类分析筛选出影响其出行选择行为的关键因素，建立基于旅游动机的租车行为度量模型。此外，自计划行为理论(Theory of planned behavior，TPB)被应用于交通行为分析以来，出行者的心理、态度等潜在变量被引入大量研究，使影响变量体系更完善，分析更准确。景鹏等(2016)在计划行为理论框架的基础上增加"描述性规范""行为习惯"两个变量，通过多指标多原因模型分析出居民城际出行行为的显著性影响因素。

基于上述背景，本章在综合考虑个体特征、出行偏好和租车的内部、外部特征的基础上，构建基于 SEM-Logit 的租车选择模型，重点分析受访者出行基本特征、心理感知特征和租车基本特征对其租车意向的影响。同时，为考虑态度和理性行为变量，再基于 TPB 构建理论规范激活模型，来解释知觉行为控制、主观规范的影响力。研究成果可为汽车租赁商改善服务环境和提高服务质量提供理论参考。

第一节 变量提取

一、外部因素

租车选择行为受到外部因素中出行基本特征和租车基本特征的影响。出行基本特征包含个体特征(性别、年龄、个人收入、有无驾驶证等)和出行特征(出行目的、出行距离等)。与其他交通方式不同，实际生活中居民选择租车出行时除受到个体特征和出行特征的影响外，同时还受到成本特征(价格、押金等)和其他特征(车型种类、预约方式等)的影响。对上述特征中包含的变量进行系统性分析，提取主要影响变量，见表2-1。

外部影响变量及其含义　　　　　　　表 2-1

影响变量		变量编号	变量取值及含义
个体特征	性别	X_1	取值为 0 或 1；0 代表女，1 代表男
	年龄	X_2	20 岁以下、20~30 岁、31~40 岁、41~50 岁、50 岁以上，取值分别为 0~4
	个人收入	X_3	2500 元以下、2500~7000 元、7000 元以上，取值分别为 0~2
	是否有车	X_4	取值为 0 或 1；0 代表无，1 代表有
	有无驾驶证	X_5	取值为 0 或 1；0 代表无，1 代表有
出行特征	出行目的	X_6	休闲旅游、商务办公、办理私事和其他，取值分别为 0~3
	出行距离	X_7	10km 以下、10~30km、31~50km、50km 以上，取值分别为 0~3
	结伴出行	X_{13}	取值为 0 或 1；0 代表否，1 代表是
成本特征	价格	X_8	100 元/d 以下、101~300 元/d、301~500 元/d、500 元/d 以上，取值分别为 0~3
	车险	X_9	取值为 0 或 1；0 代表无，1 代表有
	押金	X_{10}	3000 元以下、3000~8000 元、8000 元以上，取值分别为 0~2
其他特征	车型种类	X_{11}	1~10 种、11~20 种、20 种以上，取值分别为 0~2
	预约方式	X_{12}	电话预订、网站预订、手机 App（应用程序）和其他，取值分别为 0~3

性别对租车行为的影响具有普遍性，男性租车频率要高于女性，这可能与男性用车出行需求大于女性、男性对租车方式的接受程度要高于女性等有一定的关系。不同年龄段的个体对于出行方式的安全性、便捷性、舒适性会有不同的主观感受。例如，老人和小孩更倾向于步行和公共交通，且出行需求和出行距离较小。中青年因上班或休闲娱乐出行需求较多，对于交通方式的舒适性和便捷性有着较高的要求。对比租车与其他交通方式，发现租车可以很好地满足中青年人的出行需求。租车居民在职业分布上存在较大差异性，如国有企业职员和事业单位职员对租车的需求明显大于学生和自由职业的居民，因为政府和机关单位通常需要通过租车解决公务用车问题。受教育程度高的居民对于新事物的了解和接受能力相对较强，由于租车的快速发展离不开现代化技术的支持和网络新闻的大力宣传，教育程

度高的居民在日常生活中更多关注现代化工具的使用,因此更容易接受租车这种交通方式。此外,个人是否有车、是否拥有驾驶证、个人收入也是需要考虑的因素,甚至会成为个人租车出行决策的关键因素。

二、内部因素

1. 心理感知变量

个人租车选择行为是一个复杂的过程,上述因素仅是个人或车辆客观存在的外部特征。从心理学角度思考,其影响因素还包括个人心理感知特征、态度和理性行为特征等。心理感知特征包括舒适性(BC)、便捷性(TC)、安全性(TS)、服务环境(SE)和用车感受(CE),见表2-2。考察上述特征的选项根据李克特(Likert-5)五分量表法设计,选项分别为"十分同意""同意""未定""不同意""十分不同意",问卷中各题项分别赋值5、4、3、2、1分。

心理感知变量及描述　　　　　　　　　　表2-2

心理感知变量	观测变量	变量编号
舒适性(BC)	车辆舒适度高,会增加居民的租车频率	BC_1
	租车车辆空间较小,居民将会放弃租车	BC_2
	租赁商提供车辆越新,居民租车意愿越强	BC_3
	车内座位少,居民租车意愿降低	BC_4
便捷性(TC)	出发地到取车地距离短,会促进居民租车	TC_1
	取/还车手续简单,有利于提升居民的租车意愿	TC_2
	还车所需时间短,可以促进居民下次租车	TC_3
安全性(TS)	车辆安检次数多,会增加居民用车的放心度	TS_1
	车辆维修次数少,会增加居民用车的放心度	TS_2
	租赁商提供手续越齐全,居民租车意愿越强	TS_3
服务环境(SE)	车内空气良好,会促进居民选择租车	SE_1
	车辆内部简单、整齐,会增加居民的租车频率	SE_2
	车内清洁度越高,可以增加居民租车次数	SE_3

续上表

心理感知变量	观测变量	变量编号
用车感受(CE)	车辆噪声大,会降低居民租车意愿	CE_1
	车内空气流动好,可以促进居民租车意愿	CE_2
	租赁商所提供的良好服务态度,可以增加居民租车次数	CE_3

2. 态度行为变量

内部因素中还需要考虑态度行为特征的影响,其包括行为态度(AB)、主观规范(SN)、知觉行为控制(PBC)和行为意向(BI),考察特征的选项依然采用李克特(Likert-5)五分量表法设计,见表2-3。预调查发现结伴同行已成为出行常态,其比例高达70%,其中以2~4人结伴状态最为常见,因此,量表设计中主观规范的问句对象主要为"被调查者同伴"。根据应用规则,被调查者对问卷中每一个问题的答复将被转换成分数,并累加得到相应的态度分数,其均值作为对评价对象的总体态度,分值越高,表明态度越积极。

态度行为变量及描述 表2-3

计划行为理论变量	问卷问题	观测变量
行为态度(AB)	对该方式的可达性评价	Y_1
	对该方式的票价合理性评价	Y_5
	对该方式的安全性评价	Y_7
	对该方式的舒适性评价	Y_{11}
	对该方式的快捷性评价	Y_8
	对该方式候车时长的评价	Y_9
主观规范(SN)	同伴对个人选择该方式的支持程度	Y_6
	同伴认为应该选择该方式的程度	Y_{12}
	所处环境让个人选择该方式	Y_{14}
知觉行为控制(PBC)	选择该方式的总体满意程度	Y_{10}
	选择该方式对个人而言的方便性	Y_2
	选择该方式对个人而言的容易性	Y_3
	同伴的不同意见对个人选择该方式的影响程度	Y_4
行为意向(BI)	采用该方式出行的意愿程度	Y_{13}
	考虑了环境条件后采用该方式的意愿程度	Y_{15}

第二节 模型分析

一、SEM-Logit 模型构建与求解

1. 模型构建

非集计模型的理论基础是消费者在选择时追求"效用"最大化理论,这一假说目前在交通领域被广泛运用,主要以实际活动出行的个体为决策单元,决策者具有可以选择的相互独立集合,最后将会选择效用最大的选择肢。采用非集计模型进行预测具有明显的尽可能减少抽样样本、逻辑性强和预测精度高等优点,使得该模型更能够适应现代交通运输规划的各种要求。

传统的 Logit 模型更加关注的是居民的出行选择方案,无法度量影响方案选择的心理感知潜变量。而 SEM-Logit 模型可通过结构方程模型构建潜变量与直接变量和观测变量的关系,规避了分析出行方案影响因素中无法考虑潜变量的缺点问题,使模型更准确。运用结构方程模型计算,需要研究潜变量与显变量和观测变量之间的关系。令 β_{ihn} 为出行者 n 关于第 i 种出行方式的第 h 个潜变量,y_{itn} 潜变量对应的测量指标变量,f_{in} 为出行者 n 选择第 i 种出行方式的结果。模型如下:

$$\beta_{ihn} = \sum_{p} \theta_{ihn} x_{ipn} + \zeta_{ihn}, \zeta_{ihn} \sim N\left(0, \sum\nolimits_{1}\right) \tag{2-1}$$

$$y_{itn} = \sum_{h} \pi_{iht} \beta_{ihn} + \xi_{itn}, \xi_{itn} \sim N\left(0, \sum\nolimits_{2}\right) \tag{2-2}$$

$$f_{in} = \begin{cases} 1, U_{in} \geq U_{jn}, \forall j \in A_n \\ 0, 其他 \end{cases} \tag{2-3}$$

式中:p——与潜变量存在关系的显变量个数;

t——测量变量个数;

x_{ipn}——与潜变量存在相互关系的显变量;

θ_{ihn}——潜变量与测量变量之间的载荷矩阵;

$\boldsymbol{\pi}_{iht}$——显变量路径系数矩阵；

$\boldsymbol{\zeta}_{ihn}$——潜变量与观察变量之间的误差向量；

$\boldsymbol{\xi}_{itn}$——潜变量与显变量之间的误差向量；

U_{in}——出行者 n 选择第 i 种方式的效用值；

U_{jn}——出行者 n 选择第 j 种方式的效用值；

A_n——居民选择出行方案集合。

假设每个效用函数都由固定项 V_{in} 和随机项 ε_{in} 组成，把内部潜变量同外部特征因素一起引入固定项中，使效用函数不仅涵盖居民的个体基本特征、出行特征和租车外部特征中的显变量，还包含个体心理感知的舒适性、便捷性、安全性服务环境和用车感受等潜变量，则改进后的效用函数表达式为：

$$U_{in} = \sum_r \boldsymbol{a}_{ir}\mu_{irn} + \sum_m \boldsymbol{b}_{im}\gamma_{imn} + \sum_l \boldsymbol{c}_{il}\lambda_{iln} + \sum_h \boldsymbol{d}_{ih}\beta_{ihn} + \varepsilon_{in} \quad (2-4)$$

式中： r——个体特征中变量个数；

m——出行特征变量个数；

l——租车外部特征变量个数；

h——潜变量个数；

μ_{irn}——个体特征变量；

γ_{imn}——出行方案变量；

λ_{iln}——租车外部特征变量；

$\boldsymbol{a}_{ir}$、$\boldsymbol{b}_{im}$、$\boldsymbol{c}_{il}$、$\boldsymbol{d}_{ih}$——各变量对总效用的影响系数矩阵。

根据非集计模型中的效用最大化理论，即居民总是在租赁时选择效用最大的方案，则选择概率为：

$$U_{in} > U_{jn}, i \neq j, \forall j \in A_n \quad (2-5)$$

$$P_{in} = P(U_{in} > U_{jn}) = P(V_{in} + \varepsilon_{in} > V_{jn} + \varepsilon_{jn}) \quad (2-6)$$

为降低以上模型的实际计算难度，基于随机效用理论对表达公式做进一步推导，过程如下：

$$P_{in} = P[U_{in} > \max(U_{jn})] = P[V_{in} + \varepsilon_{in} > \max_{j=1,2,\cdots,n}(V_{jn} + \varepsilon_{jn})]$$

$$= P[\max_{j=1,2,\cdots,n}(V_{jn} + \varepsilon_{jn}) - (V_{in} + \varepsilon_{in}) < 0]$$

$$= P\left\{\begin{array}{l}\max\limits_{j=1,2,\cdots,n}\left(\sum_t a_{jt}s_{jtn}+\sum_m b_{jm}\omega_{jmn}+\sum_k c_{jk}\eta_{jkn}+\varepsilon_{jn}\right)-\\ \left(\sum_t a_{it}s_{itn}+\sum_m b_{im}\omega_{imn}+\sum_k c_{ik}\eta_{ikn}+\varepsilon_{in}\right)<0\end{array}\right\} \quad (2\text{-}7)$$

假设随机误差服从 Gumbel 分布，可推导出含有潜变量的 SEM-Logit 模型：

$$P_{in}=\frac{\exp\left(\sum_r a_{ir}\mu_{irn}+\sum_m b_{im}\gamma_{imn}+\sum_l c_{il}\lambda_{iln}+\sum_h d_{ih}\beta_{ihn}\right)}{\sum_{j\in A_n}\exp\left(\sum_r a_{jr}\mu_{jrn}+\sum_m b_{jm}\gamma_{jmn}+\sum_l c_{jl}\lambda_{jln}+\sum_h d_{jh}\beta_{jhn}\right)} \quad (2\text{-}8)$$

此研究可选方案为两类，即 $i=1,2$（1 为租车，2 为其他出行方式），则居民选择这两种方案的概率分别为：

$$P_{1n}=\left\{1+\exp\left[\sum_t a_{1t}s_{1tn}+\sum_m b_{1m}\omega_{1mn}+\sum_k c_{1k}\eta_{1kn}-\right.\right.$$
$$\left.\left.\left(\sum_t a_{2t}s_{2tn}+\sum_m b_{2m}\omega_{2mn}+\sum_k c_{2k}\eta_{2kn}\right)\right]\right\}^{-1} \quad (2\text{-}9)$$

$$P_{2n}=1-P_{1n} \quad (2\text{-}10)$$

具体的 SEM-Logit 模型结构如图 2-1 所示。

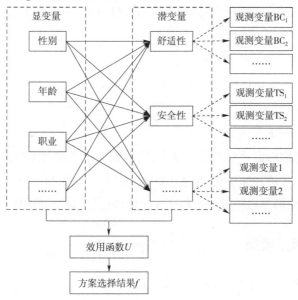

图 2-1　SEM-Logit 模型结构

2. 模型假设与求解步骤

模型的求解需要建立在以下假设基础上：

（1）居民出行时出行方式的选择是经过自己理性思考的，并且最终选择方案是所有方案中的最优方案；

（2）居民可以选择的出行方式为租车和其他交通方式；

（3）出行者衡量方案好坏的依据是效用函数 U，该公式不仅含直接观测变量，同时也包含了潜变量；

（4）效用函数的随机部分满足平均值为 0，并且服从 $\text{Gumbel}(0,\mu)$ 分布，其他部分随机项满足正态分布。

基于上述假设，拟采用 SPSS、AMOS 和 TransCAD 软件工具对模型进行求解，具体步骤如下：

（1）将问卷的原始数据录入 SPSS 中，然后运用软件对问卷调查数据进行处理，分析居民租车行为现状；

（2）运用 AMOS 软件中求解潜变量与观测变量之间的路径系数和载荷系数；

（3）步骤（2）中求得潜变量和观测变量之间的关系，同时得到潜变量的适配系数，即可以得出包含潜变量的选择方案效用函数[（式2-4）]，带入 Logit 模型中，使用 TransCAD 软件对参数进行估计和检验；

（4）参数检验，即 t 检验，规定显著性水平 $\alpha=0.05$，可得 $|t|>1.96$，表示有 95% 的把握认为变量对选择概率产生影响，剔除 $|t|<1.96$ 的变量，得到居民租车行为影响因素变量。

3. 参数检验方法

模型经过参数标定后求得计算结果，所得结果需要进行模型的统计检验，其目的是剔除无效的变量和验证模型的有效性。模型的参数检验可由 TransCAD 直接或间接完成，常用的参数检验为 t 和优度比检验（ρ^2），其检验标准见表2-4。

二、理论规范模型

1. 模型假设

在计划行为理论中，行为态度指个体对行为的总体评价（喜好/不喜好）；主观规范是指个体在决定是否执行某一特定行为时所感知到的社会压力(家人、朋友的意见或社会环境的影响,这里指同伴对个人选择行为的看法);知觉行为控制是指个体所感知到的自己决策某行为的能力;行为意向表示个体执行某行为的意愿。根据 Ajzen(2012)对 TPB 中各变量关系的描述,结合被访者日常出行数据,提出如下假设:

(1)个人对该方式的评价程度对选择该方式的意愿有显著正向影响;

(2)个人受到来自同伴和社会环境的影响对选择该方式的意愿有显著正向影响;

(3)感知自身的出行决策能力对选择该方式的意愿有显著正向影响。

模型检验指标　　　　　　　　　　　　　　　　　表2-4

指 标	计算公式	符号说明	检验标准
t 检验	$t_k = \hat{\theta}_k / \sqrt{v_k}$	$\hat{\theta}_k$:第 k 个变量的参数估计值; v_k:估计矩阵的第 k 个对角元素	$\lvert t_k \rvert > 1.96(2.576)$:95%(99%)的把握认为变量 k 对选择概率产生影响; $\lvert t_k \rvert \leq 1.96(2.576)$:95%(99%)的把握认为变量 k 不对选择概率产生影响
ρ^2 检验	$\rho^2 = 1 - \dfrac{L(\hat{\theta})}{L(0)}$	$L(\hat{\theta})$:估计参数 θ_n 的似然函数值; $L(0) = -N\ln 2$;N 为样本量	模型的 ρ^2 理论上在 0~1 范围内,值越大,说明拟合效果越好,模型的精确度越高。实践中,当 ρ^2 为 0.2~0.4 时,模型精度就达到要求

2. 模型构建

测量方程模型包含两个方程:其一用于说明行为态度、主观规范、知觉行为控制 3 个外生潜变量之间的关系,其二用于说明内生潜变量之间的关系,本章中即为行为意向。假设 X 为外生潜变量中 13 个观测值组成的向量;Y 为内生潜变量中两个因变量观测值构成的向量,则测量方程模型表达为:

$$X = \Lambda_X \alpha + \varepsilon \tag{2-11}$$

$$Y = \Lambda_Y \beta + \delta \tag{2-12}$$

式中:Λ_X、Λ_Y——X 对 α、Y 对 β 的荷载系数矩阵;

α、β——外生、内生潜变量向量;

ε、δ——X 和 Y 的观测误差向量。

结构方程模型用于说明 1 个内生潜变量和 3 个外生潜变量之间的因果关系,公式为:

$$\beta = B\beta + \Gamma\alpha + \zeta \qquad (2\text{-}13)$$

式中:B——内生潜变量的相关关系系数矩阵;

Γ——3 个外生潜变量对内生潜变量的相关关系系数矩阵;

ζ——内生潜变量未能被模型所解释的误差项。

如图 2-2 所示,构建模型框架,假定潜变量与观测变量、潜变量内部之间有因果关系的存在误差向量,潜变量内部之间有相关关系的不存在误差向量。

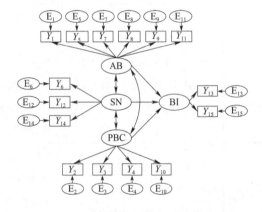

图 2-2 TPB 框架下的理论规范模型

第三节 实例分析

一、调查数据

1. 出行基本特征

以重庆市居民出行者为调查对象,调查共计回收有效问卷 857 份,有效回收率为 86.72%。问卷调查内容包含个体特征、出行特征和租车基本特征 3 个部分。个体特征包含性别、年龄和个人收入等共计 5 个题项;出行特征包含出行目的和出行距离共计 2 个题项;租车基本特征包含租车价格、押金和车型种类等共计 5 个题项。样本详细构成见表 2-5。

调查样本构成　　　　　　表 2-5

属性	类型	样本数	比例(%)	属性	类型	样本数	比例(%)
性别	男	462	53.9	是否有车	有	602	70.2
	女	395	46.1		无	255	29.8
年龄(岁)	<20	127	14.9	有无驾驶证	有	564	65.8
	[20,35]	363	42.3		无	293	34.2
	(35,50]	243	28.3	出行目的	休闲旅游	181	21.2
	>50	124	14.5		商务办公	446	52
个人月收入(元)	<2500	116	13.5		办理私事	139	16.2
	[2500,7000]	652	76.1		其他	91	10.6
	>7000	89	10.4	出行距离(km)	<10	113	13.2
租车价格(元/d)	<100	71	8.3		[10,30]	547	63.8
	[100,300]	410	47.8		(30,50]	168	19.6
	(300,500]	328	38.3		>50	29	3.4
	>500	48	5.6	预约方式	电话预订	289	33.7
车险	有	835	97.4		网站预订	211	24.6
	无	22	2.6		手机应用程序预订	179	20.9
押金(元)	<3000	90	10.5		其他	178	20.8
	[3000,8000]	670	78.2	结伴出行	是	665	77.6
	>8000	97	11.3		否	192	22.4

由表 2-5 可知,抽样调查对象中年级和性别分布都较均衡。从出行距离看,居民租车出行距离以短途出行(10~30km)为主,占 63.8%;中途、长途分别占 19.6%、3.4%;且出行距离在 30km 以内时,租车人数与出行距离呈正相关关系,当出行距离大于 30km 时,租车人数与出行距离呈负相关关系,主要原因为租车长距

离出行成本较高,较长时间驾驶也会产生驾驶疲劳。租车时期主要为工作日,占 52.4%,因为租车顾客的职业多为国有企业或事业单位,租车多为工作需求,进而导致租车时间集中在工作日,节假日租车出行的占比为 30.1%。月租车出行次数主要为 3~4 次,占 48.9%;其次为 1~2 次,占 29.2%,租车出行次数偏少,这可能与这种新型出行方式尚未被完全接受有一定的关系。从出行方式看,采用单一方式出行的比例高达 98.1%,采用多种方式组合出行的比例很低,因此本章仅考虑单一方式出行。从同行人数看,结伴出行情况居多,占 77.6%,同伴意见对个体的出行选择行为影响较为显著。

2. 租车基本特征

租车特征包含成本特征和其他特征,其中成本特征中包含租车押金、租车车险和租车价格 3 个变量。居民选择租赁车辆需缴纳一定的租车押金,租赁车辆的押金一般为 3000~8000 元,级别高的车需要缴纳更高的押金。车险方面,居民更倾向于租赁车辆具有车险,防止租赁期间发生交通事故,购买车险可以减少居民的个人财产损失。居民租车价格主要集中在 200~300 元/d,并且随着租车价格的增加,居民租车的接受程度将会降低。其他特征主要包含车型种类和租车方式,汽车租赁商提供不同的车型种类,对居民租车也具有一定的吸引力,因为租车时居民更愿意尝试新型车辆,一般汽车租赁商提供的车辆种类为 6~10 种。租车预订方式中以电话预订方式为主,占 44.8%,实际生活中用户预订车辆通过电话方式最为便捷,其次为综合旅游网站或地方租车网站。

根据承租人租赁汽车的时间长短,可以将租车类型分为短期租赁和长期租赁,见表 2-6。长期租赁是指租赁时间以天(d)为单位进行租赁的业务用车,租赁群体主要为企业客户,主要是为了降低企业的购车和养车成本,同时不影响企业的正常用车。随着国内汽车租赁公司的快速发展,租车越来越方便,导致国内汽车租赁市场长租所占的市场比例略显下降趋势,但目前国内汽车租赁主要还是以长租为主。短期租赁一般指租赁周期在天以下的租赁业务,主要客户为外企和民营中小企业,为减少单位车辆的占用成本和降低车辆维护管理费用等,一般不设置公司车队而采用汽车租赁。

长、短期汽车租赁比较　　　　　　　　　　表 2-6

区　别	长期租赁	短期租赁
使用目的	长期连续使用通常为 3～4 年	多以小时和日为单位,时间短
登记所有者	长期租赁公司	短期租赁公司
用户	特定用户	不定,用户流动性大
车辆保管场所	由客户负责	汽车租赁公司负责
费用情况	长期利用时选择长期租赁可以更多地节省租车费用	短期利用时选择短租可以节省租车费用
车辆维修	长期租赁公司或用户	短期租赁公司

顾客租车基本特征主要为租车具有时间限制、需要交纳租金、仅获得车辆使用权等,具体租车特征如下。

(1)租车到期需归还。顾客在汽车租赁期间拥有车辆的使用权,而不具备车辆的处分权,车辆的拥有权归汽车租赁公司或出租人所有。因此,汽车租赁期限届满时,顾客需将所租车辆归还汽车租赁公司或出租人,不能够以其他物品替代。

(2)租车具有时间限制。承租人的租车时间受到限制,主要指汽车租赁只是租赁商将汽车在一定时间内租给承租人,而不是永久性的出租。承租人在汽车租赁期间内拥有汽车的使用权限,超过期限承租人需归还汽车不再获得汽车的使用权限,但承租人可以向汽车租赁商续租而继续获得车辆使用权。汽车在租赁期间即使租赁商或承租人没有明确规定租赁时间,双方也可以根据自己的意愿随时终止租赁服务,因为汽车租赁是有时间限制的而不是无限期租赁。

(3)租车时需交付租金和押金。汽车租赁公司或承租人所提供的车辆是有偿产品,租车人在租车时需要支付租金和一定的押金才能获得汽车的使用权,这也是从本质上区别租车与借车。

(4)汽车租赁的租赁物为汽车。部分汽车租赁公司为了进一步改进租车服务质量也提供驾驶人服务,但是汽车租赁所提供的租赁物体是汽车而不是其他物品,这也是汽车租赁与其他财产租赁的主要区别。

(5)承租人租赁汽车目的是使用汽车。承租人可以根据自己的意愿对汽车进行使用,如租车外出旅游和用以公司接待,同时承租人也可以将租赁车辆租给第三方使用,自己从中获取一定的收益。所以,在不改变汽车归属权的前提条件下,承租人可以随意地转移汽车的使用权或自己使用。

二、SEM-Logit 模型分析

1. 验证性因子分析

SPSS19.0 软件提供了二项 Logistic 回归分析的应用程序,可以估计不同因素的回归系数,并检验模型精度和拟合优度。SEM-Logit 模型是在 BL 模型的基础上考虑了租车内部特征潜变量,根据求解步骤,对测量模型进行验证性因子分析,以验证理论模型与数据拟合程度,检验模型中各因子的信度与效度。3 种条件下模型的显著性水平分别为 0.011、0.010、0,均小于 0.05,具有统计意义,即模型通过数学检验。模型标定结果见表 2-7,修正后的因子分析结果见表 2-8。

数据检验结果　　　　　　　　　　　　　　　表 2-7

变量名称	个体		出行		综合	
	参考值	P	参考值	P	参考值	P
性别	0.014	0.907	0.066	0.797	0.293	0.588
年龄	2.448	0.118	0.024	0.876	0.046	0.831
个人收入	3.665	0.056	2.022	0.155	3.619	0.057
是否有车	4.250	0.039	5.714	0.023	9.675	0.002
有无驾驶证	8.349	0.004	6.283	0.012	11.253	0.001
出行目的			3.058	0.061	5.254	0.026
出行距离			1.931	0.165	0.062	0.803
价格					6.352	0.011
车险					9.120	0.002
押金					13.960	0.000
车型种类					0.159	0.690
租车方式					0.953	0.173

数 据 检 验 结 果　　　　　　　　表2-8

潜 变 量	编 号	因子荷载	组合信度	AVE
舒适性(BC)	BC_1	0.64	.781	.614
	BC_2	0.73		
	BC_3	0.70		
便捷性(TC)	TC_1	0.81	.826	.593
	TC_2	0.72		
	TC_3	0.51		
安全性(TS)	TS_1	0.71	.813	.628
	TS_2	0.83		
	TS_3	0.57		
服务环境(SE)	SE_1	0.64	.794	.597
	SE_2	0.82		
	SE_3	0.61		
用车感受(CE)	CE_1	0.58	.829	.565
	CE_2	0.85		
	CE_3	0.47		

考虑不同特征中的变量时,居民租车选择行为影响因素存在较大差异性。表2-7为使用SPSS软件计算不同条件下的居民选择行为影响因素,结果表明:模型考虑个体特征中的变量时,有无驾驶证和是否有车对其租车选择行为具有显著影响,说明居民租车时,首先考虑自身是否具备租车条件和是否需要租车两个方面;个人收入变量的P值约为0.05,表明个人收入变量对顾客租车行为也存在一定的影响,但是影响相对较弱;性别和年龄变量的P值远大于0.05,说明单一考虑个体特征中的变量时,性别和年龄对居民租车选择行为基本无影响。考虑个体特征和出行特征中的变量时,个体特征中有无驾驶证和是否有车对居民租车选择行为具有显著影响,出行特征中仅有出行目的对其租车选择行为具有影响,研究变量中有无驾驶证对居民租车选择行为影响最大,其次为是否有车。模型考虑出行目的和出行距离变量时,有无驾驶证和个人收入因素对居民租车选择行为产生的影响下降,是否有车产生的影响增加。

综合分析 4 类外部特征中的变量时,租车押金、有无驾驶证、租车车险、是否有车和租车价格等变量对居民租车选择行为具有显著影响,影响最大的变量为租车押金,其次为有无驾照、租车车险和是否有车。对比未考虑租车成本特征中的变量时,居民租车行为影响因素发生了变化,说明了单一考虑个体特征和出行特征变量所得到的结果具有一定的片面性,同时也说明了租车成本中的变量对居民租车选择行为具有影响。

表 2-8 结果显示,在内部心理感知因素中,舒适性和安全性的平均得分超过 4 分,在所有变量中得分最高,说明实际生活中居民租车更加注重车辆的舒适性和安全性,多数居民选择租车是为了追求出行方式的舒适性,其愿意花费更多的出行费用而获得更加舒适的出行工具,同时居民在追求更加舒适的出行方式时也注重出行方式的安全性。大多数被访者也认同"车内空气良好会促进居民的租车意愿"和"车辆定期安检可以增加居民用车的放心度"。便捷性和服务环境两个变量得分高于 3 分(得分较高),可以看出居民租车时比较关注前往租车站点是否便捷以及租车时是否具有简洁的手续等与便捷相关的程序。在租车内部特征中,用车感受得分为 2.961 分,相比其他变量得分较低,可以看出居民在现实生活中对实际驾驶车辆的体验关注较少,更多的是达到自己的出行目的。此外,各潜变量的组合信度值均在 0.6 以上,这表明观测变量具有较好的内部一致性,模型的建构信度较高。各潜变量的平均方差抽样取值(AVE)均大于 0.5,表明模型具有较好的聚合效度。利用 AMOS 软件得到最优模型的适配度检验结果见表 2-9,可以看出各项拟合指标均达到统计显著性,模型总体符合拟合要求。

模型适配度检验结果 表 2-9

评价指标	x^2	df	x^2/df	RMSEA	CFI	NFI	GFI	IFI	AGFI
标准值	—	—	<3	<0.05	>0.90	>0.90	>0.90	>0.90	>0.90
实际值	326.9	138	2.369	0.032	0.955	0.924	0.927	0.958	0.912

注:x^2 为卡方;df 为自由度;RMSEA 为渐进残差均方和平方根;CFI 为比较适配指数;NFI 为规准适配指数;GFI 为拟合优度指数;IFI 为增值适配指数;AGFI 为调和拟合优度指数。

2. 变量间关系分析

修正后的模型计算结果如图 2-3 所示。可以看出,在个人特征显变量对潜变量的关系中,职业因素对服务环境(SE)的影响最突出,且为正向。这说明不同职业对租车服务环境的要求差异性较大,比如国有企业职员和事业单位职员对车辆服务环境的要求高于学生、私营企业职员、自由职业人等群体。年龄对用车感受的影响是正向的,说明随着年龄的增长,居民对车辆的舒适性要求也逐渐提高;教育程度对舒适性的影响是正向的,说明教育程度高的居民租车出行更加注重车辆的舒适性;居民是否有车对用车感受影响是正向的,说明有车居民比无车居民选择租车时会更加注重用车感受;个人收入对便捷性和安全性的影响是正向的,收入高的居民更加注重租车是否便捷以及车辆的安全性;性别对用车感受的影响是正向的,说明女性相比男性更加注重用车感受,女性在用车时更多地关注车辆给驾驶人的主观体验。

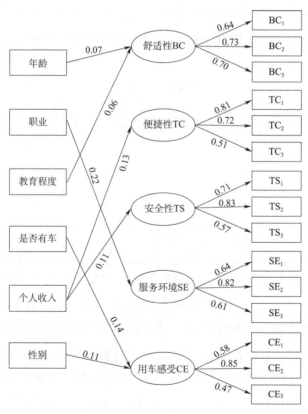

图 2-3　变量关系路径图

根据图 2-3 再进一步分析观测变量对潜变量的关系。在舒适性感知的观测变量中，BC_2 影响较大(0.73)，表明车辆空间大小最能反映个人对车辆舒适性的需求。在便捷性感知的观测变量中，TC_1 影响较大(0.81)，表明到站点取车的距离最能体现个人对租车便捷性的感知。在安全性感知的观测变量中，TS_2 影响较大(0.83)，表明车辆的维修情况最能体现租车安全性。在服务环境的观测变量中，SE_2 影响较大(0.82)，表明车辆内部的整洁程度最能体现车辆服务环境的好坏。在用车整体感受的观测变量中，CE_2 影响较大(0.85)，表明车内空气流动性最能影响居民的用车感受。

3. 租车意向影响分析

效用函数确定后，再使用 TransCAD 软件进行参数估计和检验。其中，变量的参数值在总体中所占的比例，表示该变量对居民租车选择行为的影响程度。剔除各特征中参数值较小的变量($|t|\leqslant 1.96$)，得到对居民租车意向有显著影响因素及程度，结果见表 2-10。

影响因素及程度　　　　　　　　表 2-10

影响因素	参数值	影响程度比(%)	影响因素	参数值	影响程度比(%)
个人收入	-0.26	4.94	租车押金	0.56	10.65
是否有车	-0.31	5.89	舒适性	0.72	13.69
有无驾驶证	0.45	8.56	便捷性	0.54	10.27
出行目的	0.42	7.98	安全性	0.51	9.70
租车价格	0.24	4.56	服务环境	0.61	11.60
有无车险	0.12	2.28	用车感受	0.52	9.89

由表 2-10 可知，各外部特征中租车押金对提高个人租车意向的贡献程度最大，为 10.65%。实际生活中个人对租赁车辆要求较高，因此，汽车租赁商提供的车辆多为中高等级车辆，租车押金也相应被提高。但当其超过承受范围时，会导致个人直接放弃租车或没有能力租车。另外，个人选择租车出行的首要条件是持有驾驶证，所以有无驾驶证因素对租车意向的影响程度仅次于租车押金，为 8.56%。个人收入的影响程度最小，为 6.11%，说明租车用户分布于不同收入人群，低收入人群中也可能存在租车意向较高的群体。分析各内部特征对租车意向的影响，其

中舒适性是个人租车考虑的关键因素,影响程度高达 13.69%;服务环境因素次之为 11.6%,表明提升车辆舒适度和车内整洁度可以最大限度激发租车意向。对比内、外部特征发现,内部潜变量的贡献度明显高于外部特征变量,再次证明了考虑个人心理感知变量的重要性。

三、态度行为的影响效应

采用回归分析法列出个体属性中对计划行为理论中的行为态度、主观规范、知觉行为控制和行为意向潜变量有显著影响的变量,结果见表 2-11。可见,性别有无驾驶证、有无公交卡和是否结伴出行因素对个人的行为态度无显著影响。男性的行为意向系数为负,表明男性的出行意愿没有女性的强烈;有无驾驶证变量对个人出行意愿无显著影响,但有驾驶证会干扰其选择出行方式的决策能力;有无公交卡变量系数为正,表明拥有公交卡会提高个人出行方式选择的决策能力,出行意愿更强;当结伴出行时,个人的出行选择会受到同伴出行需求的影响,因此,相较单独出行时汽车租赁需求更加强烈。

个体属性与潜变量的关系 表 2-11

社会经济属性变量	计划行为理论潜变量			
	行为态度	主观规范	知觉行为控制	行为意向
性别(男=1)	—	—	—	−0.336(−5.583)
驾驶证(有=1)	—	—	−0.428(−3.827)	—
公交卡(有=1)	—	—	1.185(10.386)	1.298(11.669)
结伴出行(是=1)	—	0.495(8.077)	0.640(7.090)	0.487(8.146)

注:括号里的数字表示 t 检验值;"—"表示 t 检验值绝对值小于 1.96,表现为不显著。

在行为态度中,候车时间短最能体现网约车(属于分时租赁)的方式特性,因为网约车具有的预约功能,可大大缩短候车时间,这也得益于互联网和智能手机的发展进一步丰富了交通运输的内涵。主观规范对选择网约车的出行意向的标准化路径系数为 0.221,且有显著性影响,与本书假设相符。交通技术的进步和多人结伴的环境条件下,居民的主观规范会明显加强,也会进一步影响到居民对网约车出行的选择。知觉行为控制对行为意向的标准化路径系数为 0.340,能够显著影响网约车出行选择。其中,性价比高的因素对知觉行为控制的标准化路径系数最高,其次为"有人结伴时选择网约车",说明在有结伴的多人同行时,个人对选择网约车出行的满意程度较高。

对于不同的出行方式,个人的行为态度、主观规范、感知行为控制对其行为意向的影响有所不同。由于公交所表现出的经济性十分明显,因此,被访者对公交的评价(满意程度)对其选择公交出行有显著性影响,其次是决策公交出行的能力和同伴意见。对于轨道交通方式,表现出来的票价合理性、直达性、舒适性等特征对其出行选择的影响最显著,因此,行为态度所表现出的社会期望解释能力最大。考虑出行者异质性,对于学生、低收入或拥有私家车的居民来说,其行为态度并不能完全支持其选择租车出行。结伴出行时,同伴意见和个人决策租车出行的能力带来的影响更为显著,主观规范和知觉行为控制对行为意向的路径系数分别为 0.629 和 0.369,表明同伴意见对个人决策租车出行至关重要,同伴支持程度越高,个人选择该方式出行的意愿就越强。

本 章 小 结

本章基于个人租车出行选择的问卷调查数据,以个体特征变量为基础,综合考虑外部因素和内部感知因素,构建了考虑潜变量的 SEM-Logit 选择模型和理论规范模型,对个人租车意向的影响因素进行了研究。结果表明:

(1)外部因素中,成本特征和个体特征对其租车意向影响较大,出行特征对其选择行为影响较小。其中,租车押金贡献程度最大,其次为有无驾驶证、是否有车,个人收入因素贡献最小。此外,结伴出行可以提高个人的出行需求,同伴意见会影响其租车意向。

(2)在心理感知变量中,舒适性感知和服务环境对个人租车意向的影响最为显著,贡献程度较大,其中车内的空间大小和整洁程度分别是影响个人舒适性感知、对服务环境好坏判断的关键指标。态度行为变量中,个人的"行为态度""主观规范""知觉行为控制"对其选择"行为意向"的解释能力存在显著性差异,其中"主观规范"对租车出行选择意向的影响最为显著。

(3)最后通过实例分析证明了所建的 SEM-Logit 模型和理论规范模型具有较高的实效性。当不考虑潜变量时,职业、是否有车、个人收入、出行目的、出行距离、出行时间、租车价格和租车押金等因素对租车行为有显著影响;当考虑潜变量时,舒适性、便捷性、安全性、服务环境和用车感受对其行为也会产生显著影响。因此,该模型考虑的因素更全面,分析结果更准确。

第三章 动态因素影响下汽车租赁的选择行为研究

目前,我国汽车租赁业虽呈现高速发展的态势,但其理论研究与实际发展不相匹配,以至于无法对其发展进行合理引导。仅凭经验对资源进行配置,造成资源利用率低,成为阻碍汽车租赁业发展的重要原因。通过定量研究顾客租车出行选择行为,可充分了解汽车租赁市场需求,提升租赁业服务水平和市场竞争力。本章基于非集计理论,以动态视角对顾客租车出行行为和选择偏好展开研究,综合考虑季节变化、过往租车经历、实际出行状况、租赁产品吸引力以及个体属性特征等多类影响因素,构建汽车租赁动态选择模型,对顾客租车意向和车型选择偏好进行定量分析。

租车出行具有灵活便捷、选择自由化、出行成本低等特点,以租代购的方式已成为居民出行的新选择。为应对激烈的市场竞争,汽车租赁企业唯有凭借其优质服务、车型多样化和价格优势来抢占市场份额,吸引更多的消费者。由于缺乏相关理论研究的支撑,租赁企业仅凭经验对车辆进行资源配置,而导致投入冗余、单车利用率低。通过对居民租车出行选择行为的研究,可以深度分析评估顾客需求,准确预测顾客租车出行选择的变化规律,从而为汽车租赁企业进行合理的车队规划提供导向作用。因此,进行该研究具有迫切的必要性。

国内外学者对租车出行的研究主要聚焦于租车意愿、租车影响因素等方面。Papon 等(2008)基于法国汽车租赁和家庭中车辆共享数据,分析了租车用户来源和租车目的。Mannering 等(2002)通过分析消费者的偏好动机,构建了车辆购置决策模型,包括车辆租赁和车型选择等。非集计理论在相关领域的应用为租车出行行为的研究提供了参考。例如,在顾客购车车型选择行为方面的应用,Baltas 等

(2013)建立了基于非集计理论的补偿性选择模型,来研究顾客选择行为、心理特征、车辆使用目的等因素对其车型选择的影响。Adjemian 等(2010)通过建立空间依存性 Logit 模型,对顾客车型选择因素进行了分析。以上相关研究都是从静态因素出发,缺乏对动态因素影响出行选择行为的考虑。而近期的研究已有所体现,例如万霞等(2012)以多项 Logit(MNL)模型为理论基础,建立了基于出行链的居民全日出行方式动态选择模型。吴麟麟等(2013)建立了含有忠诚度变量的出行选择模型,真实刻画了出行方式选择的动态特性。作为分析顾客偏好的工具,联合分析法能深入了解顾客使用和购买产品的权衡行为,分层线性模型可同时考虑产品属性和顾客群体对产品属性偏好变化的情况,去解释不同层面的变量对研究对象的关系和作用。

综上所述,非集计理论在出行选择方面的研究通常以静态视角考虑问题,对出行者在时间和空间上的动态选择行为考虑不足。本章基于已有研究成果,将季节变化和过往租车情况作为动态变量引入非集计理论,构建租车出行选择行为的动态 MNL 模型,对顾客的租车意愿、车型选择偏好展开探讨。再采用联合分析法,建立分层线性模型来分析汽车租赁产品吸引力、自身属性和顾客特征之间的关系,得出不同顾客的偏好结构,以期研究结果为汽车租赁业发展完善提供方向和理论支撑。

第一节 租车特征分析

一、出行选择行为分析

1. 出行现状特征

目前,我国居民对于购车的需求旺盛,呈现出多样化和复杂化的发展趋势,其中"80 后"是当前购车主力军,"90 后"即将步入购车高峰,但会受到消费观念、经济压力和生活习惯等因素的制约,迫而选择租车出行。随着我国推出汽车限行、限购等政策的城市数量不断增加,人们按需用车、理性用车的全新汽车消费观念的不断提升,租车市场需求也大幅增加。另外,互联网技术的迅速发展也为汽车租赁业提供了新的发展机遇和契机,继续推进汽车租赁业转型和跨越式发展。相对于国外而言,国内使用汽车租赁服务的消费者主要分布在发达城市,其中在租车频次上,消费者使用频次较低,60%的消费者租车频率低于2次/年,86.1%租赁车辆形式为"日租";在租车用途上,68.9%的人租车目的是私人/家庭用车,而纯公商务用车比例仅为16.0%;在租赁公司选择上,69.4%的消费者偏爱国内大型连锁租赁公司,其次是普通租赁公司;在车型选择上,由于消费者租车多以私人/家庭用车为主,更要求经济实用,所以紧凑型车成为消费者租车时的首选。

目前,可供居民出行交通方式划分为公共交通、个体交通和租车三种,根据不同交通出行方式本身属性和特点,具体划分方式又存在不同,如图3-1所示。

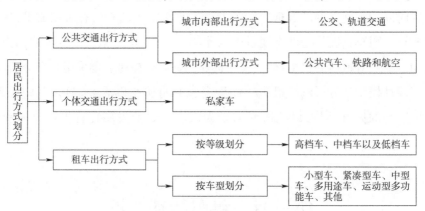

图3-1 居民出行方式划分

由于出行者的异质性,各群体之间的出行需求、时间、距离各不相同,出行方式选择也呈现出组间差异。现以大学生出行为例,对其出行特征进行分析。由于大学生的出行需求受到自身经济水平、城市交通供需、交通服务水平、出行距离、出行目的等因素的影响,因此,这些影响出行选择的因素共同构成了大学生的出行行为特征。

(1)距离特征。由于高校地理位置通常处于距离城市主城区超过3km的城市郊区,若高校邻近城市主城区,高校学生更倾向于将出行目的地定在主城区内;若高校邻近城市郊区,学生也会因购物和娱乐为主去往主城区完成出行目的。因此,高校学生出行更多选择以公共交通方式为主,在不超过3km的小范围内以慢行交通实现出行目的。

(2)频率特征。个人实际情况不同,出行频率自然也有所差别。高校学生的出行频率同高校地理位置、周边土地利用情况和交通环境相关,总体呈现平原城市的出行次数多,山地城市的出行次数少;靠近主城区的频次多,郊区的高校学生出行频次略少的特征。

(3)时间特征。由于高校学生的出行行为是在满足课业要求的条件下发生的,因此,学生出行大多集中在周末或节假日,但也有部分学生会选择工作日出行,以避开周末和节假日的出行高峰期。出行时间段则各有不同,总体以选择上午9—11时、下午2—4时选择外出的居多。

(4)方式选择特征。高校学生的出行方式受城市和高校的地理环境和交通条件影响。平原城市学生出行以慢行交通和公共交通为主;在山地城市则以公共交通为主。公共交通方式则以可利用交通为条件,在单人出行时会尽量选择出行费用低的出行方式,在多人结伴同行时学生更愿意选择发车效率高、平均费用少的交通方式。各交通方式的优缺点见表3-1。

各交通方式的优缺点　　　　　　　　　　　　　　　　　　表3-1

交通方式	交通工具	优势	劣势	备注
公共交通	公交	覆盖面最广,建设成本低,票价便宜,连续性好	运量小,运行速度慢,受道路运输环境影响大,延误大,服务水平低	普遍使用
	轨道交通	运量大,安全性好,舒适度高,运行速度较快,基本不受道路环境影响	建设投入成本高,建设周期长,通达性较差	
	巡游车	运行速度快,安全性好,舒适度高,自由度较高,方便快捷,私密性好,可达性高,运输效率高,服务水平好	受道路条件和交通状况的影响较大,运输费用较高	受结伴影响

续上表

交通方式	交通工具	优势	劣势	备注
公共交通	网约车	舒适度高,灵活机动,自由度高,延误少,安全性好,绿色环保	受道路条件和交通状况影响较大,运输费用高	受结伴影响
慢行交通	步行	安全、环保,自由度高	速度慢,出行距离较短	适用于中短距离
	自行车	绿色、安全	费力、距离短,行驶速度慢	
	电动车	经济,绿色环保	出行距离受限,安全性低	

(5)费用特征。从某种程度上来说,高校学生属于低收入人群,且出行距离短,因此,学生的出行费用普遍较低,学生可以接受的出行费用与出行时耗成反比。

2.结伴出行特征

一般情况下,具有结伴行为特征的人群,是指具有亲密关系的多人以结伴的方式出行。结伴选择过程表现了结伴行为对个体选择造成的影响,与个体只考虑自身属性的出行方式选择行为有所不同。

其中,大学生群体更容易结伴出行。其特征主要为结伴群体较为年轻,年龄主要分布于18~24岁,同伴之间没有相对较大的年龄差距,容易产生共同话题,也容易结成同伴。从性别上来看,有同性结伴,也有异性结伴,同性结伴关系多以朋友、同学、舍友为主,异性结伴关系则主要为恋人。另一种结伴行为的产生基础是具有共同的兴趣爱好,即使不处于同一个学校、同一个年级或同一个班级,也会因为其他原因相联系而走在一起,进而产生结伴行为。总的来说,能够结伴出行的大学生群体之间能够保持密切的联系,高校生活使其远离了熟悉的人群和环境,也有了自身独立接触外界的机会,因此,大学生群体从心理环境上更容易接受结伴方式出行。通常,大学生之间以相同的出行目的或相同的目的地为结伴条件,通过自身出行行为特征和结伴因素来影响共同的出行方式选择,较其他社会群体而言,大学生群体更容易发生结伴行为。

近几年的很多研究中指出,很多行人不是单独出行而是结伴同行,行人结伴出行比例高达70%,其中以2~4人结伴最为常见。高校大学生是具有一定社会属性的个体,身处在关系较为单一的校园内,出行行为不再受到家庭环境的影响,而更易受到结伴出行的同伴带来的影响。

3. 租车行为特征

(1)租车时间。居民租车时间主要集中在工作日时间,但随着旅游行业的快速发展和城市居民消费水平的提高,越来越多的居民在节假日开始选择租车出行旅游,致使在节假日期间,租车会出现一个短暂的高峰期。双休日时间段租车相对较少,因为双休日出行时间相对较短,出行多以公共交通或步行为主,少数选择租车主要为本地旅游或探亲访友等。

(2)租车频率。租车作为一种新型的交通方式,与传统交通方式具有一定的差异性,人们在接受租车这种交通方式上较为迟缓。因此,租车次数偏低,多为3~4次/月,月平均租车使用次数在5次及以上的相对较少。

(3)租车目的。如表3-2所示,国内居民租车的主要用途为商务用途和休闲旅游,部分国有企业单位或事业单位员工外出商务办公或公司临时接待客户均需要车辆,采取租车方式来解决公司车辆不足的问题。休闲旅游在居民租车出行目的中排名第二,实际生活中多数居民由于难以承担购车和养车费用的压力,出行时基本采用公交或轨道交通出行,对租车需求量较小。但在休闲旅游时一般会需要用车,因为公共交通出行较为拥挤和不便,同时部分居民希望可以自由便捷地旅行,希望出行时可以多携带一些旅游用品,因而会选择租车出行,以增加旅游乐趣。

租 车 出 行 目 的　　　　　　表 3-2

租车目的	工作需求	休闲旅游	探亲访友	驾驶体验	其他
占比(%)	57.3	43.0	18.5	7.2	3.1

(4)预约方式。随着互联网技术的快速发展,租车预订方式也变得多样化,现阶段预订方式由传统店面预订逐渐向电话预订和综合旅游网站预订。伴随着手机软件的开发和投入使用,越来越多居民使用手机 App 进行租车预订,导致传统店面预订方式占比有所下降(表3-3)。

租车预订方式　　　　　　　　　　　　　　　　　　　　　　表3-3

预订方式	电话预订	综合旅游网站预订	手机App预订	实体店预订	其他
占比(%)	67.3	58.4	48.3	43.3	18.3

(5)车型选择。顾客在选择租车服务时，主要关注的因素在于租车价格、品牌信誉、服务质量等，其中价格是核心因素，占36%。车型类别包括小型车(AO)、紧凑型车(A)、中型车(B)、多用途车(MPV)、运动型多功能车(SUV)和其他(O)，具体特征见表3-4。

租车车型类别　　　　　　　　　　　　　　　　　　　　　　表3-4

车型类别	定义及主要特点	代表车型
小型车(AO)	轴距为2.2~2.3m，排量为1~1.5L	本田飞度Fit、马自达Mazda2、奥迪A1、奔驰A系等
紧凑型车(A)	车身在4.3~4.7m之间，轴距一般在2.35~2.7m之间，排量一般在1.4~2.0L之间	大众速腾、大众高尔夫、本田思域、奥迪A3、宝马1系、奔驰B级等
中型车(B)	轴距一般是2.6~2.7m，车身长度一般为4.5~4.8m，排量一般是1.5~2.5L之间	比亚迪思锐、奥迪A4、宝马3系、奔驰C级、本田雅阁等
多用途车(MPV)	是旅行轿车逐渐演变而来的，集旅行车宽大乘员空间、轿车的舒适性和厢式货车的功能于一身，一般为两厢式结构，即能乘坐7~8人的小客车	奔驰R级、比亚迪M6、长安杰勋、东风小康、马自达5、雪佛兰Orlando等
运动型多功能车(SUV)	强动力、越野性、宽敞舒适及良好的载物和载客功能	哈弗、路虎、Jeep、众泰、宝骏、福特等
其他车型(O)	需求量较小的微型车、豪华高档轿车等车	—

顾客租车多以私人/家庭用车为主，更偏爱于选择AO级、A级、B级和SUV，其中A级、B级较为受欢迎，占到消费群体的70%，而且首选A级。顾客在租车选购过程中，常常会考虑车辆的经济适用性和自身租车用途，因此，小型车往往不被关

注。A 级车由于可以满足家庭多种用车需求,故受到大多租车群体的喜爱,成为租车市场的主流车型,占总体的 46.1%。MPV 主要针对家庭用户,成为一种全新汽车家庭式消费模式,随着家庭结构变化和出行成本的提高,家庭式消费群体的增加将会促进 MPV 市场拓展,成为家庭购车选择新焦点。SUV 由于具有高空间机能和越野能力的特点,已经取代旅游车,成为人们旅游租车选择的主要车型之一。虽然 MPV 和 SUV 能够较好地满足人们的出行需求,但是受价格因素的制约而难以获得青睐,具体选择情况如图 3-2 所示。

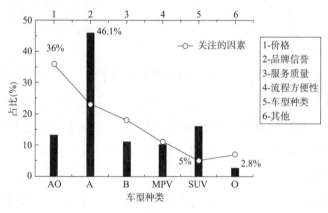

图 3-2 抽样调查结果

二、动态因素作用规律分析

1. 季节变化影响

季节因素对租车出行选择的影响,究其本质是由于受自然条件、文化习俗和区域产业等外部因素的影响。季节性变化会对租车出行个体心理、出行频次等产生波动,从而带动租车相关服务的一系列变化,对租车供需产生影响,主要体现在其通过间接作用对租车特性和个体出行特性产生影响,进而影响到租车出行行为选择层面。总而言之,由于受到自然条件、文化习俗等环境因素的影响,顾客租车出行便成为有计划的刚性需求,其出行频率随着季节的更替而波动。租车意愿和车型选择在不同季节表现出较明显的差异,其中春季和秋季顾客租车出行意愿较为强烈,主要以小型车(A0 级)、紧凑车型(A 级)和 SUV 车型为主,具体分布如图 3-3 所示。

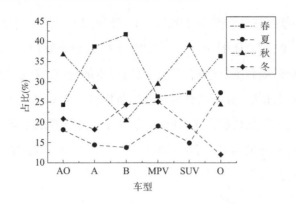

图 3-3 不同季节顾客租车车型选择情况

2. 过往选择影响

在租车出行过程中,存在多种车型可供顾客选择。分析各次租车出行选择行为之间的动态延续关系可以发现,除第一次租车车型选择外,后续每次租车选择都会受到过往租车选择的影响。例如,假设出行者在第 $t-1$ 次愿意选择租车出行且选择车型为 A 型,那么该出行者在第 t 次出行选择中可能会选择租车出行或不租车,而在选择租车出行的情况下,由于受到前次租车车型感知程度、价格和服务质量等因素的影响,该出行者可能会继续选择车型 A。因此,即便受多种因素影响,顾客在不同条件下的租车选择也是相互关联的,即选择状态和习惯的持续性,这种动态变化规律是个体在过往租车选择中总体感知结果的外在体现。如图 3-4 所示,租车意愿与过往租车对于车型选择存在高度的一致性,可见过往租车体验对顾客租车选择心理具有显著影响。

三、变量选取及描述

为分析各因素对租车车型选择的影响,需要对变量进行筛选,剔除无显著影响的变量。在针对顾客租车关注因素的调查中,关注度较高的因素有租车价格、品牌信誉和服务质量。通过运用 Pearson Chi-Square 方法,确定出与顾客租车选择显著相关的因素,并进行卡方检验。假设给定的显著性水平为 95%,则需要剔除伴随概率大于 0.05 的无显著影响因素。最终筛选出主要影响因素有性别、年龄、家庭收入、出行目的、租车价格、季节更替和过往租车。现对这些变量进行量化处理,即赋值,以进行模型的参数估计。将各车型和不租车(N)作为选择肢,则各变量及赋值情况见表3-5。

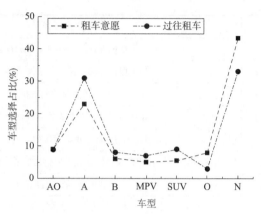

图3-4 过往租车与租车意愿车型选择对比

特征变量及其含义 表3-5

变 量	变量编号	赋 值 规 则
性别	gender	取值为0或1:0代表女,1代表男
年龄	age	20岁以下、20~30岁、31~40岁、41~50岁、50岁以上,取值分别为0、1、2、3、4
家庭收入	income	3000元以下、3000~5000元、5000~8000元、8000元以上,取值分别为0、1、2、3
出行目的	purpose	旅游租车、探亲访友、平时出行和其他,取值分别为0、1、2、3
过往租车	γ	N、AO、A、B、MPV、SUV、O,取值分别为0、1、2、3、4、5、6
季节更替	S	春季、夏季、秋季、冬季,取值分别为0、1、2、3
取车时间	T	10、20、30,取值分别为0、1、2,单位为min
用车价格	C	0.4、0.8、1.2,对应取值分别为0、1、2,单位为元/min
续驶里程	M	150、300、450,对应取值分别为0、1、2,单位为km
还车方式	R	商家网点还车、公共车位还车,对应取值分别为0、1

问卷还引入了顾客的心理变量选项,选取的3个变量及其测试选项个数分别为:环保意识(EA)5个问题、成本意识(FA)3个问题、社交意识(SA)3个问题,具体见表3-6。采用李克特六分量表来评价每个租赁商产品的吸引力,其范围从"非

常没有吸引力"至"非常有吸引力",分别赋值1~6。

心理变量及选项　　　　　　　　　　　表3-6

心理变量	选项	指标问题
环境意识(EA)	E1	我认为环境保护是一项很重要的社会任务
	E2	为了保护环境我愿意减少个人的消费
	E3	我对气候变化感到很担忧
	E4	我认为保护自然和生物多样性很重要
	E5	比起经济增长,我认为保护环境更重要
成本意识(FA)	F1	当我购买一种商品时,我很清楚我需要付出的成本以及我能取得的回报
	F2	我的成本意识良好
	F3	我目前正试图削减消费支出
社交意识(SA)	S1	我很乐意接受他人的帮助
	S2	我经常帮助别人
	S3	我喜欢被人赞美

第二节　租车出行选择模型

一、选择偏好理论

1. 顾客偏好的不确定性

当顾客评价一种产品时,偏好不确定性意味着顾客对此种产品价值大小的评价是不确定的。当顾客在产品之间进行选择时,顾客偏好不确定性意味着顾客对于自己会选择哪种产品的决策是不确定的或自身不确定在多大程度上更喜好某种产品。偏好不确定性多源自顾客本身的主观感知,表现为以下几个方面。

(1)对产品的了解程度不高。顾客由于对其将要评价选择的产品不是很了解以至于无法轻易对不同的产品明确地表示其偏好,顾客越了解所要选择的产品,其偏好不确定性越小;反之,对所要选择的产品了解的信息越少,顾客偏好的不确定性将越大。一种直接减少这种类型的偏好不确定性的方法是为顾客提供有关待评价选择产品的信息及细节,增加顾客对产品的了解程度。

(2)无法确定自身的效用函数。其一,由于顾客过去从来没有仔细考虑过对待选产品的选择,因此不了解自己的真实偏好。在这种情况下,既可以创建讨论小组帮助顾客建立他们的偏好函数,也可以使用统计解释的方法来描述这种不确定性。其二,顾客无法充分了解自己的偏好。此点关注于顾客自身具有认知的局限性,而这在真实世界中是确实存在的,当产品具有多种属性时,即使每种产品都被很好地定义并且各种产品的每种属性都完全被顾客所知,顾客也很难对各种产品作出明确排序。

(3)对于风险的态度不一。在市场领域,"风险"可被视为一项附加属性,并采用标准联合分析的方法对于扩展后的属性集合进行分析,或以个体选择预期效用理论为基础对产品属性的相对取向和风险态度进行联合考虑。顾客的风险规避程度越高,其偏好不确定性越小,顾客的购买决策越稳定;相反,如果顾客的风险规避程度较低,那么其偏好的不确定性将增大,随之购买决策的稳定性也将降低。

(4)有关人口统计学的属性也可能造成顾客偏好不确定性的差异。顾客的人口统计学属性主要分为社会经济学属性、购买历史和使用环境等。顾客偏好的不确定性也可能来自顾客基础品味的变化,此点也包括一些外界市场因素,如品牌的吸引力、商品的质量保证、今后是否继续销售以及该商品整合未来发展的能力,而且顾客往往对于新颖的或不熟悉的产品具有更大的偏好不确定性。

顾客偏好的形成机制如图3-5所示。

2. 顾客消费行为特征

顾客的消费行为是其内在心理活动的外部表现,是有规律可循的,一直以来学者们都致力于对其进行研究,并逐步发现其复杂性。经典的消费行为模式如下。

(1)刺激心理反应(S-O-R)模式。

S-O-R模式是由心理学家Mehrabian提出的,说明了外部环境是如何对人类行为产生作用的。如图3-6所示,S(Stimulus)表示外部的刺激,包括外部各种影响顾客情绪的环境变量;O(Organism)表示受到刺激后作出反应的主体,包括人的感知和情绪等;R(Response)代表主体内心活动中所作出的反应。

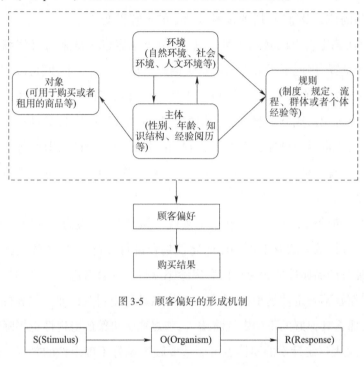

图3-5 顾客偏好的形成机制

图3-6 刺激-心理-反应(S-O-R)模式

(2)Nicosia模式。

如图3-7所示,Nicosia模式指出,顾客进行消费时主要受两方面的原因影响:一方面是顾客自身的特征,另一方面是商家提供产品所具有的属性。据此可将顾客的购买行为可以被分为四个阶段:第一,商家通过各种渠道让顾客了解到自己的产品信息,通过介绍产品特性,使得顾客产生购买此种产品的可能性;第二,顾客接触到产品信息后,有意或者无意间会对产品的有用性进行评估,如果确定该产品符合自身的需求,将会产生购买该产品的动机;第三,对意向产品进行购买,产品实际所具有的易用性和商家等因素会影响购买结果;第四,从产生购买动机到购买结束过程中产生的信息会被顾客储存起来,为以后的购买行为提供借鉴,或者就本次购买体验对商家进行反馈。

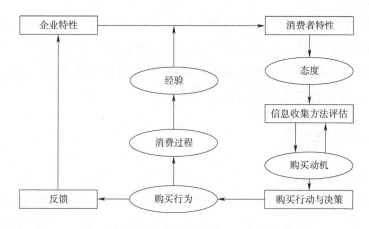

图 3-7　Nicosia 模式

（3）EBK 模式。

对于已提出的消费行为模式理论中，EBK 模式是相对完善的。它是由三位学者在 20 世纪 70 年代提出，通过数次修订，最终形成完整的理论模式。该理论以顾客做出消费行为时的决策过程为核心，强调过程的连续性。如图 3-8 所示，EBK 模式的主要步骤包括：认清问题、搜索信息、方案评估、方案选择、购买结果。

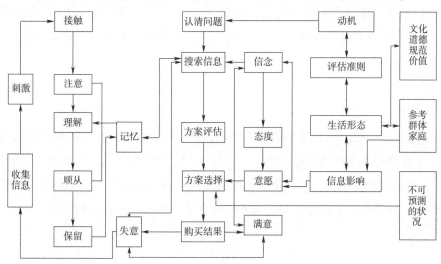

图 3-8　EBK 模式

（4）Kotler 模式。

基于 S-O-R 模式，营销学者 Kotler 提出了一种新的理论框架用于分析顾客消费行为特征,即 Kotler 模式。Kotler 模式包含了更多影响消费过程的因素,该模式对外部刺激进行了细化。Kotler 认为,刺激顾客消费的因素主要被分为两个部分:一方面是产品价格、促销活动等营销刺激;另一方面是经济、政治、文化等其他刺激。同时,对顾客的选择范围也进行了拓展。

二、动态选择模型

1. 效用函数

与集计模型相比,非集计模型能够精确反映出行者的个体特性和差异,更好地解释其行为特征,具有逻辑性强、标定简单、可移植性好等特点,因而其派生模型得以广泛应用。非集计模型也被称为分类评定模型,具有非相关选择方案、相互独立性等分布特性,即选择肢的减少或者增加不影响其他选择肢被选的概率。MNL 模型是非集计模型中被运用频率最高的模型之一,其基于随机效用理论,遵循以下两个假设:出行者是出行选择行为意向决策的最小单位;出行者选择效用最大化。一般 Logit 模型采用随机效用理论,假定前提为:

(1)非集计模型假定出行者是出行选择行为意志决策的最小单位,即出行者是在出行之前决定出发时刻、以何种出行方式以及选择何种线路的最小单位。

(2)出行者效用最大化理论。出行者在特定的选择条件下,选择的是使自己效用最大的方案,且选择某方案的效用因该方案所具有的特性、出行者特性等因素呈现不同程度的差异。

效用函数一般由固定项和随机项组成,其中固定项是与选择肢相关联的效用部分,主要描述各选择肢的特征变量。现定义:U_{in} 为出行者 n 选择方案 i 的效用,V_{in} 为效用函数的固定项;ε_{in} 为效用函数的随机项,是系统中不可观测到的不确定性效用;θ_{ik} 为特征变量的参数,X_{ink} 为各特征变量。则效用函数可表示为:

$$U_{in} = V_{in} + \varepsilon_{in} \tag{3-1}$$

$$V_{in} = \sum_{k=1}^{K} \theta_{ik} X_{ink} \tag{3-2}$$

2. MNL 模型

MNL 模型的假设条件:每个出行者都会选择效用最大的选择肢,即在 C_n 个选

择方案中第 i 个选择肢被选中的概率公式为:

$$P(i/C_n) = \text{Prob}(U_{in} \geq U_{jn}, i \neq j, \forall \in C_n)$$
$$= \text{Prob}(V_{in} + \varepsilon_{in} \geq V_{jn} + \varepsilon_{jn}, i \neq j, \forall_j \in C_n)$$
$$= \text{Prob}(\varepsilon_{jn} \leq V_{in} - V_{jn} + \varepsilon_{in}, i \neq j, \forall_j \in C_n) \quad (3\text{-}3)$$

其中, $0 \leq P(i/C_n) \leq 1$, $\sum_{i \in C_n} P(i/C_n) = 1$。若假设随机项 ε_{in} 服从二重指数分布, 且所有变量之间相互独立, 以 j 表示可供选择方案数, 则出行者 n 选择方案 i 的概率 P_{in} 为:

$$P_{in} = \frac{e^{U_{in}}}{\sum_{i=1}^{N} e^{U_{in}}} \quad (3\text{-}4)$$

综合考虑提取的基本因素和动态因素, 对居民租车出行的车型选择进行建模分析, 则动态 MNL 模型的效用函数为:

$$U_{int} = V_{in} + \sum_m S_{int}\beta_{int} + \sum_{i'} \gamma_{i'i}\eta_{n(t-1)i'} + \varepsilon_{int} \quad (3\text{-}5)$$

式中: V_{in} ——出行者 n 第 t 次出行选择车型 i 的效用基本项;

m、i' ——动态因素季节、$t-1$ 次租车;

S_{int}、$\gamma_{i'i}$ ——租车选择结果;

β_{int}、$\eta_{n(t-1)i'}$ ——动态因素选择肢的相关系数, 即 m 和 i' 对 i 的作用系数。

假设随机项 ε_{in} 是独立同分布的 Gumble 分布, 则出行者 n 的 T 次出行选择效用函数相互独立。由此, 可以推导出出行者 n 的第 t 次租车选择车型 i 的概率为:

$$P_{int} = \int_\varepsilon \prod_{t=1}^{T} \frac{e^{U_{int}}}{\sum_i e^{U_{int}}} f(\varepsilon_{int}) d\varepsilon_{int} = \frac{\exp\left[V_{int} + \sum_m S_{int}\beta_{int} + \sum_{i'} \gamma_{i'i}\eta_{n(t-1)i'}\right]}{\sum_i^N \exp\left[V_{int} + \sum_m S_{int}\beta_{int} + \sum_{i'} \gamma_{i'i}\eta_{n(t-1)i'}\right]}$$

$$(3\text{-}6)$$

式中: $\int_\varepsilon$ ——对 T 个 ε_{in} 进行 $(-\infty, +\infty)$ 区间上的积分。

由于 MNL 模型具有数学形式简洁、物理意义容易理解的特点, 以及选择概率在 [0,1] 之间, 各种方式的选择概率总和为 1 等合理性, 所以其作为概率模型使用具有较为广泛的应用范围。

3. 参数标定

模型的标定要与模型的结构相匹配,目前应用较为广泛的为极大似然估计法,基于总体概率密度函数,构建含有未知参数的似然函数,以求解似然函数在最大时的变量参数标定值。利用极大似然估计法对模型参数标定的关键是首先定义对数似然函数。假设个人选择结果 $\delta_{1n},\cdots,\delta_{in},\cdots,\delta_{cn}$ 的联合密度如式(3-7)所示:

$$P_{1n}^{\delta_{1n}}P_{2n}^{\delta_{2n}}\cdots P_{in}^{\delta_{in}}\cdots P_{cn}^{\delta_{cn}} = \prod_{i \in C_n} P_{in}^{\delta_{in}} \tag{3-7}$$

则出行者 $1,\cdots,n,\cdots,N$ 所作出的选择结果概率(即似然函数)如式(3-8)所示:

$$L^* = \prod_{n=1}^{N} \prod_{i \in C_n} P_{in}^{\delta_{in}} \tag{3-8}$$

式(3-8)中,L^* 是似然函数,取其对数即可得到对数似然函数,如式(3-9)所示:

$$L = \ln L^* = \sum_{n=1}^{N} \sum_{i \in C_n} \delta_{in} \ln(P_{in}) = \sum_{n=1}^{N} \sum_{i \in C_n} \delta_{in} \left(\beta_i X_{in} - \ln \sum_{j=1}^{c} e^{\beta_j X_{jn}} \right) \tag{3-9}$$

可以证明,L 对未知参数向量 β_i 一般属于凹函数。所以,使 L 达到最大值的极大似然估计对向量 β_i 求偏导数为 0,便可得到联立方程式的解。L 对 β_i 的偏导数方程组可写为式(3-10):

$$\frac{\partial L}{\partial \beta_{ik}} = \sum_{n=1}^{N} \sum_{i \in C_n} \delta_{in} \left[X_{ink} - \frac{\sum_{j \in C_n} X_{jnk} e^{\beta_j X_{in}}}{\sum_{j \in C_n} e^{\beta_j X_{in}}} \right] = 0 \tag{3-10}$$

根据式(3-6),因为 $\sum_{i=1}^{I} \delta_{in} = 1$,化简式(3-10)并令其为 0,可得:

$$\sum_{n=1}^{N} \sum_{i \in C_n} X_{ink} [\delta_{in} - P_{in}] = 0 \tag{3-11}$$

$$P_{in} = \frac{e^{\beta_{in} X_{in}}}{\sum_{j=1}^{c} e^{\beta_{jn} X_{jn}}} \tag{3-12}$$

在进行模型参数标定及检验时,将要多次求解式(3-12)中对数似然函数 L 的梯度以及 Hessian 矩阵。式(3-13)为对数似然函数 L 的梯度公式,式(3-14)为对数似然函数 L 的 Hessian 矩阵。

$$\nabla L = \begin{bmatrix} \dfrac{\partial L}{\partial \chi_{11}} \\ \vdots \\ \dfrac{\partial L}{\partial \beta_{ik}} \\ \vdots \\ \dfrac{\partial L}{\partial \beta_{Ik}} \end{bmatrix} = \begin{bmatrix} \sum_{n=1}^{N} \sum_{i \in C_{in}} (\delta_{in} - P_{in}) X_{1n1} = 0 \\ \vdots \\ \sum_{n=1}^{N} \sum_{i \in C_{in}} (\delta_{in} - P_{in}) X_{ink} = 0 \\ \vdots \\ \sum_{n=1}^{N} \sum_{i \in C_{in}} (\delta_{in} - P_{in}) X_{Ink} = 0 \end{bmatrix} \quad (3\text{-}13)$$

$$\nabla^2 L = \begin{bmatrix} \dfrac{\partial^2 L}{\partial^2 \beta_{11}^2} & \cdots & \cdots & \cdots & \dfrac{\partial^2 L}{\partial \beta_{IK} \partial \beta_{11}} \\ \vdots & \vdots & \vdots & \vdots & \vdots \\ \vdots & \cdots & \dfrac{\partial^2 L}{\partial \beta_{ik} \partial \beta_{ik}} & \cdots & \vdots \\ \vdots & \vdots & \vdots & \vdots & \vdots \\ \dfrac{\partial^2 L}{\partial \beta_{11} \partial \beta_{IK}} & \cdots & \cdots & \cdots & \dfrac{\partial^2 L}{\partial \beta_{KK}^2} \end{bmatrix} \quad (3\text{-}14)$$

设式(3-14)的梯度向量为0,得到一组非线性联立方程式,通过求解该方程式便可得到模型参数最优估计值。模型参数标定流程如图 3-9 所示。

三、分层线性模型

1. 问题描述与假设

出行者对于汽车租赁的期望与需求呈现多样化趋势,面对市场中可供选择的多种产品,汽车租赁产品的功能组合可能在一定程度上影响顾客是否会选择其产品。对试验所要研究的问题和预期想要达到的目标进行分析是试验设计首先要考虑的,并根据分析的结果提出问题假设。

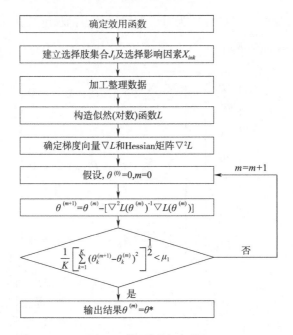

图 3-9　模型参数标定流程

综上所述,主要研究问题为:

(1)在未来的城市出行中,出行者有多大的意愿会选择汽车租赁这种出行方式;

(2)汽车租赁产品的各相关属性对顾客选择行为的影响程度是否相同;

(3)不同特征的顾客对汽车租赁的偏好及显著影响因素是否具有异质性。

进一步提出以下假设:

(1)顾客偏好程度与用车价格负相关,用车价格降低可以刺激顾客选择汽车租赁;

(2)用车的便捷性对顾客偏好程度有正向促进效应,在其他条件不变时,用车的便捷程度与顾客使用汽车租赁的偏好程度正相关;

(3)环保意识与顾客使用汽车租赁的偏好程度正相关;

(4)消费时对货币成本的敏感度与顾客使用汽车租赁的偏好程度负相关;

(5)社交活动多的顾客对使用汽车租赁的偏好程度更高;

(6)顾客在通勤出行时更注重用车的便捷性;

(7)顾客在非通勤出行时更注重用车的经济性;

(8)拥有固定工作地点的顾客会更注重还车时的便捷程度。

2. 联合分析步骤

联合分析是分析顾客偏好的有效工具,顾客在决定购买或者租用某种产品之前,所需选择的产品具有多种属性的,比如价格、外观、品牌等,少有顾客仅根据某一个属性就作出决策,大多数顾客要对产品所具有的属性进行综合考虑,然后决定购买或者租用何种产品,这就是多属性决策的过程。运用联合分析,第一步要做的是确定产品的关键属性和各属性水平,通过排列组合的方式确定代表性产品组合,顾客根据个人的评判标准会对这些代表性产品进行心理判断,进而根据个人喜好为这些代表性产品打分、作出选择或者排序。然后,运用数理统计方法将顾客给出的评价分解到每个属性水平上,就可以计算出各属性水平对总体评价的贡献分值,某属性的各水平贡献分值的和就是该属性的效用值,比较各个属性的效用值就可以得到顾客的偏好程度。按照实验设计的差异性,联合分析主要分为全轮廓联合分析、选择型联合分析和适应性联合分析三种。

由图3-10可知,选择产品属性与属性水平应该基于该研究的主要目的和详细的前期调研,然后通过正交实验设计来确定最佳的产品组合测试方案,并进行科学的数据采集和分析。最终的数据模型可以用来在市场模拟器中进行偏好份额预测,这是将用户研究结果应用到设计实践中的重要一步。此外,联合实验通常会与问卷调查结合起来进行,以获取相关的用户背景数据。在调查问卷设计方面,应该在保证内容完整的情况下,尽可能地提高用户填写体验,所以问卷需要十分精练、清晰,不宜冗长。在开始正式的数据分析之前,应该对收集到的问卷数据进行预处理,去除很多与本实验目的不符的实验数据,以减少不合理数据带来的结果误差。

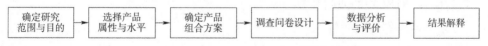

图3-10 联合分析基本步骤

3. 模型构建

Peugh在分层线性模型中,用P_{RV}表示变量的效应值,即增加自变量后残差变异数改善的比例,具体的变量选取和取值方法见表3-1和表3-2。在分层线性模型中,每个层面加入过多的解释变量会在分析中出现模型不收敛的情况。因此,为提高模型估计准确性,需要先计算各变量的效应值并进行筛选。Cohen 指出,对于 P_{RV} 小于 0.02 的变量,其解释效应可以忽略。具有解释效应的变量输出结果见表 3-7(为了清楚起见,不对效应值不显著的变量加以列举)。P_{RV} 的计算公式如下:

$$P_{RV} = (\text{var}_{NoPredictor} - \text{var}_{Predictor})/\text{var}_{NoPredictor} \tag{3-15}$$

式中:$\text{var}_{NoPredictor}$——未加入解释变量的方差值;

$\text{var}_{Predictor}$——加入变量后的方差值。

方差减少比例值　　　　　　　　　表 3-7

层 数	变 量	$P_{RV}(\%)$	层 数	变 量	$P_{RV}(\%)$
Level-1	取车时间	6.2	Level-2	用车经验	4.1
	用车价格	13.6		环保意识	16.7
	还车方式	2.1		成本意识	24.7
				社交意识	24.8

模型可表达为:

Level-1 Model:

$$Y_{ij} = \beta_{0j} + \sum_{i=1}^{n} \beta_{ij} X_{ij} + \varepsilon_{ij} \tag{3-16}$$

Level-2 Model:

$$\beta_{ij} = \gamma_{i0} + \sum_{j=1}^{m} \gamma_{ij} Z_{ij} + \mu_{ij} \tag{3-17}$$

式中:Y_{ij}——第 j 个顾客对第 i 个租赁商吸引力的评价值;

X_{ij}——租赁商层面变量;

β_{ij}——对应 X_{ij} 的回归系数;

Z_{ij}——顾客层面变量;

γ_{ij}——对应 Z_{ij} 的回归系数;

β_{0j}、ε_{ij}——第 1 层模型的截距和随机项;

γ_{i0}、μ_{ij}——顾客特征变量对影响的截距和随机成分。

4.模型检验与分析

使用分层线性模型,需要建立零模型进行可行性分析。其他子模型的建立都是基于零模型之上。零模型形式设定如下：

Level-1 Model：

$$Y_{ij} = \beta_{0j} + r_{ij} \tag{3-18}$$

Level-2 Model：

$$\beta_{0j} = \gamma_{00} + \mu_{0j} \tag{3-19}$$

建立协方差模型来考察租赁商层次的变量对评价值(Y)的影响，它在零模型的基础上，在 Level-1 模型中引入产品属性解释变量，包括取车时间(T)、平均取车时间($\overline{T}$)、用车价格(C)、平均用车价格($\overline{C}$)和还车方式(R)。模型如下：

Level-1 Model：

$$Y_{ij} = \beta_{0j} + \beta_{1j}(T_{ij} - \overline{T}_j) + \beta_{2j}(C_{ij} - \overline{C}_j) + \beta_{3j}R_{ij} + r_{ij} \tag{3-20}$$

Level-2 Model：

$$\beta_{0j} = \gamma_{00} + \mu_{0j} \tag{3-21}$$

$$\beta_{1j} = \gamma_{10} \tag{3-22}$$

$$\beta_{2j} = \gamma_{20} \tag{3-23}$$

$$\beta_{3j} = \gamma_{30} \tag{3-24}$$

情境模型和完整模型，可以共同考察租赁商产品属性和顾客差异对评分水平的综合影响，情景模型设定如下：

Level-1 Model：

$$Y_{ij} = \beta_{0j} + \beta_{1j}(T_{ij} - \overline{T}_j) + \beta_{2j}(C_{ij} - \overline{C}_j) + \beta_{3j}R_{ij} + r_{ij} \tag{3-25}$$

Level-2 Model：

$$\beta_{0j} = \gamma_{00} + \gamma_{01}U_j + \gamma_{02}P_j + \gamma_{03}(E_j - \overline{E}) + \gamma_{04}(F_j - \overline{F}) + \gamma_{05}(S_j - \overline{S}) + \mu_{0j} \tag{3-26}$$

选用情境变量作为第 2 层回归模式的自变量，分析产品属性、顾客特征对评分水平的直接影响，在 Level-2 模型中引入产品属性解释变量：职业(O)、适用经历(P)、环境意识(E)、成本意识(F)、社交意识(S)，$\overline{E}$、$\overline{F}$、$\overline{S}$ 分别为对应指标的平均值。同时考察跨层级自变量的交互作用对评分水平的影响。完整模型设定如下：

Level-1 Model：

$$Y_{ij} = \beta_{0j} + \beta_{1j}(T_{ij} - \overline{T}_j) + \beta_{2j}(C_{ij} - \overline{C}_j) + \beta_{3j}R_{ij} + r_{ij} \tag{3-27}$$

Level-2 Model：

$$\beta_{1j} = \gamma_{10} + \gamma_{11}U_j + \gamma_{12}P_j + \gamma_{13}(E_j - \overline{E}) + \gamma_{14}(F_j - \overline{F}) + \gamma_{15}(S_j - \overline{S}) + \mu_{1j} \quad (3\text{-}28)$$

$$\beta_{2j} = \gamma_{20} + \gamma_{21}U_j + \gamma_{22}P_j + \gamma_{23}(E_j - \overline{E}) + \gamma_{24}(F_j - \overline{F}) + \gamma_{25}(S_j - \overline{S}) + \mu_{2j} \quad (3\text{-}29)$$

$$\beta_{3j} = \gamma_{30} + \gamma_{31}U_j + \gamma_{32}P_j + \gamma_{33}(E_j - \overline{E}) + \gamma_{34}(F_j - \overline{F}) + \gamma_{35}(S_j - \overline{S}) + \mu_{3j} \quad (3\text{-}30)$$

$$\beta_{4j} = \gamma_{40} + \gamma_{41}U_j + \gamma_{42}P_j + \gamma_{43}(E_j - \overline{E}) + \gamma_{44}(F_j - \overline{F}) + \gamma_{45}(S_j - \overline{S}) + \mu_{4j} \quad (3\text{-}31)$$

第三节 模型应用

一、数据获取与分析

1. 调查设计

为获取出行者租车出行的实际数据以及租车出行的意愿数据，本章设计了 RP 和 SP 调查问卷进行调研。目前常用的调研方式主要包括两种形式：实地调查与网络问卷。由于实地调查问卷真实性高、回收率高、有效问卷多，而网络问卷高效方便、易操作、调查范围广、成本低且短时间可获得相当规模数据，因此，将两种调研方式相结合，可以突出优势，互补缺点。RP 和 SP 调查方法的对比见表 3-8。

RP 和 SP 调查方法的对比　　　　　　　　　　表 3-8

类别	RP 调查	SP 调查
基础	实际发生或可观察到的选择行为	虚拟的情境设计
优点	数据质量具有较高的可靠性	可根据研究需要设定情境及变量区间；可研究未实施的政策及设施建设方案；调查实施方便、可行性高
缺点	变量之间可能存在相关性，调查中冗余信息过多；变量区间有限；有些选择行为、特性以及服务在现实中并不存在；实际数据获取有难度	被调查者提供的行为选择不一定与实际行为一致，数据质量有待控制

汽车租赁属于资本密集、资源密集型行业，为满足顾客的多样化、个性化需求，其供给表现为不同车型和服务。租车出行以个体和群体为主，以家庭、同事为出行单位，实现旅游、探亲、商务、公务等目的。调查考虑的基本因素有个人属性（性别、年龄、家庭人口数、家庭月收入等）、出行特征（出行目的、出行距离、过往租车经历等）以及租车特征（价格、车型、品牌等）。调查考虑的动态因素有季节变化特性和过往选择特性。对租车用户的选择行为进行随机抽样调查，调查内容包括个人属性、出行属性、租车特性等，共发问卷 1100 份，回收有效问卷 829 份。

2. 个体特征分析

受访者中，有租车出行意愿的约占 65.2%，其中男性占 56.2%，性别分布较为均匀；85% 的受访者年龄在 20 ~ 40 岁之间，其中学历在本科及以上的占 49.0%。53.2% 的被调查者有过租车的经历。从受教育程度来看，调查对象主要集中在本科、研究生及以上，占到样本数的 64.8%，其中具有租车意愿的占比 57.7%。调查对象中，本科生占比 38.1%，具有租车意愿的占比 25.6%；研究生以上占比 26.7%，具有租车意愿的占比 22.5%；大专及以下受教育程度占到 31.5%，具有租车意愿占比 16.9%。从是否拥有驾驶证来看，调查对象中具有驾驶证的人数占总体样本数的 70.8%，无驾驶证占比 29.2%，其中有租车意愿且具有驾驶证的人群占比 46.0%，有租车意愿但无驾驶证的人群占比 19.4%。从家庭月收入来看，家庭月收入处于 3000 ~ 8000 元之间的调查者居多，约占样本数的 57.0%，其中家庭月收入在 5000 ~ 8000 元之间的调查者占比 35.1%，具有租车意愿的占 50.1%；家庭月收入低于 3000 元的调查者占比最小，为 19.3%，具有租车意愿的占比 17.3%。从整体上看，被调查对象的人口分布特征比较符合汽车租赁业的特殊情况，呈现出一定的广泛性和多样性，具有较强的代表性。

3. 出行特征分析

出行特征数据主要包括出行目的、出行时耗、季节和同行人数等内容，见表 3-9。从出行目的来看，被调查者租车出行目的主要有旅游租车、探亲访友和平时出行。其中，旅游租车的数量最多，占比 38.8%，具有再次租车意愿的占比 34.7%；探亲访友者占比 23.3%，具有再次租车意愿的占比 20.0%；平时出行者占比 14.9%，具有再次租车意愿的占比 13.7%。从出行时耗来看，出行时耗在 1~4d 的调查者较多，占所有调查对象的 84.3%，具有租车意愿累计百分比达到 74.8%；其中出行时耗在 2~4d 的占比 73.3%，具有租车意愿的占比 65.0%；出行时耗在 4d 及以上者占比 15.7%，具有租车意愿的占比 14.3%；出行时耗在 1d 的占所有调查对象比例最小，为 11.0%，具有租车意愿的占比 9.8%。从出行季节来看，被调查者出行主要集中在春季和秋季，其中春季占比 34.4%，具有租车意愿的占比 30.4%；秋季占比 35.6%，具有租车意愿的占比 32.3%。从同行人数来看，被调查者中同游人数为 2~4 人的居多，占所有调查对象的 45.1%，具有租车的意愿占比 40.1%；其次为 4 人及以上，占比 31.2%，具有租车意愿的占比 28.0%；最少为 1 人以下，占比 23.7%，具有租车意愿的占比 20.9%。

出行及租车特征数据描述　　　　　　　　　　表 3-9

特型变量			租车出行选择						
			数量	AO	A	B	MPV	SUV	O	N
出行特征	出行目的	旅游租车(%)	315	57.14	40.82	25	45.45	35.29	0	37.04
		探亲访友(%)	189	7.14	20.41	33.33	9.09	29.41	0	29.63
		平时出行(%)	121	14.29	16.33	25	27.27	11.76	0	11.11
		其他(%)	188	21.43	22.45	16.67	18.18	23.53	100	22.22
	出行时耗	1d(%)	89	10.3	11.3	10.5	9.9	8.4	30.4	10.8
		2~4d(%)	596	74.1	72.8	68.4	70.8	73.9	59.5	75.7
		4d 以上(%)	128	15.6	15.9	21.1	19.3	17.7	10.1	13.5
	季节	春季(%)	280	14.29	34.69	41.67	36.36	35.29	33.33	37.04
		夏季(%)	127	7.14	18.37	16.67	9.09	5.88	33.33	18.52
		秋季(%)	289	35.71	34.69	33.33	45.45	52.94	33.33	29.63
		冬季(%)	117	42.86	12.24	8.33	9.09	5.88	0	14.81
	同行人数	1 人以下(%)	193	14.29	22.45	25	27.27	29.41	0	25.93
		2~4 人(%)	366	50	42.86	50	36.36	47.06	66.67	44.44
		4 人及以上(%)	254	35.71	34.69	25	36.36	23.53	33.33	29.63

续上表

特型变量			租车出行选择							
			数量	AO	A	B	MPV	SUV	O	N
租车特征	价格	100 元/d(%)	106	7.14	22.45	33.33	0.00	17.65	0.00	3.70
		100~200 元/d(%)	362	42.86	40.82	25.00	36.36	52.94	33.33	51.85
		200~300 元/d(%)	229	35.71	26.53	25.00	27.27	11.76	33.33	33.33
		300 元/d 及以上(%)	116	14.29	10.20	16.67	36.36	17.65	33.33	11.11
	品牌	国外品牌(%)	386	50	53.06	33.33	54.55	41.18	66.67	44.44
		国内品牌(%)	427	50	46.94	66.67	45.45	58.82	33.33	55.56
	过往租车(%)		813	8.96	22.97	5.04	3.92	4.49	7.85	46.80

4. 租车特征分析

租车特征统计数据主要包括价格、品牌和过往租车选择等内容,具体见表3-9。从租车价格来看,出行者可以接受的租车价格区间为 100~300 元/d,占比 72.7%,具有租车意愿的占比 63.4%;100~200 元/d 占比 44.5%,具有租车意愿的占比 38.9%;200~300 元/d 占比 28.2%,具有租车意愿的占比 24.5%;100 元/d 以下的租车意愿为 12.6%。从租车品牌来看,居民租车出行对于国内外品牌的选择无明显差异,其中热衷于国内品牌的人群占比 52.5%,具有租车意愿的占比 46.4%;偏好于国外品牌的人群约占 47.5%,具有租车意愿的占比 42.6%。从过往租车来看,在首次租车之前有租车经历调查者超过样本容量的一半,约占 53.2%,未租过车的占 46.8%。调查者在租车出行车型选择上,首选紧凑型车,约占样本容量的 23.0%;其次为小型车,约占调查样本容量的 9.0%;其中小型车和紧凑车占样本容量的 31.9%。这与受访者租车主要用于私人/家庭用车的目的相吻合,消费者在租车过程中更讲究经济实用。

5. 租车群体划分

考虑到居民有无租车经历,对于租车出行选择偏好存在本质上差异性,与未租车居民相比,有租车经历的居民有过租车体检,从而对租车提出了更高的服务需求。根据本书研究需要,将所得问卷按首次租车(无过往租车)和非首次租车(有过往租车经历)对租车人群进行归类(表3-10),为后续进行因素筛选以及下一小节的建模研究提供基础数据。

不同群体租车出行选择情况　　　　　　表3-10

选择肢		AO	A	B	MPV	SUV	O	N
总人数		70	244	60	55	85	15	284
首次租车	统计量	27	102	21	29	45	6	150
	占比(%)	3.32	12.55	2.58	3.57	5.54	0.74	18.45
非首次租车	统计量	43	142	39	26	40	9	134
	占比(%)	5.29	17.47	4.80	3.20	4.92	1.11	16.48

由表3-10可知,具有出行意愿的被调查者占比65.1%,对于车型选择主要为A、SUV和AO车型,其中选择A车型的人数较多。另外,居民首次租车和非首次租车出行选择行为上存在着明显的差异。其中,首次租车居民租车意愿为69.1%,非首次租车居民再次租车意愿为60.5%;两类租车群体在租车出行车型选择上呈现一致性,首选A车型,其次为AO车型,两者在所属群体占比分别为38.1%和34.0%,在具有租车意愿的群体中占比分别为55.2%和56.1%。所以,将租车居民划分为首次租车和非首次租车两类群体具有一定的合理性和适应性。

二、动态选择模型分析

1. 参数估计

模型参数估计要与模型结构相匹配,目前在非集计模型中运用较多的参数估计方法为极大似然估计。其原理为根据总体概率密度函数,构建含有未知参数的似然函数,以求解似然函数在最大时的变量参数估计值。以7种车型作为选择肢,即租车选择方案集合为{AO,A,B,MPV,SUV,O,N},根据本节研究首次租车人群,构建含有季节因素居民首次租车出行选择模型,对模型进行标定和检验,预测居民租车出行选择情况。MNL模型和动态MNL模型的参数估计结果见表3-11。

MNL 模型和动态 MNL 模型的参数估计结果对比　　表 3-11

模型对比	影响因素	变量	车型选择					
			AO	A	B	MPV	SUV	O
MNL 模型		常数	0.892	0.043	-3.052	-3.220	-1.897	-1.653
	性别	G	-0.416	-0.590	-0.163	-0.435	-0.975	-1.028
	年龄	A	0.009	0.015	0.031	0.030	-0.009	0.031
	家庭收入	F	0.599	-0.219	-0.141	-0.076	-0.144	-1.855
	出行目的	P	0.079	0.104	-0.030	0.133	0.133	0.044
	价格	V	0.081	-0.084	-0.342	0.631	-0.387	-0.197
动态 MNL 模型		常数	5.096	4.030	6.497	-1.679	5.797	2.052
	季节因素	S_{1i}	-0.824	0.205	-0.479	0.002	1.886	1.783
		S_{2i}	-4.142	-1.487	-0.280	-2.283	1.107	1.607
		S_{3i}	-0.043	0.396	-0.061	0.073	1.279	0.510
		S_{4i}	0^b	0^b	0^b	0^b	0^b	0^b
	过往租车	γ_{1i}	0.905	0.517	-8.984	0.012	0.017	-6.550
		γ_{2i}	-0.053	1.994	-7.797	-1.720	-3.349	-5.500
		γ_{3i}	-3.203	1.227	1.038	0.588	3.891	-4.170
		γ_{4i}	-2.492	-0.556	-1.270	1.945	-1.956	-0.535
		γ_{5i}	0.352	0.499	-0.458	-0.530	1.166	-4.814
		γ_{6i}	-0.003	-0.006	0.527	-0.063	-0.035	0.342
		γ_{7i}	0^b	0^b	0^b	0^b	0^b	0^b
	性别	G	-2.189	-0.945	-0.880	-1.293	-0.837	-0.966
	年龄	A	0.007	0.018	0.040	0.031	-0.008	0.022
	家庭收入	F	0.094	0.071	0.009	0.170	0.060	-1.791
	出行目的	P	0.035	0.065	-0.101	-0.003	0.038	0.648
	价格	V	0.110	-0.096	-0.194	0.360	-0.664	-0.548

注:参数类别为 N;上标 b 表示参数冗杂,将其设为 0。

2. 影响因素作用分析

由表 3-11 可知,各静态因素对不同车型选择的作用系数存在明显的差异性。

其中,性别对所有车型选择的作用系数均为负值,表明变量负值越大,产生的负效用越多,该车型被选择的概率就越小。年龄的作用系数均较低,说明该因素对选择行为的影响不显著。家庭月收入对 O 车型的选择反作用较大,说明该车型受特定经济群体青睐。出行目的对 B 车型的选择有较小的负作用,对 O 车型的选择存在一定促进作用。租车价格对 AO、A 和 B 车型的选择影响较小,对 MPV、SUV 和 O 车型的选择影响较明显。

显然,动态因素对居民租车车型选择的作用系数均相对较大。随着季节更替,租车选择呈现动态性变化规律,其主要体现为各季节作用系数的波动起伏。由表 3-11 可以看出:①季节因素对 AO 车型选择的作用系数均为负,最大为 -4.142,会降低此车型被选的可能性;而对 SUV 车型的作用系数均为正,最大为 1.886,会刺激该车型被选的可能性;与上述两种车型相比,季节更替对其他车型的影响相对较小。②从季节角度看,春季会提高 A、MPV、SUV 和 O 车型的吸引力,但同时会降低 AO、B 车型的被选可能性;夏季对大部分车型选择作用系数为负值,且影响较显著;秋季除对 AO 和 B 车型选择影响为负作用外,对其他车型的选择都有刺激作用,但显著性较低。

对于过往租车因素,其对居民租车选择的作用系数总体偏高,影响较显著。表现如下:①过往租车体验对居民后续租车选择影响存在一定的连贯性,会增加下次租车选择同类车型的可能性。参数估计结果显示,前次出行选择 AO、A、B、MPV、SUV 和 O 车型对下次选择同类车型的作用系数分别为 0.905、1.994、1.038、1.945、1.166 和 0.342,显然过往租车体验对 A 车型的作用效果最强,其次为 MPV 车型。②过往租车体验同时也会影响居民对其他车型的选择。例如,前次出行选择 AO、B 车型,会增加后续租车选择 A、MPV 和 SUV 车型的可能性,降低对其他车型的选择意向;A 和 MPV 车型的租车体验,会降低 AO、B、SUV 等车型的被选可能性;SUV 车型的过程体验,会降低除 A 以外的其他车型被选概率;由于 O 车型受特定群体选择的原因,而对其他车型的选择影响不显著。

3. 模型检验

根据检验理论可知,当参数检验值 $|t| \geqslant 1.96$ 绝对值时,在 5% 显著水平下有

95%把握可以确定该变量是影响出行选择的主要因素之一,而当 $|t|<1.96$ 时并不能绝对地说明变量不重要。在许多有关 MNL 模型标定的实例中,即使变量 t 值不符合要求,如果凭以往经验确定它对租车选择结果会产生影响,也可考虑将其保留。由此可知,选取特性变量所对应的参数满足检验要求,同时与皮尔逊卡方检验结果具有较高的一致性,因此模型所选定的变量都是重要变量。

同时,为验证模型的可靠性,采用拟合优度比(ρ^2)检验对模型进行分析,检验结果见表3-12。在实际运用中,模型的拟合优度比在 0.2~0.4 之间时,即可认为模型精度较高。显然,表中两模型均满足精度要求,引入动态因素后的租车选择模型从参照模型的 0.479 上升为 0.565。由此表明,改进后的动态 MNL 模型精度较高、拟合效果更好,模型满足实用性要求,具有很好的预测精度,能够满足本次预测要求。

模型检验结果　　　　　　　　　　　　　　　表3-12

检验指标	含义	MNL 模型	动态 MNL 模型
LL(0)	参数值均为0时的似然函数值	447.703	447.703
LL(β)	似然函数的最大值	233.468	194.575
ρ^2	$\rho^2 = 1 - LL(0)/LL(\beta)$	0.479	0.565

4. 结果分析

(1)首次租车群体。

通过对比表3-13中两模型的预测结果,发现 MNL 模型和动态 MNL 模型预测误差值都较小,均未超过5%,且正确率由 71.4% 上升至 75.9%,表明模型中动态因素与变量的选取相对科学合理,具有一定的实用价值。动态 MNL 模型预测值与实际观测值相比,居民租车出行选择意愿程度提高8%,A 车型仍是居民租车出行的首选,MPV 和 SUV 车型的被选概率也将有所增加。

模型预测结果对比分析　　　　　　　　　　　表3-13

租车选择		N	AO	A	B	MPV	SUV	O	正确率(%)
MNL 模型	数量	147	52	144	68	28	33	20	71.4
	比例(%)	29.9	10.6	29.3	13.8	5.7	6.7	4.1	

续上表

租车选择		N	AO	A	B	MPV	SUV	O	正确率(%)
动态MNL模型	数量	148	56	176	64	36	40	12	75.9
	比例(%)	27.8	10.5	33.1	12.0	6.8	7.5	2.3	
	绝对误差值(%)	2.1	0.1	1.1	1.8	1.1	0.8	1.8	—

（2）非首次租车群体。

以同样的步骤再对非首次租车的被访者展开探讨，构建涵盖季节因素和过往租车因素的租车出行选择模型，对模型进行标定和检验，最终预测该类群体租车出行选择情况。结果表明，个体属性和出行特征等静态因素对该类群体租车车型选择的影响与对首次租车群体的影响相似；而动态因素对车型选择的影响存在组间差异，其作用系数相对于其他变量总体较高，主要从季节和过往租车出行两个动态因素展开分析。

季节因素对 B 车型选择的作用系数均为负，会降低此车型选择的可能性；而对 SUV 车型的作用系数均为正，最大为 1.54，会增加 SUV 车型选择的可能性。具体而言，春季对于 AO、A、MPV、SUV 和 O 车型的作用系数为正，对 B 车型作用系数为负，则会增加 AO、A、MPV、SUV 和 O 车型选择的可能性；相反，降低 B 车型选择的可能性。夏季对 AO、A、B 和 MPV 车型的选择作用系数均为负值，会降低车型选择可能性；SUV 和 O 车型选择系数均为正值，会增加车型选择可能性。秋季对 AO 和 B 车型选择的作用系数均为负值，对 A、MPV、SUV 和 O 车型选择的作用系数均为正值，则会降低 AO 和 B 车型选择的可能性，增加 A、MPV、SUV 和 O 车型选择的可能性。冬季对 AO、B 和 O 车型选择的作用系数均为负值，A、MPV 和 SUV 车型的作用系数均为正值，则会降低 A、B 和 O 车型选择的可能性，增加 A、MPV 和 SUV 车型选择的可能性。

过往租车因素对居民租车选择作用系数相对于其他因素较高。过往租车对后续租车选择影响存在一定的连贯性，会增加下次选择该车型的可能性。前次出行选择 AO、A、B、MPV、SUV 和 O 车型对后一次选择该车型的作用系数分别为 2.91、1.99、1.04、1.95、1.17 和 0.84。从这些系数中可以看出，AO 车型的作用效果最强,其次为 A,然后是 MPV。由于受到租车过程体验原因,对于其他车型的选择可能性会降低或者增加。前次出行选择 AO 车型会增加 A、MPV 和 SUV 车型的可能性,降低其他车型选择可能性;选择 A 车型仅增加 A 选择可能性,降低其他车型选择可能性;选择 B 车型增加 A 和 MPV 车型选择可能性,降低其他车型选择可能性;选择 MPV 车型增加 A 和 MPV 车型选择可能性,降低其他车型选择可能性;选择 SUV 车型增加 A、B 和 SUV 车型选择可能性,降低其他车型选择可能性;O 车型由于受特定群体选择原因,其对其他车型选择作用不显著。

(3)两者对比分析。

根据有无租车经历将租车出行人群划分为首次租车和非首次租车,在上述研究基础上,对所建模型进行总结和分析,得出具有以下相似性和差异性。相似性:在一定程度上,影响因素参数标定值呈现出一致性且动态因素相对于其他因素的作用系数较高,说明季节因素和过往租车是居民租车出行选择重要因素;首次租车人群和非首次租车人群在租车选择行为上也存在一致性。差异性:针对不同模型,建模涉及影响因素存在差异,主要体现在首次租车影响因素包含受教育程度,非首次租车影响因素有同行人数和过往租车;由于各种租车选型选择方案性能、舒适性和安全性等内在性能差别的存在,各因素对于居民租车而选择影响程度不尽相同;有租车经历的居民租车意愿较无租车经历高 10.05%,这在一定程度上说明季节变化和过往租车经历对居民租车选择影响的重要性。

三、分层线性模型分析

在分层线性模型中,需要注意的是,第一层的截距和斜率是第二层的结果变量,并且这些结果变量必须有明确的意义,不然,就无法运用此模型进行分析。为了方便对参数的估计和解释,通常要对自变量进行均值中心化处理。一般而言,对于第一层模型的解释变量 X 的中心化处理方式主要为以下几种:第一种是按总均值进行中心化处理,所以,在模型的实际运用中第一层面的解释变量的形式为 $(X_{ij} - \bar{X})$,其中 $\bar{X}$ 表示总平均数;第二种是按组均值进行中心化处理,也就是将原解释变量减去第二层所属的单位的组内平均数 $(X_{ij} - \bar{X}_j)$;第三种就是不做中心化处理,对于类别变量等非度量变量无须进行中心化处理。对于第二层模型的解释变量 Z 的中心化方式,一般直接采用按总平均数中心化的方法。

1. 可行性分析

可行性分析结果见表3-14。由表3-14可知,每位顾客评分的组内变异值为1.114,组间变异值为0.671,得出组内相关系数为0.376,表示顾客间差异占总差异的30.59%,属于高度关联程度,组间差异无法忽略。为了研究影响评分的因素,依次引入各层次的变量,建立不同的模型来考察租赁商产品属性和顾客特征对租赁产品吸引力的影响。参与调查的所有顾客对代表性电动汽车分时租赁产品给出评分的总平均数的估计值为4.145,即 $\gamma_{00}=4.145$。除此之外,表3-14还给了方差成分的最大似然估计值。在Level-1层面,$\mathrm{Var}(r_{ij})=\hat{\sigma}^2=1.114$;在Level-2层面,$\tau_{00}$ 是真实的汽车租赁产品的平均得分 β_{0j} 在总平均数 γ_{00} 周围变化的方差,这些受访顾客对代表性汽车租赁产品的平均评分方差的估计是 $\hat{\tau}_{00}=0.671$。计算出的组内相关系数值为0.3585,代表顾客之间差异占总差异的35.85%,组间差异无法忽略。因此,为研究影响评分的因素,依次引入各层次的变量,建立不同的模型来对该问题进行研究。

零模型的参数估计与检验结果　　　　表3-14

检验结果	变量	参数	零模型
固定效应	顾客平均评分	β_0	
	截距项	γ_{00}	4.145*(0.051)
方差成分	Level-2 所有顾客之间	τ_{00}	0.671***
	Level-1 每位顾客之中	σ^2	1.114
	离异数		8431.104

注:括号内为标准误差,即 ***$p<0.01$, **$p<0.05$, *$p<0.1$,下同。

2. 协方差模型结果分析

协方差模型主要考察租赁商层次的变量对评分(SCORE)的影响,它在空模型的基础上,在Level-1模型中引入取车时间、用车价格、还车方式三个微观解释变量。运用HLM软件进行分析,协方差模型的参数估计与检验结果见表3-15。可见,在固定效应的回归系数方面,协方差模型的斜率均达到显著水平。Level-1 误差项的方差,零模型为 0.114(表 3-14),而协方差模型为 1.032。相比之下,协方差模型的数据匹配度优于零模型。

协方差模型的参数估计与检验结果 表 3-15

检验结果	变量	参数	协方差模型
固定效应	顾客平均评分	β_{0j}	
	截距项	γ_{00}	3.967*(0.085)
	取车时间斜率模型	β_{1j}	
	截距项	γ_{10}	-0.012***(0.002)
	用车价格斜率模型	β_{2j}	
	截距项	γ_{20}	-0.709*(0.078)
	还车方式斜率模型	β_{3j}	
	截距项	γ_{30}	0.114**(0.041)
方差成分	Level-2 所有顾客之间	τ_{00}	0.680***
	Level-1 每个顾客之中	σ^2	1.032
	离异数		8261.940

3.情境模型与完整模型结果分析

情境模型和完整模型可以共同考察租赁商产品属性和顾客差异对评分水平的综合影响,其 Level-1 的自变量是所有的租赁商产品属性,假设 Level-1 各自变量的斜率具有随机效应,此模型中 Level-1 回归模型的截距项是 Level-2 的结果变量。分析表 3-16 的结果,在随机效应方面,对比方差成分可以看出,情境模型对于数据的解释效力明显好于协方差模型。结果显示,职业、用车经验、环保意识、成本意识、社交意识的效应显著且明显为正,说明它们可以解释顾客评分水平的差异,并且与评分水平成正相关。从完整模型与情境模型的比较来看,完整模型的组间方差下降了 17.4%,组内方差下降了 22.9%,说明完整模型在所有模型中对顾客偏好最具解释力。此外,完整模型回归结果也显示职业、用车经验和还车方式之间存在明显的跨层级交互作用。

情境模型与完整模型的参数估计与检验结果　　　　　表3-16

检验结果	变　　量	参　数	情 境 模 型	完 整 模 型
固定效应	顾客平均评分	β_{0j}		
	截距项	γ_{00}	3.713(0.197)	3.907(0.334)
	职业	γ_{01}	0.128*(0.053)	0.263*(0.093)
	用车经验	γ_{02}	0.107*(0.095)	−0.303*(0.168)
	环保意识	γ_{03}	0.128*(0.073)	0.119(0.114)
	成本意识	γ_{04}	0.218*(0.065)	0.266**(0.011)
	社交意识	γ_{05}	0.310*(0.078)	0.360**(0.012)
	取车时间斜率	β_{1j}		
	截距项	γ_{10}	−0.011***(0.003)	−0.009**(0.012)
	用车价格斜率	β_{2j}		
	截距项	γ_{20}	−0.699*(0.084)	−0.640*(0.036)
	还车方式斜率	β_{3j}		
	截距项	γ_{30}	0.015*(0.041)	−0.151(0.183)
	工作状况	γ_{31}		−0.096**(0.049)
	用车经验	γ_{32}		0.275*(0.088)
方差成分	Level-2 所有顾客之间	τ_{00}	0.555***	0.458***
	取车时间斜率	τ_{10}	0.001***	0.001***
	用车价格斜率	τ_{20}	0.745***	0.815***
	还车方式斜率	τ_{30}	—	—
	Level-1 每个顾客之中	σ^2	1.099	0.847
	离异数		8378.811	8080.219

根据上述多个模型的验证结果分析发现,在随机效应方面,对比方差成分可以看出情境模型对于数据的解释效力明显好于协方差模型。结果显示,工作状况、用车经验、环保意识、成本意识、社交意识的效应显著且明显为正,说明该模型可以解释顾客评分水平的差异,并且和评分水平正相关。环境意识、成本意识、社交意识、工作状况、用车经历、取车时间、用车价格、还车方式等因素对顾客的租车选择偏好有显著影响;对于使用过汽车租赁的群体来说,用车结束后,更倾向于选择在商家

网点还车这种方式;现阶段使用汽车租赁不会给顾客造成心理上的财务负担,该方式已经成为人们参与交际和娱乐活动的重要出行方式,并有着广泛的市场需求。

4. 不同类型顾客偏好分析

γ_{25} 系数为正(0.056)且在 5% 的显著性水平下显著,表示当人们进行日常生活、休闲娱乐等非通勤出行时,会提升对于用车经济性的敏感程度,验证了假设(7)。《中国汽车分时租赁市场年度综合分析 2019》指出,分时租赁人群表现出爱理财、爱玩、爱阅读和经常在路上等特点,这表明阶段使用汽车分时租赁的出行目的还是以非通勤出行为主,会更注重用车的经济性,也验证了本研究结果的可靠性。

γ_{31} 系数为负(-0.096)且在 5% 的显著性水平下显著,表示对于有固定工作地点的顾客来讲,用车结束后,更倾向于在社会公共车位还车这种方式,也表明现如今人们已经将汽车租赁纳入通勤交通工具,验证了假设(6)和假设(8)。《共享汽车数据印象报告》显示,将汽车租赁用作通勤使用的顾客的评分最高,与本研究结果相符。

γ_{32} 系数为正(0.275)且在 1% 的显著性水平下显著,表明对于使用过租赁车辆的人群来说,用车结束后,相较支付调度费用停在社会车位上,他们更倾向于选择在商家网点还车这种方式。结合本研究的调查对象和调查地点,出现此种现象的原因如下:一方面,本书选取的调查地点是重庆市,《中国汽车分时租赁市场年度综合分析 2019》指出,川渝地区是汽车分时租赁头部平台重点布局地区,汽车租赁头部平台已经在重庆形成较成熟的运营体系;另一方面,受访顾客有超过 70% 的人使用过汽车租赁服务,相较缴纳少量调度费用停在社会公共车位上,人们已经习惯于将车辆归还至租赁商设置的网点。对于顾客群体来说,综合考虑经济性和便捷性等因素,社会公共车位还车这种方式已经不是大众的必须需求。这一点对于租赁商来说是很重要的,这将会大大降低运营成本和管理难度。

本 章 小 结

本章基于现有租车出行研究,运用非集计理论构建了动态 MNL 模型,综合考虑季节更替和过往租车等因素的影响,分析了顾客租车出行的车型选择行为。同时,运用分层线性模型实证检验了影响汽车租赁吸引力的产品属性和顾客特征因素,并展开了跨层级交互作用分析,研究结果表明:

(1)与参照 MNL 模型相比,动态 MNL 模型的拟合优度比和预测精度均有较大的提高,说明改进后的模型能够更准确阐述季节因素对居民租车车型选择的影响和多次租车选择间的作用机理,更精确地刻画了居民租车出行意向和车型选择行为。

(2)从季节角度看,春、秋季居民租车出行意愿较为强烈,且选择小型车(A0)、紧凑车型(A)的偏多;从过往租车角度看,A 车型的租车体验对后续居民租车意向和车型选择的影响都相对较大。

(3)分层线性模型中,协方差模型分析结果表明取车时间、用车价格、还车方式等因素显著影响顾客使用汽车租赁的偏好;完整模型回归结果表明用车价格、出行目的、用车经验及工作状况与还车方式之间存在明显的跨层级交互作用;有过租车经历的群体用车结束后,更倾向于选择在商家网点还车这种方式。

第四章 考虑顾客选择偏好的汽车租赁需求预测方法

本章基于计划行为理论,综合考虑个体社会经济属性、出行方式属性以及电动租车出行心理因素,建立多因素多指标潜变量(MIMIC)的需求预测模型。为提高小样本下的模型预测精度,将支持向量机(SVM)算法运用到混合模型中,构建带有潜变量的 SVM 模型;同时运用 Spill 模型对历史约束数据进行修复,以提高对不同租赁车型需求量的预测精度。最后通过实例研究验证模型可靠性和准确性,为后续展开汽车租赁存量控制的研究奠定基础。

在共享经济的时代背景下,电动汽车租赁成为公共交通、小汽车等传统交通方式的重要补充。根据中国统计年鉴,从 2010 年到 2018 年,全国小汽车数量从 0.59 亿辆增长到 2.01 亿辆,同时驾驶人数量也由 1.51 亿增长到 3.69 亿,从侧面反映出市场存在较大的租车用户需求,为汽车租赁行业提供了良好的发展空间。但盲目地顺应市场发展可能会适得其反,过多的车辆投放容易造成土地与资源浪费。因此,通过研究顾客租车偏好,合理控制行业发展规模,更能有效地满足市场需求与促进行业可持续发展。而准确预测顾客需求是收益管理的决策基础,也是实现容量有效控制的前提,其存在历史约束需求的修复和未来需求的预测两大难题。

常用的预测方法包括定量分析法、定性分析法和决策分析法,其中基于历史数据的定量分析法应用较多。但由于预售系统中的历史数据是受约束的,部分顾客的需求因为价格、时间、产品、库存等因素未被满足,不能直接获取这些数据,因此,需要对这部分受约束的需求进行修复,通常把修复后的数据称为"无约束需求"。如何根据"约束需求"推断"无约束需求",找回未能满足的需求,完成对顾客真实需求的估计,是需求预测特有的难题。其中,Swan(2002)为解决航空客运需求的无约束估计问题,提出早期的单舱位 Spill 模型,研究发现正态分布的 Spill 模型更具普适性;郭鹏等(2008)提出多舱位 Spill 模型,对航空客运无约束需求的预测方法展开了研究。在汽车租赁方面,Geraghty(1997)等将需求预测分为长期预测和短期预测,其中长期预测来自对季节性历史数据的分析,短期预测基于预订租车量的变化;Zhu(2006)首次揭示预订系统记录的拒绝量对无约束需求估计的重要性,并指出潜在需求包括四种情况,只要甄别出四种情况导致的拒绝量就能得到潜在的需求量。

为降低建模难度同时兼顾模型的预测精度,本章结合传统混合模型和 SVM 的优势,构建同时包含 MIMIC-SVM 的选择模型,基于实证数据主要研究出行者的个体主观态度因素对日常出行意愿的影响机理,了解城市居民的出行选择结构组成,以实现从需求侧引导电动汽车租赁合理发展的目标。同时,结合顾客选择行为得到租车偏好概率以改进 Spill 模型,最后通过数值算例的比较分析,验证模型的有效性。

第一节 研究基础

一、汽车租赁与收益管理

1. 汽车租赁模式

(1) 传统租车模式。

在汽车租赁行业发展初期,用户产生租车需求,使用租车服务需要通过在租赁公司实体门店与工作人员进行面对面交流和交易,包括车辆预约、取车和还车,即传统汽车租赁,其具体流程如图 4-1 所示。具体而言,传统汽车租赁需要在固定地点开设店面,顾客如有用车需求要到店进行取车和还车的各种手续办理,整个流程相对烦琐。此外,租赁企业开设店铺所产生的一系列成本也会导致顾客用车价格的增加,以日为单位进行租赁,顾客往往需要支付较高的用车费用。

第四章 考虑顾客选择偏好的汽车租赁需求预测方法

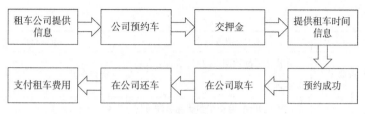

图 4-1 传统租车流程

（2）网上租车模式。

随着"互联网+出行"的网络信息化发展，网络租车平台建设越来越完善，服务模式逐渐从实体店交易转向自助式服务交易，降低对人力、物力资源的利用，实现取车、还车、缴费一体化，具体流程如图 4-2 所示。

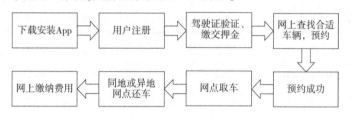

图 4-2 网上租车流程

与传统租车模式相比，网上租车模式的使用流程可以具体概括为信息注册、预约、取车和还车缴费，两者各部分具体操作又有所不同。相比之下，网上租车模式更加方便简洁，具有更大的发展空间。汽车分时租赁大多采用这种模式，把结算的时间缩小至小时甚至分钟，同时能够大大降低车辆的闲置率，在降低企业成本的同时使得顾客可以享受到更优惠的价格。电动汽车分时租赁通常以建有充电桩的共享停车位作为取车、还车点，顾客可以通过 App 实现自助借还。汽车分时租赁主流取还车流程见表 4-1。

汽车分时租赁主流取还车流程　　　　　　　　　　　　表 4-1

序号	使用环节	消费者操作	租赁商操作
1	注册申请	通过官网或手机 App，阅读注册条款和隐私协议，填写提交相应的适用资格信息和材料（驾驶证和身份证）	拟定租车准则和隐私协议，审核消费者注册信息
2	车辆预订	登录手机 App，查询附近车辆状况，确认车辆电量，选择车辆，支付押金	完善租车系统，定期维护车辆和网点，定位车辆

71

续上表

序号	使用环节	消费者操作	租赁商操作
3	网点取车	在指定时间到网点取车,超时会自动取消订单	解锁车辆
4	车辆使用	用手机开锁,检查车辆状况后即可使用,若有问题可咨询客服	跟踪车辆,配备技术检修人员
5	还车支付	将车辆停至任意网点,用App锁车,完成费用支付	整合优惠券和费用支付
6	退还押金	车辆使用完成,若有需要可申请退还押金	审核租车期间有无违章、交通事故、车辆损坏等情况,按规章收取费用和退还押金

分时租赁是租赁行业的一种新兴模式,因处在其发展的初级阶段,租赁商需要根据自身具备的资源和服务能力来摸索,在最大限度迎合顾客喜好的同时降低运营成本。在其探索中形成三种取还车的服务模式:同一地点取还车、任意商家设置网点取还车和任意社会公共车位还车。三种取还模式的优缺点见表4-2。无论采取哪一种方式,都需要租赁商在线下建立停车网点,用户需要通过安装手机App自助取车和还车。

汽车分时租赁各服务模式特征　　　表4-2

服务模式	描述	优势	劣势
同一地点取还车	任意商家设置网点取车,还车时将车辆归还至取车地点	降低车辆调度成本	对使用场景有一定限制,便捷性较差
任意商家设置网点取还车	在任意商家设置网点取车,还车可以选择商家设置的任意网点	使用便利,场景丰富,满意度高	调度难度较大,运营成本较高
任意社会公共车位还车	在任意有车地点取车,任意社会公共车位还车	停车自由度最大,非常便捷	运营成本高,管理难度大,用户需额外缴纳车辆调度费

租赁商需要建立线下的停车网点和开发线上的手机App,并且普遍采用让顾

客通过下载手机 App 根据提示进行取还车的方式。基于此,如果在考虑顾客使用体验的同时兼顾企业的运营成本问题,在任意商家设置网点自由取还车的方式对双方是最优选择。用户虽然在取车和还车的环节中都需要就近寻找网点,但便捷性还是相对较高。对商家来说,此方式运营成本和调度烦琐程度相对较低,也是最符合企业现阶段的发展需求。任意社会公共车位还车这种方式,对于顾客来说,用车的便捷程度最高,但其最大的缺点就是后期调度成本过高。虽然需要用户支付调度费用,但是仍然逐渐被租赁商所舍弃。

2.汽车租赁的收益管理特性

汽车租赁的目标顾客特性决定了租赁站点主要分布在客运站、机场、居民聚居区、城市商务中心等,汽车租赁企业在租赁站点设置上必须考虑车队调度、车辆存量控制、租金细分、需求预测等一系列问题。在目前高度竞争的环境中,收益管理对利益的保护十分有效,在很多行业领域中得到了广泛应用,但是收益管理也有着针对性要求和适用条件。汽车租赁业具有的特征符合收益管理使用的一般条件,具体有如下几个方面。

(1)顾客需求波动性较大。

汽车租赁的需求随着时间、日期、季节的不同而波动,一天中的不同时刻、一周中的各天、一年中的不同季节,顾客对于租赁车辆的需求不同,呈现强烈的时段性以及季节性特征。尽管如此,需求波动同样也存在着一些周期性规律。依据需求量的大小,汽车租赁商可将一年各个月份划分为旺季、淡季、平季,并参照需求量制定对应的细分价格体系。据相关汽车租赁商的需求统计数据显示,每周租赁需求高峰期出现在周末,低谷期则出现在周三。国家法定节假日、重大活动等特殊事件都会引发需求上涨。

(2)租赁的产品具有易逝性。

汽车租赁的产品就是出租车辆从而收取租金,车辆如果在当天未被租赁出去,尽管车辆形态上没有出现任何变化,但是租赁站点的车辆会被虚耗,没有任何收益,创造的价值就会消失。同时通过租赁车辆获得收益的机会也随之永远消失,这种消失是不可逆的,没有办法补偿所遭受的损失,不可存储性(易逝性)是汽车租赁的重要特征。

(3) 租赁车辆数相对固定。

由于顾客的租赁需求波动,车辆会出现闲置或者拒绝租车需求,车辆租赁状态出现可租赁和无法租赁状态的交替变化。但由于租赁站点的库存固定,而且较高的购置成本致使不能通过供求关系来改变站点内的车辆数,呈现刚性的生产能力。对于这种情况,可以通过车辆在不同站点的车辆调度来解决上述问题。

(4) 按需求可进行租赁市场细分。

顾客对于车辆各种属性的敏感性和偏好是不同的,车辆等级、增值服务、价格水平等因素都会对顾客的租车需求造成一定的影响。可以根据顾客的需求进行分类,提供不同的产品组合以面向不同的细分市场,以便较好地满足更多顾客的租车需求,充分利用租赁车辆。目前汽车租赁四大主要需求市场是个人租车市场、商务租车市场、公务租车市场、旅游租车市场。顾客主要需求车型包括手动紧凑型轿车、经济型轿车、商务型轿车、豪华型轿车、运动型多用途汽车(SUV)、七座及以上多用途汽车(MPV)等。

(5) 高固定成本和低边际成本。

汽车租赁行业中车辆的购买价格很高,最初的投资十分巨大,企业的车辆折旧、保险、场地费用等固定成本非常高。但是一旦租赁运营后,车辆租赁所需要的营业费用、里程损耗、车辆磨损等运营成本却很小,即边际成本比较低。

(6) 租金是强有力的杠杆。

考虑成本因素,汽车租赁企业可以根据顾客不同的出行需求特征和价格弹性向顾客执行不同的价格标准。通过价格篱笆将那些愿意并且能够消费得起的顾客和为了价格低一点而愿意改变出行选择的顾客区分开,最大限度地开发市场潜在需求,提高租赁企业收益。

(7) 车辆可以提前预订。

租赁企业建立汽车租赁系统实现租车预订服务、租赁车辆在线展示等功能。顾客可以利用互联网、移动终端等多种方式进行预订,同时由于取消预订的成本很低,顾客可以进行取消预订和放弃接受服务等。

3. 汽车租赁收益管理的复杂性

汽车租赁能够满足收益管理使用条件，具有很强的适用性。但汽车租赁对于航空运输业、酒店服务业等有其独有的特点（表4-3），所以成功应用在航空业、酒店业的收益管理并不能直接应用于汽车租赁业。

航空、酒店、汽车租赁的特点对比　　　　表4-3

对 比 项	航　　空	酒　　店	汽车租赁
库存	座位	房间	车辆
产品种类	1～3	1～10+	5～20+
站点总库存量	固定	固定	可变
库存的可变性	小	无	相当大
产品价格类型	多(3～7+)	少(2～3+)	多(3～20+)
使用寿命	固定	可变	可变
团购折扣	无	有	有
库存管理方式	中央	中央/地方	中央/区域/地方

航空运输业中顾客享受的是位移服务，而汽车租赁业中是车辆的使用服务，顾客能够按照自己的意愿完成位移。同时，汽车租赁企业会提供更多的车型、不同的价位以及大量的增值服务来供顾客挑选。但汽车租赁时间变化较大，可提前或延迟还车，假如长租顾客一直占用车辆，将会影响库存水平。与酒店服务业相比，酒店服务业出租的是房租的使用权，汽车租赁是移动的实物实体。汽车租赁的租赁点较多，可以通过站点间的调度来满足过剩的需求，能够异地还车。

对比总结发现，汽车租赁的特性主要有产品种类多、库存的可变性大、库存管理方式分散、对价格的敏感程度高、增值服务较多；即使在一个地区只有一个租车点，也可通过从附近城市调车等来调整库存；客户可以异地还车，还可以随时变更自己的计划，延时或者提前还车；由于租赁车辆可以免费提前预订，对于取消预订和预约到期也没有来消费的惩罚力度不大，消费者可以随时改变出行时间。这些特点使得汽车租赁业相对于其他行业有更高的不到场率，使其无约束需求预测难度变大。

4.租车需求预测

汽车租赁属于易逝产品,如果当天没有出租将就会损失当天的租金,而且通过与航空运输业、酒店服务业的运营对比发现,汽车租赁业的收益管理更具有复杂性。由于其本身的特点,使得顾客具有更高的主观选择性,所以对其需求预测要尽可能考虑到顾客的选择行为。

以图4-3为例,A点是顾客预订达到的最大值,B点是最终预订的总数,AB之间对应的值是取消预订的人数,C点是最后消费的顾客数,CD之间对应的值是直接来站点租赁车辆的人数,BD之间对应的值是预订了但是没有出现的数量,E是开始预订时间,F是预订达到最高时的时间,G是截止时间。一般汽车租赁公司预订系统中最终记录到的为G时刻C点的值,忽略顾客取消订单的人数,以及预订了但是没有出现的人数。当对汽车租赁需求进行预测时,需要大量历史数据,而历史数据受约束现象严重时,会影响预测精度,从而使企业收益受损,故需要对这些受约束的数据进行修复,才能用来对未来时期顾客需求规律进行研究。所以,对汽车租赁的需求预测要包括两个步骤:第一,对历史约束数据进行无约束修复;第二,利用修复后的数据对未来时刻进行预测。

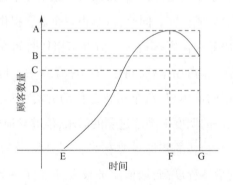

图4-3 租赁预订变化曲线

二、约束需求问题分析

汽车租赁约束需求是指顾客由于个人偏好、供给策略以及偶发事件等因素的影响,所需租赁车辆未被满足,这时称需求是受约束的。一般顾客的个人偏好主要包括价格、车型、品牌、容量、油耗、租赁商、服务等。供给策略包括升级供应、团体优惠、会员折扣、期长折扣、顺风车优惠、租还程序、站点分布、预订周期、库存控制等。偶发事件包括气候条件、大型赛事、会展会议、市场恶性竞争等。当利用受约束数据进行预测时，明显会影响预测精度，造成更大的误差，所以需要对这些受约束的数据进行修复，常把修复后的数据称为"无约束需求"。如何根据"约束需求"推断"无约束需求"，找回未能满足的需求，完成对顾客真实需求的估计，是无约束需求预测特有的难题之一。

此外，不同价格等级所对应的车型具有一定的替代性，这种替代性造成顾客在租赁决策过程中会发生转移行为。由于供给能力不足或存量控制的限制，顾客在租赁不到期望的价格等级车型时会选择租赁低等级或更高等级的车型，也可能会选择放弃租赁或转移租赁竞争对手的车辆。而汽车管理预订系统所记录的数据所反映的是顾客最终的选择结果，不能反映顾客真实需求。在车辆预订过程中，若某价格等级车型的预订需求到达该等级车型的预订限额，预订系统会关闭对该等级车型的预订，随后到达的顾客想租赁该等级车型的需求数据就会受到约束，产生定时截尾数据，造成对该价格等级车型的"溢出"效应；同时，由于某价格等级车型预订关闭未得到满足的需求会以一定比例转移到其他等级车型，造成其他等级车型的"再现"效应。预订数据包括得到满足的"初始需求"和"再现需求"，而不包括"溢出需求"。"初始需求"是顾客初次到来时第一选择需求（理想车型）；"再现需求"是指顾客因为理想价格车型关闭预售而租赁该提供商其他价格等级车型的转移需求；"溢出需求"是指顾客因为所偏好的价格等级车型均预售关闭而转移租赁竞争对手车辆的"损失"需求。顾客的拒绝租赁量和再现需求量是不可观察数据，在汽车租赁管理系统中无法区分顾客"再现需求"和"溢出需求"。因此，所记录的历史预订数据不能代表顾客对不同价格等级车型的真实需求（图4-4）。

"溢出"和"再现"效应导致历史预订数据中顾客真实需求的不完备性，在预测时忽略顾客的溢出需求量，会造成对未来真实需求的低估，主要是由于汽车租赁商提供的车型未能满足顾客租赁需求，且这种低估的影响会随着预售时长的增加使汽车租赁服务提供商收入产生"螺旋式下降"现象。同时,"再现需求"会增加替代车型订购量的重复记录,造成对未来真实需求的高估。"溢出"和"再现"效应均会造成需求预测准确性的下降,进一步导致低效的存量控制、动态定价以及超售策略,间接影响汽车租赁服务提供商的收益。

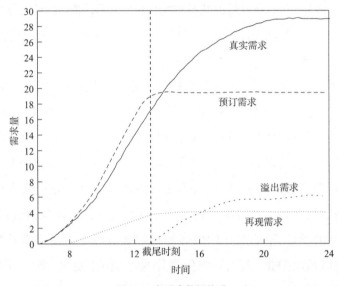

图4-4 各需求数据关系

因此,需要采用无约束估计方法度量和区分溢出量和再现量,以修复汽车管理预订系统中的历史数据,消除两种效应的影响,从而得到顾客的真实需求,为需求预测提供更加可靠的基础数据。对此,Spill需求修复模型具有很好的适用性,其能够适应多类车型、不同需求的租车情况,并可规避异地还车和不同目的地的局限,能够较好地避免重复记录而造成的真实数据高估,以提高需求预测的精度。

三、需求特征与变量提取

1. 需求特征

按照不同类型的租车标准,表现出的用户特征也会有所不同。通过对各类标准综合考虑,电动汽车租赁的需求用户可以总结为以下几类:①城市普通居民,这类用户大多都是由于其固定化和个性化两方面的目的需求去选择电动汽车租赁服务,主要用于上下班、购物娱乐、探亲访友等。其中性价比高、服务操作简单快速是促使他们选择此类服务的主要原因。②企事业单位人员,一般由于日常和商务办公等方面目的需求选择租车,主要是用于员工出差、开会、客户接待等。该类用户通常会根据目的要求不同选择不同的服务类型,对部分服务要求更高一些,比如客户接待。③外地游客,一般会因为在各景点之间往来方便而选择电动汽车租赁服务,相对来说行程比较自由,灵活性较强。近年来,人们活动开始丰富,带动旅游业蓬勃发展,且大部分游客在游玩过程中更愿意用租车代替自驾方式,各景点附近的租车服务也得到了较好的发展。

以上各类用户对于使用汽车租赁方式都有很明确的目的特征,总体可以概括为日常通勤、休闲娱乐以及临时办事三大类。由各用户目的特征可以发现,日常通勤活动中以城市居民为主,休闲娱乐活动中以外地游客为主,而临时办事活动中以企事业单位人员为主,各目的活动中其他用户也有部分涉及。

在不同时间情况下,汽车租赁的需求情况与居民的生活和出行规律有着密不可分的联系。关于时间分布特征可以分为以下两方面:①一日内小时出行需求。在城市商业区、办公区、高校和交通枢纽等区域附近的租赁网点,一日内每小时租车服务交易量都较大,因为交通流量较大,且人们出行没什么规律;而位于居民区附近的租赁网点在一日内的早晚高峰时段交易量较大,且取车需求会远大于还车需求。②一周内全天出行需求。总体规律为工作日的需求情况较大,非工作日的需求情况相对较小,也有部分用户喜欢周末租车出行。另外在节假日期间,一些特定地点也会产生较大的出行需求。

由于各租赁网点在用地性质和交通状况、基础设施等方面存在差异,故对于车辆需求情况也会出现差异。火车站、汽车站和机场等交通枢纽作为城市换乘流动中心,承担着城市大部分的交通流,同时由于用地范围的限制,造成公共停车位数量不足,会促使人们选择使用周边的汽车租赁方式,由此出现更多的出行需求。居住区和商业区是人们集中活动的区域,日常出行需求多量化和多样化。旅游区是外地游客主要活动区域,为了考虑方便性和提高游玩效率,也会产生较大的出行需求。

2. 变量提取

从总体出行选择情况细化到汽车租赁方式选择情况,故在选取影响因素思路方面需先从总体出发,通过选择方式比较,再分析各因素对汽车租赁的影响情况,进而展开租车需求预测。根据计划行为理论,个体的理念、态度、感知、意向等具体方面因素影响着行为态度、主观规范以及知觉行为控制,进而影响着行为意向,最后控制实际行为的发生。以租赁电动汽车为例,将影响居民租用电动汽车意愿的潜在因素(潜变量)划分为行为态度、主观规范、知觉行为控制和行为意向,各潜变量及观测变量见表4-4。

潜变量及观测变量 表4-4

潜变量	潜变量定义	观测变量	变量编号
行为态度	指个体对特定行为的总体评价,持有的正面或负面的感受和评价,或者存在部分肯定或否定的心理倾向	该方式性价比较高	BA_1
		出发地到乘车点花费时间较少	BA_2
		换乘其他交通方式较方便	BA_3
		可以直达目的地	BA_4
		安全设施齐全	BA_5
		总体安全性满意	BA_6
		车辆环境干净卫生	BA_7
		环境总体感到舒适	BA_8
主观规范	指个体在执行或不执行某行为所感知到的社会压力	身边家人、朋友等带来的压力	SN_1
		电视、网络等媒体带来的影响	SN_2
		品牌相关优惠政策的影响	SN_3
知觉行为控制	指个体对执行某行为总体能力的估计,表现为促进或阻碍执行某行为的程度	舒适性和方便性是考虑的重要因素	PBC_1
		可以自主选择此类交通方式出行	PBC_2
		远距离活动时,选择此类交通方式的意愿较高	PBC_3
		出行目的对是否选择此类交通方式有影响	PBC_4
行为意向	指个体对执行某行为的可能性判断	下次出行时,会优先选择此类交通方式	BL_1
		很乐意鼓励身边人选择此类交通方式	BL_2

第二节 模型分析

一、带潜变量的选择模型

1. 模型基础

为了检验计划行为理论中各潜变量间的内在影响机理以及潜变量与出行者属性变量间的关系,建立多指标多因果模型(MIMIC)。该模型融合了因素和回归分析两方面技术的特点,能够分别以相应变量因素建立结构方程和有效指标变量建立测量方程,以实现潜变量与可观测指标变量间的相关性分析和潜变量间相互关系分析。

在构建 MIMIC 模型时,以计划行为理论框架确定的 4 个潜变量因素(AB、SN、PBC、BI)为关系基础,结合其他可观测变量因素和潜变量的可观测指标变量因素,得出模型整体框架如图 4-5 所示。

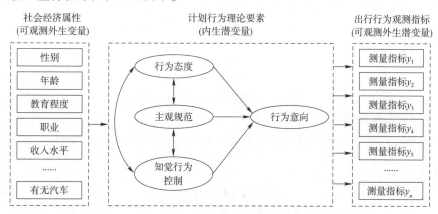

图 4-5　MIMIC 模型框架图

基于上述理论框架,提出关于出行行为各潜变量之间影响关系的研究假设如下:

(1)出行者的行为态度对出行选择的行为意向有正向的影响关系;

（2）出行者的主观规范对出行选择的行为意向有正向的影响关系；

（3）出行者的知觉行为控制对出行选择的行为意向有正向的影响关系；

（4）出行者的行为意向对出行的实际选择有正向的影响关系。

2. 模型构建

考虑到模型的复杂性和样本量不足的可能性，将 SVM 模型运用到混合模型中，替代传统的离散选择模型，构建同时包含潜变量模型 MIMIC 和 SVM 模型的选择模型，其结构如图 4-6 所示。

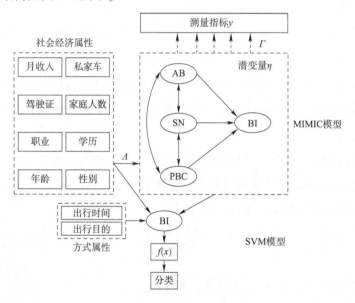

图 4-6 带潜变量的选择模型结构

（1）潜变量模型。

MIMIC 模型包含两个结构方程和两个测量方程，其中反映潜变量关系的结构方程为：

$$\eta = \Gamma x + \xi \tag{4-1}$$

式中：η——$n \times 1$ 维的心理潜变量向量，其中 $n=4$，分别为 AB、SN、PBC 和 BI；

Γ——$n \times k$ 维未知待估计参数矩阵；

x——$k \times 1$ 维的外生可观测变量向量，$k=8$，表示年龄、性别、职业、学历、有无驾驶证、月收入等 8 个变量；

$\boldsymbol{\xi}$——变量间的测量误差。

测量方程为：
$$y = \boldsymbol{\Lambda}\boldsymbol{\eta} + \boldsymbol{\varepsilon} \tag{4-2}$$

式中：y——$q \times 1$ 维潜变量 $\boldsymbol{\eta}$ 的可观测指标向量；

$\boldsymbol{\Lambda}$——$q \times n$ 维未知待估计参数矩阵；

$\boldsymbol{\varepsilon}$——测量误差。

假设误差项 $\boldsymbol{\xi}$ 和 $\boldsymbol{\varepsilon}$ 均服从正态分布且相互独立，即满足：
$$E(\boldsymbol{\xi}\boldsymbol{\xi}^{\mathrm{T}}) = \psi, E(\boldsymbol{\varepsilon}\boldsymbol{\varepsilon}^{\mathrm{T}}) = \Theta, E(\boldsymbol{\varepsilon}\boldsymbol{\xi}^{\mathrm{T}}) = 0 \tag{4-3}$$

(2) SVM 模型。

记样本点集为 $\{(x_i, y_i), i = 1, 2, \cdots, n\}$，其中 $x_i = \{x_i, \eta_i\}$，x_i 为可观测变量，η_i 为潜变量；假设 $\boldsymbol{\omega}$ 为权值向量，b 为偏置量，构造最优决策函数为：
$$y = \boldsymbol{\omega}^{\mathrm{T}} \cdot x_i + \boldsymbol{b} \tag{4-4}$$

考虑到机器学习过程中的风险问题，以结构风险最小化理论为原则，引入松弛变量来修正优化目标和约束项，即：
$$\begin{cases} \min \dfrac{\|\boldsymbol{\omega}\|^2}{2} + C\sum_{i=1}^{n} \xi_i \\ y_i(\boldsymbol{\omega}^{\mathrm{T}} \cdot x_i + b) \geq 1 - \xi_i, i = 1, 2, \cdots, n \\ \xi_i > 0, i = 1, 2, \cdots, n \end{cases} \tag{4-5}$$

式中：C——惩罚系数，$C > 0$；

ξ_i——松弛变量。

对于这个优化问题的求解，需引入 Lagrange 理论，即：
$$\begin{cases} \min \dfrac{1}{2}\sum_{i,j=1}^{n} \alpha_i \alpha_j y_i y_j K(x_i, y_j) - \sum_{i=1}^{n} \alpha_i \\ C \geq \alpha_i \geq 0, i = 1, 2, \cdots, n \\ \sum_{i=1}^{k} \alpha_i y_i = 0, i = 1, 2, \cdots, n \end{cases} \tag{4-6}$$

式中：$K(x_i, y_j)$——RBF 核函数。

最终得到最优分类函数如下：

$$f(x) = \text{sign}\left[\sum_{i=1}^{n} \alpha_i^* y_i K(x_i, y_j) + b^*\right] \qquad (4-7)$$

二、约束需求修复模型

1. 假设与定义

在研究修复方法之前,需要对研究对象进行条件假设和变量的定义。本书的研究对象主要针对汽车租赁收益管理,研究结论同样适用于酒店和航空等收益管理应用行业,模型假设见表4-5。同时,针对本章的研究场景提出以下假设:

(1)第 i 类车型在预售提前期的无约束需求 x 满足正态分布,预售提前期7d;

(2)不同车型等级的需求随机且独立,已租车数量在当日24时进行统计;

(3)库存数量一定,不考虑批量需求、过期还车、超售等行为;

(4)顾客愿意支付价格的特点为由低到高。

修复方法的模型假设　　　　表4-5

序号	基本要素	属性
1	资源特征	离散
2	资源分布	正态
3	统计时间	当日24时
4	容量特征	固定
5	顾客愿意支付价格的特点	由低到高
6	是否考虑需求在不同价格车型等级之间的转移	考虑
7	是否考虑网点之间调度	不考虑
8	是否考虑批量需求	不考虑
9	是否考虑已预订但是没有出现的人	不考虑
10	是否考虑顾客取消订单	不考虑
11	是否考虑过期还车	不考虑
12	是否考虑超售	不考虑
13	是否考虑大型节假日、大型活动等	不考虑

续上表

序号	基本要素	属性
14	不同价格等级的车型需求特征	随机且独立
15	不同存量控制的决策时间点的约束需求	独立

各变量定义如下。

i:租赁网点的第 i 类车型,$i=1,2,\cdots,M$,i 越大车型等级越高,M 为总车型数;

T_j:租车需求数据的记录周期,$j=0,1,\cdots,N$,T_0 为预售系统开放时间,N 为记录结束时间;

t:存量控制的决策时间点(Review Points),$t=1,2,\cdots,7$,以 7d 为一个周期;

$B(i,T_j,t)$:第 i 类车型在 j 周期 t 决策时间点中的订购限制量,即租赁车辆的配额上限;

$C(i,T_j,t)$:第 i 类车型在 j 周期 t 决策时间点中的可观察累计订购量,当 $j=0$ 时,$C(i,T_0,t)=0$;

$I(i,T_j,t)$:第 i 类车型在 j 周期 t 决策时间点中的预售开放状态;

$U(i,T_j,t)$:第 i 类车型在 j 周期 t 决策时间点中的溢出量,当 $j=0$ 时,$U(i,T_0,t)=0$;

$IB(i,T_j,t)$:第 i 类车型在 j 周期 t 决策时间点中的可观察订购量,当 $j=0$ 时,$IB(i,T_0,t)=0$;

$SU(i,T_j,t)$:第 i 类车型在 j 周期 t 决策时间点中的累计溢出量;

$CP(i,T_j,t)$:第 i 类车型在 j 周期 t 决策时间点中的完全溢出量;

$IU(i,T_j,t)$:第 i 类车型在 j 周期 t 决策时间点中的无约束估计量;

$TU(i,T_j,t)$:第 i 类车型在 j 周期 t 决策时间点中的真实值。

2. 模型构建

Spill 模型主要分为两部分:溢出量的计算和无约束需求量的计算,具体步骤如下。

(1)对租赁需求是否受约束进行检查:

$$I(i,T_j,t)=\begin{cases}1, C(i,T_j,t)-B(i,T_j,t)<0\\0, C(i,T_j,t)-B(i,T_j,t)\geqslant 0\end{cases} \quad (4-8)$$

即 $I(i,T_j,t)=1$ 时,表示租赁车辆需求数据未受约束,不进行修复;反之,则进行修复。

(2)参数初始化。

根据假设条件,设 x 期望为 μ、方差为 σ^2,则 μ 和 σ^2 的初始值为:

$$\begin{cases} \mu(i,T_j) = \dfrac{\sum\limits_{t=1}^{7} \mathrm{IB}(i,T_j,t)I(i,T_j,t)}{\sum\limits_{t=1}^{7} I(i,T_j,t)} \\ \sigma^2(i,T_j) = \dfrac{\sum\limits_{t=1}^{7}\{[\mathrm{IB}(i,T_j,t)-\mu(i,T_j)]I(i,T_j,t)\}^2}{\sum\limits_{t=1}^{7} I(i,T_j,t)-1} \end{cases} \quad (4\text{-}9)$$

当 $\mu(i,T_j)$ 等于 0 或 1 时,Spill 模型会无法正常参数初始化,在此情况下,可采用郭鹏等(2011)提出的启发式方法来计算。

(3)溢出量和累计溢出量。

溢出量应当为:

$$U(i,T_j,t) = \begin{cases} \mathrm{SU}(i,T_j,t), i=1 \\ \mathrm{SU}(i,T_j,t) - \mathrm{SU}(i-1,T_j,t), i>1 \end{cases} \quad (4\text{-}10)$$

顾客支付意愿的特点是由低到高,故溢出量应从最低等级车型开始计算。当 $j=0$ 时,有:

$$\mathrm{SU}(i,T_j,t) = \begin{cases} 0, I(i,T_j,t)=1 \\ \int_{\mathrm{IB}(i,T_j,t)}^{\infty} f_i(x)[x-\mathrm{IB}(i,T_j,t)]\mathrm{d}x, I(i,T_j,t)=0 \end{cases} \quad (4\text{-}11)$$

式中:$f_i(x)$ ——i 类车型无约束需求 x 的概率密度函数。

令 $c=\mathrm{IB}(i,T_j,t)$,$b=\dfrac{c-\mu}{\sigma}$,则当 $i>1$ 时,车型等级 1 到 $i-1$ 之间已有的累计需求溢出量为:

$$\mathrm{SU}(i,T_j,t) = \begin{cases} \mathrm{SU}(i-1,T_j,t), I(i,T_j,t)=1 \\ \int_{c}^{\infty} f_i(x)[x-c+\mathrm{SU}(i-1,T_j,t)]\mathrm{d}x, I(i,T_j,t)=0 \end{cases} \quad (4\text{-}12)$$

当车型等级 $I(i,T_j,t)=0$ 时,有:

$$\mathrm{SU}(i,T_j,t) = \int_c^\infty f_i(x)[x-c+\mathrm{SU}(i-1,T_j,t)]\mathrm{d}x$$

$$= \sigma\varphi(b) + [\mu-c+\mathrm{SU}(i-1,T_j,t)][1-\Phi(b)] \quad (4\text{-}13)$$

式中:$\varphi(b)$——标准正态分布的概率密度函数;

$\Phi(b)$——$\varphi(b)$的分布函数。

(4)无约束估计量。

$$\mathrm{IU}(i,T_j,t) = \begin{cases} \mathrm{IB}(i,T_j,t), I(i,T_j,t)=1 \\ \mathrm{IB}(i,T_j,t)+U(i,T_j,t), I(i,T_j,t)=0 \end{cases} \quad (4\text{-}14)$$

3. 模型改进

传统的需求数据无约束估计忽略了顾客的主观性,而随着我国汽车租赁市场竞争的加剧,顾客的主观能动性更加体现出来,他们可以根据自己的偏好、主观效用来选择。随着"买方市场"的逐步扩张,需要对顾客选择行为进行更加深入的研究,才能获得更多的利益。

现定义效用函数为 $V_l = v_l + \xi_l$,其中 v_l 是顾客选择 l 车型的平均效用,ξ_l 是顾客选择 l 车型的随机效用误差。假设顾客是理性的,每位顾客都将选择令自己效用最大的产品;同时假定 ξ_{i-l} 是相互独立的,且服从 Gumbel 分布,则顾客选择选择 l 车型的概率为:

$$P_l(S) = \frac{V_l}{\sum_{t=0}^{M} V_l} \quad (4\text{-}15)$$

参数初始化的过程与 Spill 模型的步骤相同,然后计算完全溢出量:

$$\mathrm{CP}(i,T_j,t) = \begin{cases} 0, I(i,T_j,t)=1 \\ \int_c^\infty f_i(x)(x-c)\mathrm{d}x, I(i,T_j,t)=0 \end{cases} \quad (4\text{-}16)$$

其中,$I(i,T_j,t)=0$ 时,$\mathrm{CP}(i,T_j,t) = \int_c^\infty f_i(x)(x-c)\mathrm{d}x = \sigma\varphi(b) + (\mu-c) \times [1-\Phi(b)]$。

改进 Spill 模型的溢出量计算与 Spill 模型不同,需要根据顾客的选择偏好概率[式(4-15)]来计算其他车型等级转移过来但又受到约束的需求量,从完全溢出量中剔除这部分就是溢出量,即:

$$U(i,T_j,t) = \mathrm{CP}(i,T_j,t) - [\mathrm{CP}(1,T_j,t)P_{1,i} + \mathrm{CP}(2,T_j,t)P_{2,i} + \cdots + \mathrm{CP}(i-1,T_j,t)P_{i-1,i} + \mathrm{CP}(i+1,T_j,t)P_{i+1,i} + \cdots + \mathrm{CP}(M,T_j,t)P_{M,i}]$$
(4-17)

受约束的可观察订购量与溢出量之和就是无约束估计量,即修复结果为:

$$\mathrm{IU}(i,T_j,t) = \mathrm{IB}(i,T_j,t) + U(i,T_j,t) \tag{4-18}$$

三、无约束需求预测

1. Holt-winter 模型

汽车租赁需求量是一个存在季节和周期变化趋势,并存在一定增长或降低趋势的非平稳时间序列。Holt-winter 模型可以对这种规律的时间序列数据进行很精确的预测,特别是对有趋势和季节变化的预测。其能够把线性趋势、季节变动和随机变动的时间序列分解研究,可同时处理趋势和季节性变化,能适当地过滤随机波动对预测的影响。Holt-winter 模型是移动平均法的改进和发展,不需要存储很多历史数据,但又考虑各期数据的重要性,使用了全部历史资料。Holt-winter 模型的公式如下:

$$T_{it} = \alpha \frac{F_{it}}{U_{it-L}} + (1-\alpha)(T_{it-1} + S_{it-1}) \tag{4-19}$$

$$S_{it} = \beta(T_{it} - T_{it-1}) + (1-\beta)S_{it-1} \tag{4-20}$$

$$U_{it} = \gamma \frac{F_{it}}{T_{it}} + (1-\gamma)U_{it-L} \tag{4-21}$$

式中:T_{it}——迭代得到的 i 车型第 t 期的平滑值;

L——季节周期长度;

S_{it}——迭代得到的 i 车型第 t 期的趋势值;

U_{it-L}——相对于第 t 期提前周期 L 的 i 车型的季节指数;

F_{it}——经过迭代获得的 i 车型第 t 期的季节指数;

U_{it}——i 车型第 t 期的季节指数;

α、β、γ——平滑系数。

依据上述平滑方程可以得计算出 i 车型 t 时期的平滑值、趋势值和季节指数,然后根据 T_{it}、S_{it} 与 F_{it} 的值得到未来 i 车型 k 个时期的预测值 $\widehat{F}_{it+k}$。预测公式为:

$$\widehat{F}_{it+k} = (T_{it-1} + kS_{it-1})U_{it-L+k} \tag{4-22}$$

式中:U_{it-L+k}——相对于 t 提前 1 个周期的 i 车型的季节指数,其中 $k \in (1, 2, \cdots, kL)$。

确定 α、β、γ 三个参数的办法是必须使得预测值和实际值间的误差值最小。为了得到比较准确、客观的参数,传统的方法是采取残差平方和最小法确定这 3 个系数。利用计算机编程,使 α、β、γ 都在区间 $(0,1)$ 内并以 0.1 的步长递增,分别计算得到预测残差平方并求和,直到求出可以得到最小残差平方和的各平滑系数值。其中,预测误差平方 $= \left(\dfrac{|预测值 - 实际值|}{实际值} \times 100\% \right)^2$。

2. BP 神经网络

BP 神经网络是前馈型的网络,利用误差反向传播的算法,神经元之间只存在前馈关联,不含反馈、层内与层间的关联,一般将线性 Sigmoid 型函数作为传递函数。有 80%~90% 的人工神经网络模型都会选择 BP 神经网络,因为其包含神经网络理论中最精华的部分。其学习方法是严格采用梯度下降法,使得权值修正的解析式也十分明确,因此选取 BP 神经网络模型,对汽车租赁无约束需求展开预测。

BP 神经网络的学习过程包括两部分,分别为正向和反向传播。当传播为正向时,输入样本输入到输入层之中,然后经过隐藏层处理,传递到输出层。如果输出层得到的输出值不能满足期望输出,那么就进入到反向传播环节,此环节是利用误差反向传递给输入层,并且在传递过程之中不断修正各层之间的权值,经过正反反复地传播,得到误差小到可以接收时,学习过程停止。BP 神经网络算法流程如图 4-7 所示。

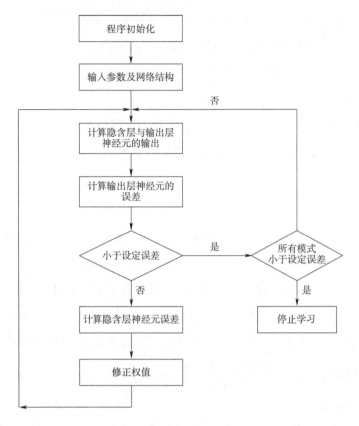

图 4-7 BP 神经网络算法流程

BP 神经网络算法具体的学习步骤为：

(1)程序初始化。确定传递函数,选取 Sigmoid 函数,然后确定最小误差值、学习率和动量系数,然后输入初始权值。

(2)计算各个隐藏层和输出层处理单元的输出值。

(3)计算误差值。当误差小于给定的最小误差则转到步骤(5);反之,转到步骤(4)。

(4)通过反向传播来调整隐藏层之间的权值,然后重新利用步骤(2)计算。

(5)得到最优输出值以及各层权值,结束算法。

3. 组合预测

选择两种预测方法进行组合,一种是线性的 Holt-winter 模型,另一种是非线性的 BP 神经网络。Holt-winter 模型的平均误差较小,稳定性较好,但是不能够体现顾客的预订随着时间波动的特性;BP 神经网络预测法具有良好的非线性逼近性能,以及良好的自适应和联想等功能,但容易陷入局部最优。利用 Holt-winter 模型和 BP 神经网络预测法各自的优点,组合起来预测,取长补短,来提高预测精度。按组合权重的不同可以分为最优组合方法和非最优组合方法;按权重随时间变化与否可分为静态和动态的权重预测方法。线性组合预测方法是目前研究最多且应用最为广泛的方法,线性组合预测结构如图 4-8 所示。

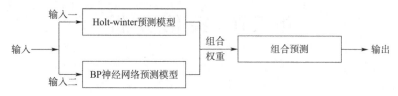

图 4-8　线性组合预测结构

基于此,将组合预测方法应用于收益管理的预测模块,对于 J 种单项预测方法的组合预测模型为:

$$f_{it} = \sum_{j=1}^{J} k_j f_{jit} \tag{4-23}$$

式中:f_{it}——i 车型等级在存量控制的决策时间点 t 时刻的组合预测模型的预测值;

f_{jit}——i 车型等级在存量控制的决策时间点 t 时刻第 j 种预测模型的预测值,

且满足 $\sum_{j=1}^{J} k_j = 1$,且 $k_j \geq 0$。

由于利用一般的方法进行权重的确定可能出现负权重的现象,而对于负权重很难解释其含义。目前,求正权重的方法有算术平均法、方差倒数法、均方倒数法、简单加权法和线性规划法等。综合考虑数据和模型预测的精度,本书采用线性规划法对最优组合预测进行权重的确定,并利用单纯形法等解决,也可以应用线性规划的软件 Lindo 6.1 方便快速地求解。具体是利用组合预测误差平方和为目标函数,通过使误差平方和最小化来确定最优加权系数。

假设 SSE_i 为 i 车型的组合预测误差的平方和,SE_{it} 表示 i 车型等级在存量控制的决策时间点 t 时刻组合预测方法的误差平方,求解最优权重时的目标函数为预

测误差绝对值之和最小,模型如下:

$$\begin{cases} \min SSE_i = \sum_{t=1}^{7} SE_{it} \\ \sum_{j=1}^{J} k_j = 1 \\ k_j \geq 0 \end{cases} \quad (4\text{-}24)$$

第三节 实 例 分 析

一、选择模型分析

1. 数据调查

以重庆市主城区内居民为调查对象,调查内容包括居民特征信息、实际出行和出行意向。对于出行意愿态度的调查,采用李克特五分量表构造 TPB 中 4 个基本变量 AB、SN、PBC 和 BI 的回答项,按"很不认同""不认同""一般""认同""很认同"分别赋值 1、2、3、4、5 分。调查工作同时在线上和线下开展,问卷共发出 2000 份,实际回收有效问卷 1800 份,有效回收率为 90%。

对样本数据进行统计分析,样本结果分布情况如下:从居民特征属性看,男性占 59.3%,性别分布较均匀;年龄在 18～35 岁之间的较年轻受访者占比较高,为 59.4%;本科及以上学历占 71.5%;月收入在 6000 元以下的占 82.4%。;样本总体驾驶证拥有率为 78.6%;家庭成员为 1～2 人的所占比例较大,为 65.9%;有车的受访者群体占比为 36.7%。从实际出行属性看,以上下学(班)为出行目的的占比最大为 48.6%;出行者更容易接受 30～90min 的时间消耗,总占比为 74.7%;出行距离主要集中在 20km 以内,占 91.3%。从出行意愿来看,行为态度中 BA_2 和 BA_7 得分最高,分别为 4.142 和 3.902,说明出行者更看中出行的方便性和舒适性;主观规范中 SN_3 得分最高,为 3.762,说明出行者对否有优惠补贴政策关注度较高;知觉

行为控制中 PBC_3 和 PBC_4 得分最高,分别为 4.276 和 4.053,说明出行者大多会基于非一般的出行目的会选择电动汽车租赁;行为意向显示出行者对租用电动汽车体验感觉较好。

2. 数据检验

对于潜变量数据,从信度和效度两个角度进行检验,采用 Cronbach's Alpha(α) 值作为内部信度的检验标准,采用主成分因子分析的 KMO 测度来检验结构效度,平均方差提取值(AVE)检验收敛效度,检验结果见表 4-6。模型中各变量的信度系数 α 均大于 0.7,根据 Nunnally 等(1967)的评判标准,均在可接受范围内,表明各变量的内在一致性较高。在探索性因子分析中,所有变量问题项的因子荷载都高于 0.5,说明相应变量与问题项之间均关系显著;各潜变量的 KMO 值在 0.679~0.781 之间,均大于 0.5,表明各类变量之间适合做因子分析。每个变量的 AVE 值均大于 0.5,在 0.604~0.692 之间,证明该量表收敛效度较好,调查数据可用于研究分析。

数据检验结果　　　　　　　　　表 4-6

潜变量	问题项	因子荷载	α	KMO	AVE	潜变量	问题项	因子荷载	α	KMO	AVE
行为态度（BA）	BA_1	.832	.753	.781	.612	主观规范（SN）	SN_1	.693	.734	.679	.604
	BA_2	.883					SN_2	.675			
	BA_3	.801					SN_3	.736			
	BA_4	.796				知觉行为控制（PBC）	PBC_1	.783	.781	.686	.628
	BA_5	.817					PBC_2	.762			
	BA_6	.877					PBC_3	.849			
	BA_7	.782					PBC_4	.806			
	BA_8	.850				行为意向（BI）	BI_1	.729	.807	.734	.692
	—	—					BI_2	.843			

3. 模型应用

出行者社会经济属性与潜变量之间关系复杂,两者关系情况的估计结果见表 4-7。综合分析表明,出行者属性对潜变量中的"行为态度"影响最大,对"行为意向"影响最小。其中,受教育程度、月收入、家庭成员数和有无汽车都对出行者选择电动汽车租赁方式有显著性影响。受教育程度对"行为态度"和"主观规范"均有正向影响,尤其对"行为态度"影响显著,充分说明受教育程度越高,考虑因素越多,更看中出行便利、经济等特性,并且更容易受外界影响而选择尝试新事物,更愿意接受电动汽车租赁这种新型出行方式;月收入对"行为态度"和"知觉行为控制"的影响是负向的,表明月收入越高,自主性越强,对出行快捷性和便利性要求较高,更倾向于开车出行;家庭成员数在"行为态度"上影响较大,说明出行人数增多使居民更偏向于方便性、经济性较高的交通方式;有无私家车对"行为态度"的影响是正向的,表明没有私家车的出行者对于电动汽车租赁出行持有较高的需求和评价,以满足自身的个性化要求,有私家车的出行者更倾向于开车出行,以避免去考虑租车出行的相关客观因素。

出行者属性与潜变量的参数估计结果 表 4-7

个体变量	潜变量							
	AB		SN		PBC		BI	
	Est	C.R.	Est	C.R.	Est	C.R.	Est	C.R.
性别	-0.024	-1.05	-0.095*	-2.3	-0.019	-0.53	-0.017	-0.6
年龄	0.021	1.26	0.032*	2.49	0.012	0.75	0.004	0.28
职业	0.013	0.45	0.021	0.65	0.015	0.5	0.009	0.3
学历	0.31**	5.53	0.02*	1.15	-0.03	-1.72	-0.019	-1.32
月收入	-0.051*	-2.89	-0.023	-1.36	-0.045*	-2.42	-0.006	-0.45
是否有驾驶证	0.004	0.15	0.024**	0.73	0.019	0.41	0.002	0.20
家庭人数	0.046**	2.92	0.022	0.35	-0.076	-1.15	0.010	0.19
私家车	-0.011	-0.5	-0.092	-1.89	-0.14*	-2.13	-0.141**	-2.83

注:Est 表示路径系数的估计值,C.R. 表示临界比率值,* 表示 $p<0.05$,** 表示 $p<0.01$。

通过测量方程和结构方程分析,得到电动汽车租赁出行方式下潜变量间标准路径系数,如图 4-9 所示。分析发现,各观测变量能够很好地反映其对应的潜变量,在行为态度中,BA_2(方便性)和 BA_8(舒适性)是出行者关注的重点,系数分别为 0.814 和 0.734,表明电动汽车租赁灵活性较强,可满足出行者个性化需求,替代部分私家车出行;主观规范的观测变量中,SN_2 影响较大,为 0.754,表明居民选择电动汽车租赁容易受到电视、网络等媒体信息的影响;知觉行为控制的观测变量中,PBC_3 影响较大,为 0.794,表明居民需要远距离活动时,选择电动汽车租赁出行的意愿较高;行为意向的观测变量中,BI_2 影响较大,为 0.672,表明居民对电动汽车租赁的满意度较高,能带动身边人的选择积极性。此外,各潜变量间也存在影响效应,行为态度、主观规范、知觉行为控制均对行为意向产生直接影响。其中,行为态度的影响较为显著,为 0.654,表明主观态度越积极,选择电动汽车租赁出行意愿越大。

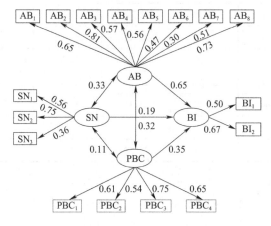

图 4-9 MIMIC 模型中潜变量间标准路径系数

4. 方式选择预测结果

为降低调查样本数据随机分配与机器学习过程中产生的误差,利用支持向量机进行多次试验来对调查样本进行学习训练和测试,具体通过 MATLAB 中 Libsvm 软件包来实现。将个人社会经济属性和第一阶段的 MIMIC 模型中的心理潜变量作为样本点带入建模,样本总量为 1800,按 4:1 的比例随机分成 1440 个训练样本和 360 个测试样本。综合考虑计算时间和分类精度,对 SVM 内部参数进行前提设置:交叉验证系数 $H=5$,惩罚因子 $-2^{-8} \leqslant C \leqslant 2^{-8}$,核函数参数 $-2^{-8} \leqslant \gamma \leqslant 2^{-8}$。

经过 6 次样本试验后,分析每次的测试样本结果矩阵,计算得出试验中各交通方式分类预测结果,见表 4-8。结果显示,网约车和电动汽车租赁分别占城市机动车总出行量的 1.47% 和 0.97%。最优参数取 $C=276.0318$、$\gamma=0.0087$ 时,训练样本的分类精度为 72.50%,测试样本的分类精度是 69.72%。其中,网约车和电动汽车租赁的准确率相对较低,部分网约车和电动汽车租赁被归类为私家车,说明这两类方式在出行特征和顾客意愿方面与私家车存在部分相似性,如方便性、灵活性较强。结果表明,基于潜变量的 SVM 模型对电动汽车租赁等 6 种出行方式的预测结果与实际调查结果相符,公共交通和私家车始终占据出行主体地位,其他方式进行相应补充。

各出行方式预测结果(单位:%) 表4-8

试验顺序	私家车	公交车	轨道交通	出租汽车	网约车	电动汽车租赁
1	30.28	36.94	22.78	6.39	1.94	1.67
2	31.67	37.22	21.11	6.67	1.94	1.39
3	30.00	35.28	25.28	7.78	0.83	0.83
4	30.28	32.78	27.50	7.50	1.67	0.28
5	29.44	38.33	23.33	6.94	1.11	0.83
6	28.61	38.33	21.11	9.72	1.39	0.83
平均值	30.08	36.46	23.52	7.50	1.47	0.97

5. 敏感性分析

选取影响变量后,支持向量机理论中对于敏感性分析的方法如下:离散变量的敏感性分析具体表示为交通方式 i 改变某变量属性后,选择概率变化情况与该属性变化值的比,其中选用的影响变量中月收入有 5 个属性值,驾驶证拥有率有 2 个属性值。在支持向量机中,连续变量的敏感性分析方法与离散变量分析类似,具体是指变量属性值变化 1 个单位(标准差)后某种交通方式选择概率变化情况。这里考虑方便性的影响,已知在变量中方便性通过 BA_2、BA_3 问题项指标测量,标准差为 0.0232,出行者在方便性值为 0.9 的时候选择交通方式 i 的概率与在方便性值为 0.9232 时选择交通方式 i 的概率的差值。

月收入的提高会增加个体交通和其他交通方式的选择概率,小汽车从 29.44% 提高到 34.32%,出租汽车、网约车和电动汽车租赁都有所增加;而公共交通就有所减少,公交车与轨道交通方式比例均有不同程度的下降。说明月收入提高使出行者更追求舒适性。

驾驶证拥有率的提高会增加小汽车和电动汽车租赁方式的选择概率,小汽车从 29.44% 提高到 36.25%,电动汽车租赁从 0.83% 提高到 2.21%,说明驾驶证的增加会促进人们对汽车的购买和进行租车体验;相比之下,公共交通会有所减少,且降幅最大,为 5.12%。

提高方便性有多种措施,这里仅对电动汽车租赁方式提出针对性建议,比如合理安排租赁网点分布。实施改进措施后可以发现,电动汽车租赁的使用概率明显增大,从 0.83% 增加到 2.51%,公共交通选择概率有所增加,而小汽车的选择概率快速减少,可能因为租赁网点设置得合理,也会较好地增加与公共交通出行、换乘等行为。

二、需求修复与预测

1. 数据获取

调查某汽车租赁公司站点预订时间截止的可观察订购量,得到两个周期共 14 日的订购完成数据,见表 4-9。每个数据包括取车日期、租车价格,最后 7d 的数据需要采集无约束的需求数据,用于模型检验。按照租金对车型进行分类,第 1 类车型的租赁价格为 250 元/d 以内,第 2 类车型的租赁价格为 250~400 元/d,第 3 类车型的租赁价格为 400 元/d 以上。如某日某种车型受约束时,即 $I(i,t,T_j)=0$,表示订购需求量受到约束,需要进行修复。

各类车型在不同周期的订购情况　　表 4-9

车辆类型	T_j	T_1							T_2						
	t	1	2	3	4	5	6	7	1	2	3	4	5	6	7
1	$IB(1,T_j,t)$	11	5	7	9	3	4	13	6	3	5	3	5	9	12
	$I(1,T_j,t)$	1	0	1	1	0	0	1	1	0	1	0	1	1	1
2	$IB(2,T_j,t)$	5	9	8	4	9	6	4	3	3	7	5	2	1	8
	$I(2,T_j,t)$	0	1	1	0	1	1	0	1	0	1	0	0	0	1
3	$IB(3,T_j,t)$	3	1	1	1	3	4	2	3	1	2	3	2	3	5
	$I(3,T_j,t)$	1	0	1	0	1	1	1	1	0	1	1	1	1	1

同时,顾客在租赁车辆受到约束而选择其他车型时,对以下6个因素的重要性进行评定,即日租价格、车辆油耗、还车地点限制、变更费用、预订周期限制和车辆损失费用。评定分为5个等级,分别为"十分看重""看重""一般""不太看重""不看重",分别赋值10、8、5、3、0分。

对数据进行建模分析发现,当顾客选择 i 类车型被拒绝,升级或降级到 l 类车型的效用表达式为:$V_{i,l} = 0.292y_1 + 0.292y_2 + 0.083y_3 + 0.125y_4 + 0.083y_5 + 0.125y_6$,其中 $(i,0)$ 表示顾客选择 i 类车型被拒绝时离开。

则顾客选择1类车型被拒绝后离开的概率为:$P_{1,0} = \dfrac{V_{1,0}}{V_{1,0} + V_{1,2} + V_{1,3}} = 0.6156$,类似地,可以得到 $P_{1,2} = 0.2938$;$P_{1,3} = 0.0905$;$P_{2,0} = 0.3547$;$P_{2,1} = 0.4301$;$P_{2,3} = 0.2152$;$P_{3,0} = 0.5558$;$P_{3,1} = 0.1550$;$P_{3,2} = 0.2892$。

2. 无约束需求修复

结合调查的数据,采用改进 Spill 模型对不同车型等级下的受到约束需求进行修复,计算过程及结果见表 4-10。

改进 Spill 模型法修复过程及结果　　　　　表 4-10

车型	T_j	T_1							T_2						
	t	1	2	3	4	5	6	7	1	2	3	4	5	6	7
1	$\mu^{(0)}, \sigma^{(0)}$	\multicolumn{7}{c}{$\mu = 10; \sigma = 2.58$}								
	$SU(1,T_j,t)$	0.00	5.03	0	0	7.00	0	6.01	0	4.49	0	4.49	0	0	0
	$U(1,T_j,t)$	0.00	5.03	0	0	7.00	0	6.01	0	4.49	0	4.49	0	0	0
	$IU(1,T_j,t)$	11.00	10.03	7	13	10.0	9	10.01	6	7.49	5	7.49	9	12	5
2	$\mu^{(0)}, \sigma^{(0)}$	\multicolumn{7}{c}{$\mu = 8; \sigma = 1.41$}								
	$SU(2,T_j,t)$	3.01	5.03	0	4.00	7.00	4.00	6.01	0	5.83	0	4.49	4.06	0	0
	$U(2,T_j,t)$	3.01	0	0	4.00	0	4.00	0	0	1.34	0	0	4.06	0	0
	$IU(2,T_j,t)$	8.01	9.00	8	8.00	9	8.00	6	3	4.34	7	5	5.06	8	2
3	$\mu^{(0)}, \sigma^{(0)}$	\multicolumn{7}{c}{$\mu = 2.6; \sigma = 1.14$}								
	$SU(3,T_j,t)$	3.01	6.27	0	4.00	7.00	5.32	6.01	0	7.45	0	4.49	3.97	0	0
	$U(3,T_j,t)$	0	1.24	0	0	0	1.32	0	0	1.62	0	0	0	0	0
	$IU(3,T_j,t)$	3	2.24	4	2	3	2.32	1	3	2.62	2	3	5	3	2

根据实地调研记录,得到所调查租赁公司站点第一个周期的真实需求,见表4-11。

各周期的真实需求　　　　　　　　　　　　　表4-11

车型等级	真 实 值	T_1							T_2						
		1	2	3	4	5	6	7	1	2	3	4	5	6	7
1	$TU(1,T_j,t)$	11	9	7	9	9	10	13	6	6	5	6	5	9	12
2	$TU(2,T_j,t)$	7	9	8	7	9	6	9	3	5	7	6	4	7	8
3	$TU(3,T_j,t)$	3	2	1	2	4	4	2	3	2	3	2	3	2	5

3. 无约束需求预测

(1) 预测模型的校核。

进行预测的首要工作是对预测模型的校核。由于数据较多,所以只详细介绍第1类车型等级的拟合过程。考虑 Holt-winter 模型自身特点,3次指数平滑的初值都选取第一个值 $IB(1,T_1,1)$,所以进行拟合时,剔除这3组数据,对剩余的28组数据进行拟合。经过残差平方和最小,确定 α、β、γ 的系数分别 0.3、0.9、0.1,得到拟合图[图4-10a)]进行校验,发现两条曲线较为吻合,表明指数平滑的效果较好。一般认为误差在10%以内,预测模型可用。从误差分析图[图4-10b)]中可以看出预测误差都小于10%,从而预测是可靠的。

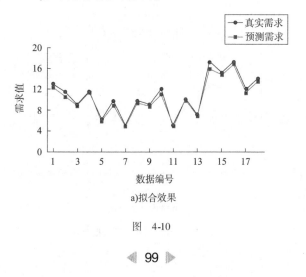

a)拟合效果

图 4-10

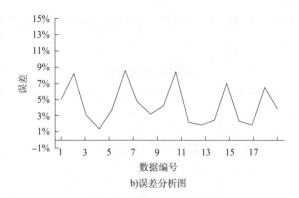

b)误差分析图

图4-10 Holt-winter 模型拟合效果

利用训练样本和预测样本,对 BP 神经网络预测模型的计算值进行校核,如图 4-11 所示。该神经网络预测模型,训练样本的需求数据拟合度较高。预测样本的需求数据预测值的平均误差为 0.066。由此可以认为:平方和误差较小,预测效果较为良好,该模型合理,可以应用于后期的预测。

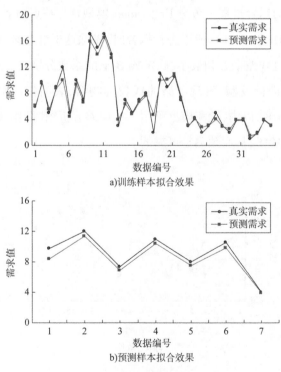

a)训练样本拟合效果

b)预测样本拟合效果

图4-11 BP 神经网络预测模型拟合效果

为研究方便,选取 BP 神经网络的 7 组预测样本预测到的数据,同样可以得到与之相对应利用 Holt-winter 模型得到的 7 组预测值。根据式(4-23),建立组合预测模型:$f_{it} = k_1 f_{1it} + k_2 f_{2it}$。其中,$f_{1it}$ 为 i 车型等级在 t 决策时间点 Holt-winter 模型的预测值;f_{2it} 为 i 车型等级在 t 决策时间点 BP 神经网络模型的预测值,且满足 $k_1 + k_2 = 1$,以及 $k_1 \geq 0, k_2 \geq 0$。利用线性规划软件 Lindo,求出当 $k_1 = 0.3$、$k_2 = 0.7$ 时误差平方和最小,各阶段误差如图 4-12 所示。

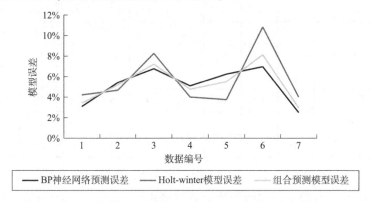

图 4-12 组合预测的拟合效果对比图

由图 4-12 可见,BP 神经网络预测和 Holt-winter 模型预测各有千秋,比如在编号 5 时 Holt-winter 模型的误差较小,而在编号 6 时 BP 神经网络预测的误差较小。而综合对比发现 7 个预测样本的 Holt-winter 模型的误差平方和为 0.027,BP 神经网络预测的误差平方和为 0.024,而组合预测的误差平方和为 0.021。组合预测能够中和两种方法,使得预测结果更加精确,增加预测的平稳性和准确性,所以组合预测是可用的。

(2)预测结果。

根据改进 Spill 模型得到的历史需求无约束修复数据,将时间序列法中 Holt-winter 模型的预测值和神经网络预测值加权进行组合预测,未来一个周期的需求预测值,见表 4-12。

对不同车型等级进行预测时,Holt-winter 模型高于 BP 神经网络的预测效果,但前者的波动较大,后者比较平稳。当利用改进 Spill 模型得到的无约束修复数据时,Holt-winter 模型、BP 神经网络和组合预测 3 种方法的都较为平稳,而且组合预测的效果最好,3种车型的相对误差分别为1.45%、8.66%和5.00%。

改进 Spill 模型修复下模型预测结果　　　　　　　表4-12

预测方法	车型等级	\multicolumn{7}{c	}{T_3}	合计	总需求
		1	2	3	4	5	6	7		
Holt-winter	1	11	5	8	9	10	14	3	60	
	2	10	9	9	8	12	5	1	54	133
	3	4	1	2	1	3	6	2	19	
BP神经网络	1	11	12	8	9	7	11	16	74	
	2	10	12	6	8	5	12	14	67	163
	3	4	4	2	1	3	3	5	22	
组合预测	1	11	10	8	9	8	12	12	70	
	2	10	11	7	8	7	10	10	63	154
	3	4	3	2	1	3	4	4	21	

当不区分车型等级时,Holt-winter模型高于BP神经网络预测周期总需求的预测效果。利用Spill模型得到的无约束修复数据后,Holt-winter模型的预测效果最好;利用改进Spill模型得到的无约束修复数据时,Holt-winter模型、BP神经网络和组合预测3种方法预测效果都较好。

综合考虑,利用Spill模型得到无约束修复数据进行组合需求预测时,相对误差为3.06%;但当区分车型时,3等级车型预测结果的相对误差为32.5%。而利用改进Spill模型得到无约束修复数据进行需求预测的相对误差为4.76%,区分车型时,3种车型的相对误差分别为1.45%、8.66%和5.00%,因此,通过改进Spill模型对历史约束需求进行无约束修复后,利用组合预测对未来时刻的需求预测效果是最优的。

本 章 小 结

(1)本章以计划行为理论为基础,考虑居民出行选择的心理因素,构建了带有

MIMIC 潜变量的 SVM 模型,以实现潜变量与可观测变量、个体经济属性之间的相关性分析,检验该理论中各潜变量间的内在影响机理。

(2) 以重庆市 1800 位居民出行调查数据为研究样本,运用 Stata 进行统计分析,结果显示:个体经济属性中,月收入对居民的行为意向影响较大;方式属性中,出行距离较大时,顾客选择电动汽车租赁出行的意愿较高;出行方式的方便性和舒适性是顾客关注的重点。此外,以某汽车租赁公司站点预订数据为面板数据,运用改进的 Spill 模型对其进行修复,以提高需求预测的精度。

(3) 通过实例证明检验模型的相关性能,根据改进 Spill 模型得到的历史需求无约束修复数据,运用多种模型对汽车租赁需求展开预测。结果表明,所建模型具有较好的预测效果,与实际中公共交通和私家车占出行主体地位、其他方式作为补充的情况相符。此外,模型结果能直观反映个人出行选择变化情况,有利于汽车租赁相关计划的实施。

第五章 考虑顾客选择行为的车辆动态存量控制模型

前几章从顾客需求角度分析了对汽车租赁的需求特征、影响因素、选择偏好和需求预测,但均是在供大于求的假设下开展的。而实际中,供需不匹配和存量控制经常会产生"溢出""再现"现象,因此,租车系统所记录的历史预订数据不能代表顾客的真实需求。本章综合考虑顾客的选择行为和企业的收益管理,采用无约束估计对历史预订数据进行修复,进而讨论汽车租赁系统中多车型车辆动态存量控制的问题。在顾客到达系统无法租赁车辆的情况下,为减少顾客流失,运用连续短时段实时顾客行为变化检测策略和马尔可夫决策过程,建立车辆动态存量控制模型,在具体算例下得到租赁商对不同车型的最优库存车辆数,以实现车辆的柔性控制,为租赁商提供良好的车辆存量控制策略。

目前,国内关于汽车租赁实际经营的研究大多聚焦于行业管理、市场整治、行业前景的探讨。针对租赁企业内部的收益管理,如需求预测、存量控制、动态定价、超订等方面少有深入研究。存量控制是企业进行收益管理的重要手段,是指为不同的价格水平分配合适的产品数量,分为静态控制和动态控制两种方法。其研究起始于航空舱位的二级价格模型和期望边际座位收益值理论模型。后有学者开始考虑时间变化因素,提出动态存量控制。例如,Lee 等(1993)建立了一个离散时间的动态规划模型;Feng 等(2000)综合考虑需求变化情况,提出了动态舱位最优控制策略。

随着对收益管理研究的深入,学者将顾客选择行为引入模型,利用马尔可夫理论辅助存量控制、需求预测及收益优化。如 Talluri 等(2004)考虑顾客选择行为建立基于存量控制的马尔可夫决策模型,证明一定条件下可以获得最优嵌套控制策略；陈剑等（2006）基于乘客选择行为，建立了动静结合的航空机票控制模型；霍佳震等（2016）通过建立综合考虑需求双向转移的多等级机票存量控制静态模型，探索航空公司收益的最大化；闫振英等（2019）基于网络收益管理理论，构建了多种选择行为下的马尔可夫链选择模型，来研究高速铁路列车席位动态控制策略。其中，针对考虑顾客选择行为的租赁车辆动态存量控制的研究还不足，且缺少对汽车租赁状态转移、顾客选择行为和车辆存量之间相互影响的考虑。

综上所述，本章基于 Logit 模型建立顾客选择的效用函数，运用变精度粗糙集（Variable Precision Rough Set，VPRS）方法提取影响顾客租车选择行为的主要因素，计算出顾客的选择效用和多车型选择概率。同时，考虑顾客的"溢出""再现"效应，对 Spill 模型进行改进，来定量刻画转移需求，估计顾客的"真实需求"。最后，将马尔可夫决策理论应用到租赁车辆存量控制的研究中，应用连续段时段顾客行为变化检测策略，制订出考虑顾客选择行为的动态存量控制策略，得出租赁商的最优库存车辆数，以实现对车辆数的柔性控制。

第一节　汽车租赁的存量控制

一、汽车租赁特征分析

1. 交通地位

汽车租赁最重要的特点是汽车作为交通运输工具，其使用价值始终在运输过程中实现。汽车租赁是对各种交通方式的有益补充，其主要功能体现在交通结构优化方面。

（1）汽车租赁与铁路、航空、水路等运输方式充分衔接构成无缝接驳的综合运输体系。汽车租赁的发展将会带来一种更加方便、快捷、舒适的旅客运输形式，大大缩短机场、车站、码头与城市之间的距离，使得铁路、航空、水路等传统运输方式的优越性得到最大限度的加强。

(2)汽车租赁是改善城市交通结构的有益补充。其核心思想是提高车辆使用效率,实现资源共享服务社会。租赁车辆作为交通工具,与其他公共交通方式一样能够实现社会共享。特别是短期租赁,租赁车辆的出租和归还频率都比较高,能更加明显地体现出租赁车辆的公共性。在服务功能上,出租汽车和汽车租赁之间存在相互重叠、相互替代的部分。

(3)租赁车辆的循环使用属于绿色出行,适应低碳生活。在全社会范围内有效配置车辆资源从而控制社会车辆总数量,提高社会资源利用效率,增进节能减排。汽车租赁是一个涉及多个行业的边缘性行业,可以衍生多样化的业务,对汽车产业、金融保险业、交通运输业、旅游业等行业的发展起到推动作用。

2. 租赁业务流程

为了降低交易成本,改善服务质量,提高企业的竞争力,当前国内外的汽车租赁公司都会建立自己的网络车辆管理系统。顾客可以通过互联网、移动终端等途径咨询和选择租赁企业所提供的车辆租赁服务。

(1)租车流程。

汽车租赁公司会把车辆基本信息、租赁价格、租赁站点位置、租车及还车相关手续、不同的增值服务等提供给顾客,顾客结合自身偏好对车辆进行选择或预订。预订包括网络预订、电话预订等形式。租赁商在接到订单后,通过与顾客进行有效的沟通获取顾客的基本信息,将待审核的订单转变为有效订单并收取顾客一定数额的订金。若顾客出行需求发生改变,顾客可以与租赁商协商将订单取消,顾客也可以单方面取消订单,最终放弃预订,此种情况下有效订单只能说明此类顾客是潜在的承租人,租赁商只能获取顾客支付的一定数额的订金。同时,有一部分顾客的到达是随机的,不通过上述方式进行预订而到租赁站点现场租赁车辆。承租人按约定到租赁站点去办理租车手续,如果租赁站点库存中暂无顾客所需车型,在客户愿意的前提下可采用升级供应策略提供更高等级车辆满足租赁需求。顾客选定车辆并查验证件(身份证、驾驶证等)后与租赁商签订租车合同,查验、测试、核实登记所选车辆车况,办理相关手续并开始享有车辆的使用权(图5-1)。

第五章 考虑顾客选择行为的车辆动态存量控制模型

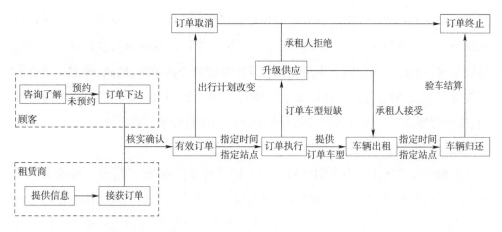

图 5-1 顾客租车流程

（2）还车流程。

顾客根据租赁合同指定的时间和地点范围归还所租车辆，同时顾客可以结合自身出行需求对租赁车辆进行续约。还车时，汽车租赁公司根据租车时车辆车况查看车辆是否发生损坏。如果车辆没有发生损坏，则直接进行结算；如果车辆发生损坏，则顾客需根据合同的规定与租赁公司协商处理或赔偿。如果顾客超期还车，或者超过规定日行驶里程，或者提前还车，都应依据合同的规定结算。对于租赁期间车辆违章情况，顾客需要签订违章保证授权书对自己行为负责。

（3）车辆救援流程。

在车辆租赁期内，若车辆出现异常或遭遇交通事故时，顾客应马上停止驾驶，并联系租赁公司共同处理。顾客可以向汽车租赁公司说明情况，并告知具体地点、联系方式、车损程度、是否需要更换车辆等。租赁公司与顾客一起确认事故原因、责任方、处理理赔等相关事宜。如果是由于不可抗拒的因素而造成租赁车辆的损坏，顾客则应马上联系租赁公司，按照车辆租赁合同规定进行处理。

3. 运营复杂性

汽车租赁是一个新而复杂的概念，与其他行业相比较，其运营复杂性主要体现在以下几个方面。

（1）存量控制。

顾客在预订阶段或者现场取车时一般会确定租期，但是由于顾客出行需求的临时改变,顾客会改变租期,这时不按预订租期会要求额外支付更多。租车预订时间提前量与其他行业不同,汽车租赁业的顾客提前预订的时间大多数在3d以内,相较其他行业提前预订时间要短很多。其库存管理分为中央、区域、地方相结合的三级管理方式,管理方式分散增加了协调统一的难度。租期的可变性、预订时间较短、库存管理的方式分散都会给租赁车辆存量的控制带来不确定因素。

(2) 车辆调度。

车辆调度事实上是对各租赁站点的车辆存量进行重新配置,是一种动态调整库存水平的行为,能够灵活、及时地满足顾客租车需求。租赁站点无法满足顾客的租车需求时,汽车租赁公司从一定的区域范围内的其他站点调运车辆到该租赁站点以满足客户的需求。顾客的异地还车是造成车辆调度的主要原因,若顾客要求到达的目的地和出发地是不同位置,就会出现异地还车现象。

针对异地还车的顾客,租赁公司在顾客预订阶段或者现场取车时就约定了车辆异地归还的具体站点,并且要求顾客为异地还车支付相应的费用,租赁公司会根据行驶里程、取车站点与还车站点间的距离来计算收取此费用。如果顾客未按订单要求还车,租赁公司收取的额外费用会更多。如果顾客始发地和目的地符合车辆调度起讫点,租赁公司可以适当推出顺风车优惠,以低价向顾客提供异地还车服务。

(3) 需求预测。

汽车租赁业可以满足旅游、休闲、度假等个性需求,最主要的目的是满足顾客日常交通出行需求,租赁需求是可挖掘的、潜在的、波动的。逢国家法定假日、重大赛事活动时,租赁需求会急剧上升;而在经济萧条、气候条件恶劣时,租赁需求就会明显下滑。租车需求受时间因素影响比较大,在需求量较小的淡季时,如果没有价格优惠,就会出现车辆大量闲置,导致库存积压,车辆失去当日租赁价值。但是在需求量较大的旺季时,由于还车的时间、地点的不确定性,顾客无法按预订时间地点归还车辆,这就增加了租赁公司在不同时段间、不同站点控制存量的难度,甚至出现无车可调、无车可租的问题。

在车型上,租车需求表现为巢式,即经济型低价位车辆需求量比较大,高等级高价位车辆的需求量逐级变少,与之相对应的供给也相同。当租赁站点存量不足或者车辆调度不当而出现车辆短缺不足时,租赁公司可以针对顾客采用升级供应的策略,即在顾客有意愿的前提下,用较高等级的车辆代替预订车辆,尽管租赁公司承担较高的成本,但升级供应策略可以满足顾客需求,提高顾客的满意度有助于租赁公司获得更好的信誉度,进而获得更多的市场份额。

(4)租金制定。

我国汽车租赁市场竞争激烈,租赁企业数量快速增加,超低租金成为抢占市场份额的主要手段。顾客的租车需求对价格的敏感程度很高,车辆租金需要结合自身存量供给能力和顾客出行需求大小来确定。当前租赁企业车辆租金定价主要是参考同行竞争者的价格,很少从顾客角度进行市场调研。

由于期权理论等方法中假设条件缺乏实用性,依此制定的价格策略并不适用。依据顾客对出行时间、费用等价值观念的差异性和顾客需求的多样性制定差别定价策略,将不同类型的车辆设定为不同的价格等级,可以满足不同需求特性的顾客租车选择意愿,最大限度增加汽车租赁企业的收益。掌握淡旺季的需求变化精准地实施价格调控策略,在淡季当需求较小时推出折扣优惠,可以在短时间内增加需求量。

二、待租车辆的存量控制

对汽车租赁行业而言,存量控制是指将当前尚未租赁的车辆在不同的租赁站点、时间、价格合理分配给目标顾客,提高租赁车辆出租率,实现租赁车辆收益最大化,其核心理论内容包括决策变量、控制机制及决策准则三大部分。

1. 决策变量

汽车租赁存量控制的决策变量主要是指预订限制和保护水平。预订限制是指每一种价格等级类型的车辆数量预先被限定,即每种等级类型下最多可以租赁的车辆数量预先规定。当预订租赁的车辆数量超过该预订限额最高值时,需停止该等级价格下车辆的租赁预订。例如,经济型轿车等级类型下的租赁车辆的预订限制是40辆,即最多此等级类型的40辆车租赁给这类有需求的顾客,当预订租赁数量超过 40 辆时,顾客将无法预订租赁到经济型轿车。

保护水平是指为同一需求特征或者某一部分顾客预留的车辆存量。例如,经济型轿车需求的顾客的保护水平是 30 辆,即要求租赁站点车辆调度配置中经济型轿车需要保留 30 辆。

2. 控制机制

汽车租赁企业经营过程中需要面对顾客的不同需求,任何一家企业都不会将车辆租赁给低价顾客而拒绝高价顾客。通过以下两种机制可以对租赁企业有限的车辆数量进行合理的分配。

一是非嵌套机制。通过对顾客选择行为的分析,为不同需求类型的顾客预留车辆,设定车辆限制并按顾客需求类型的比例进行车辆数量的分配。非嵌套机制严格确定每种顾客所对应需求车辆的预订限制和保护水平,并且两者是相同的。

二是嵌套机制。由于在租赁过程中顾客的达到和租车选择是随机的,当高价车辆已经完全被租赁,低价车辆还有剩余时,高价租赁车辆预订申请不会被拒绝,而是在允许的超售范围内,高价租赁车辆的顾客有优先权,可以用低价租赁车辆的预订限制来满足低价租赁车辆。其中,各等级的保护水平也会出现层次上的重叠。

3. 决策准则

决策准则是指在租赁过程中用于判断是否需要停止某一等级类型的租赁车辆的预订而拒绝顾客需求的标准,其准则包括以下两个方面的内容:一是判断车辆是否拒绝租赁的依据,是各等级车辆预订限制或保护水平,还是租赁截止日期,或者是同时考虑两个因素。二是租赁系统运营过程中每次对租赁站点的车辆调度配置的最优车辆数是否需要调整,如果车辆调度需要调整,所依据的决策变量中预订限制或保护水平是否相同。

针对汽车租赁企业,主要有以下几种不同的决策准则:固定存量准则、固定时间准则、静态联合决策准则、动态联合决策准则。其中,动态联合决策准则需要根据租赁系统运营状态相关因素信息进行判断,如当前的车辆出租率、重大活动、季节性变化等影响需求的因素,依据动态信息调整存量,制定最优决策的规则。本书将会利用动态联合决策准则对存量控制策略进行分析。

第二节 模型分析

一、属性变量提取方法

利用变精度粗糙集理论(VPRS)来提取相关属性变量,该方法是通过利用因素之间的依赖度因子构造判断矩阵,因素之间的相互重要性是由实际调查的数据来确定,能更加真实地反映实际问题。具体定义如下。

定义 5.1 假定 $S=(U,A,V,f)$ 为一个信息系统,其中,论域对象空间为有限非空集合 $U=\{U_1,U_2,\cdots,U_{|U|}\}$,$A=\{a_1,a_2,\cdots,a_{|A|}\}$ 为属性的有限非空子集。若 A 的属性中条件属性集 C 和决策属性集 D 是两个不相交的非空子集,即 $A=C\cup D$,$C\cap D=\emptyset$,则可称 S 为决策表。其中,$a\in A$,V_a 为属性 A 的值域;$U\times A\to V$ 为信息函数,$\forall a\in A, \forall x\in U, f(x,a)\in V_a$。

对任一子集 $P\neq\emptyset$ 且 $P\subseteq C$,R 为 U 上的等价关系,有:

$$R(P)=\{(x,y)\in U\times U : f(x,p)=f(y,p), \forall p\in P\} \tag{5-1}$$

定义 5.2 在信息系统 $S=(U,A,V,f)$ 中,$[x]_P$ 为 X 的 P 阶矩阵,$X\subseteq U$,$P\subseteq C$,给定置信阈值 $\beta\leqslant 1$,将变精度粗糙集的 β-下近似及 β-上近似分别定义为:

$$\underline{apr}_P^\beta(X)=\cup\left\{[x]_P:\frac{|[x]_P\cap X|}{|[x]_P|}\geqslant\beta\right\} \tag{5-2}$$

$$\overline{apr}_P^\beta(X)=\cup\left\{[x]_P:\frac{|[x]_P\cap X|}{|[x]_P|}>1-\beta\right\} \tag{5-3}$$

定义 5.3 VPRS 的分类精度(质量)定义为:

$$\gamma^\beta(P,D)=\frac{\left|\cup\left\{x\in U:\frac{|[x]_P\cap X|}{|[x]_P|}\geqslant\beta\right\}\right|}{|U|} \tag{5-4}$$

$\gamma^\beta(P,D)$ 可以表示正确分类的知识占现有知识的百分比,同时也能度量论域中的置信水平 β 值。

定义 5.4 变精度粗糙集中的 β-约简保证正确分类的最小条件属性集，同时 $\gamma^{\beta}(C,D)$ 给定 β 值不含多余属性，即满足以下两条性质：① $\gamma^{\beta}(C,D)$ 的子集不具有相同的分精度；② $\gamma^{\beta}(C,D) = \gamma^{\beta}[\mathrm{red}^{\beta}(C,D),D]$。

根据上述理论方法，将租赁车辆数据看作是一个是以顾客选择因素为对象的信息系统 $S = (U,A,V,f)$，其中，C 是影响顾客选择租赁车型的属性集合，D 是决定顾客选择的决策属性集合。通过 Delphi 法，确定出 9 个主要属性：车辆品牌类型 (a_1)、信用担保限制 (a_2)、租赁价格 (a_3)、车辆油耗 (a_4)、租赁服务态度 (a_5)、还车地点限制 (a_6)、租赁车辆状况 (a_7)、预订周期限制 (a_8)、车辆事故纠纷 (a_9)。

通过数据整理分析，得到顾客选择决策信息。令置信水平 $\beta = 0.8$，结合 VPRS 的相关定义和式 (5-4)，得到每个属性划分时的分类质量：$\gamma^{\beta}_{a_1,a_2,a_4}(P,D) = 0$、$\gamma^{\beta}_{a_3}(P,D) = \frac{7}{15}$、$\gamma^{\beta}_{a_5}(P,D) = \frac{7}{15}$、$\gamma^{\beta}_{a_6}(P,D) = \frac{2}{15}$、$\gamma^{\beta}_{a_7}(P,D) = \frac{1}{5}$、$\gamma^{\beta}_{a_8}(P,D) = \frac{2}{15}$、$\gamma^{\beta}_{a_9}(P,D) = \frac{1}{5}$。

用 a_t^s 表示第 s 个因素 a_s 相对于第 t 个因素 a_t 的相对重要性，即：

$$a_t^s = \frac{\gamma^{\beta}_{a_s}(P,D)}{\gamma^{\beta}_{a_t}(P,D)} \tag{5-5}$$

此外，变精度粗糙集理论具有数据简约能力，能够在一定程度上消除噪声影响，能够发现对决策起重要作用的因素，减少不重要因素的干扰。以上优点能够在问题涉及较多因素时，在一定程度上可防止专家对某些因素的判断出现的一些偏差和不足。

二、租车选择行为模型

1. 问题描述与假设

受顾客认知能力、市场不确定性因素的限制，顾客在租车前无法完全了解各方案的服务属性。顾客的决策行为介于短视型和策略型之间，在决策过程中是寻找"满意"方案，而非最优方案，实际决策结果是有限理性的。顾客会根据收集到的信息形成对未来价格的心理预期，将产品与心理预期比较后作出决策，从而实现效用最大化。

本书中的效用是指顾客通过选择租赁车辆使自己的出行需求得到满足的程度。效用是一种主观心理感受,完全取决于顾客租赁车辆所带来的心理满足程度,没有客观标准。同一车辆在不同的时间与地点给不同顾客所带来的效用是不同的。对此,可以采用效用理论对顾客租车选择行为展开研究,即根据自身出行需求,综合考虑主观因素、客观因素以及随机因素,建立汽车租赁选择决策的标准,以决定租赁公司、租赁车型以及租赁时间的选择,利用自己有限的资源达到效用最大化。

选择模型的建立需要基于如下两个假设:

(1)顾客是车辆选择行为意志决定的最基本单位,即如何租赁车辆、租赁多长时间、选择在何地还车等问题的最小决策单位是顾客自身。

(2)根据效用理论假设,在顾客有限认知的条件下,顾客选择的车辆是所有认知车辆类型中效用最大的车辆,并且选择车辆的效用因顾客的特性、车辆本身特性等因素而异。

2. 模型构建

根据以上分析,假设汽车租赁公司的车型集合为 $W=\{z|z=1,2,\cdots,Z\}$,以 x_z 表示第 z 类车型的属性向量。以随机效用理论为基础的离散选择模型认为,顾客选择第 z 类车型的效用 U_z 与其属性之间具有线性关系,其表达式为:

$$U_z = \lambda_1 x_{z1} + \lambda_2 x_{z2} + \cdots + \lambda_m x_{zm} + \varepsilon_z = \sum_{k=1}^{m} \lambda_k x_{zj} + \varepsilon_z = V_z + \varepsilon_z \quad (5\text{-}6)$$

式中:λ_i ——待定参数,是顾客对车辆各个属性重视程度的权重值,$i=1,2,\cdots,m$;

x_{zk} ——第 z 类车型的第 k 种特征属性 $k=1,2,\cdots,m$;

V_z ——效用函数的非随机部分;

ε_z ——效用函数的随机变化部分。

最后,根据上节运用 VPRS 所得出的属性及其权重,求得各类车型的效用值。

根据假设,顾客总是在租赁时选择效用最大的车型,则其选择第 z 类车型的概率为:

$$q_z = \text{prob}(U_z > U_j, z \neq j, \forall j \in W) = \text{prob}\left[V_z + \varepsilon_z > \max_{z \neq j, \forall j \in W}(V_j + \varepsilon_j)\right] \quad (5\text{-}7)$$

其中,$0 \leq P_i \leq 1$,且 $\sum_{i \in W} P_i = 1$。ε_i 是效用函数的随机部分,是影响顾客作出决策但是不能被观测到的部分。因此,假设 ε_z 相互独立且服从标准化(0,1)二重指数分布(或 Gambel 分布),可得到顾客选择行为的多项 Logit 模型的一般形式,即顾客选择第 z 类车型的概率:

$$q_z = \frac{e^{V_z}}{\sum_{z \in W} e^{V_z}} \quad (5\text{-}8)$$

三、考虑顾客选择的车辆动态控制模型

1. 动态存量控制方法与描述

动态规划是一种将复杂的多阶段或多周期问题转化成一系列比较简单的最优化问题的方法。多阶段或周期的问题分解成相互联系的若干阶段,不同阶段之间相互联系,本阶段的状态与决策仅影响下一个阶段的状态,整个过程决策的确定依赖于每个阶段的决策。马尔可夫决策过程(Markov Decision Processes,MDP)是解决随机动态决策问题的主要理论和方法,其主要目的是根据某些变量现在的情况及其变动趋向,来预测它在未来某特定区间可能产生的变动,作为提供某种决策的依据。其主要特征是允许概率和非确定性选择。马尔可夫决策过程的限界模型检测可以自由地对转移概率和极限概率进行检测,转移概率主要和某个时刻系统所处的状态有关,极限概率主要描述了长期运行中连续时间马尔可夫链处于某个状态的概率。

一个马尔可夫决策过程由5个部分组成:

$$\{S, A(i), p_{ij}(a), r(i,a), V, [i,j \in S, a \in A(i)]\} \quad (5\text{-}9)$$

式中:S——系统所有可能状态所组成的非空状态集,即系统的状态空间;

$A(i)$——在状态 $i \in S$ 处可用的非空决策集,与所处状态 i 有关;

$p_{ij}(a)$——系统在决策时刻点 n 处于状态 i,采取决策 $a \in A(i)$ 使系统在下一个决策时刻点 $n+1$ 时处于状态 j 的概率,与起始决策时刻 n 无关;

$r(i,a)$——采取决策 $a \in A(i)$ 时系统在该阶段所获得的期望报酬;

V——决策问题的目标函数或者准则函数。

车辆租赁状态决定租赁系统接受顾客或者拒绝顾客,根据 MDP 假设系统的状态空间集合为 $S = \{0,1\}$,其中 0 表示系统无法租赁车辆状态,1 表示系统可以租赁车辆状态。令系统运营状态从 0 到 1 的转移概率值为 p_{01},从 1 到 0 的转移概率值为 p_{10},由转移概率的性质可得状态转移概率矩阵 $\boldsymbol{P}$ 为:

$$\boldsymbol{P} = \begin{bmatrix} 1-p_{01} & p_{01} \\ p_{10} & 1-p_{10} \end{bmatrix} \tag{5-10}$$

定义 5.5 在状态空间集合 S 中系统状态转移后处于无法租赁状态的(后验)概率为 $\delta \in [0,1]$,处于可租赁状态的概率为 $\delta^* \in [0,1]$,由全概率公式可求得:

$$\delta^* p_{01} + \delta p_{10} = (1-\delta)p_{01} + \delta p_{10} = p_{01} + \delta p \tag{5-11}$$

其中,$p = 1 - p_{01} - p_{10} \geq 0$。假设 $p_{10} \leq 1 - p_{01}$,即顾客需求越高租赁车辆越多,转移到无法租赁状态的概率越大;极限情况是当 $p_{10} = 0$ 时,表示租赁系统中车辆全部被租出去,租赁车辆供不应求。

定义 5.6 系统运行 n 个周期时决策函数为 f,所有策略为 F_n。若系统处于状态 i,则决策函数为 $f(i)$,且 $f(i) \in A_N(i), i \in S$,一个决策函数序列为策略 π,则有:$\pi = (f_0, f_1, \cdots, f_n), f_n \in F_n, n = 0, 1, \cdots, N$。

记算子 $\nabla \delta = p_{10} + p\pi$,可知:

$$\nabla^n \delta = \sum_{i=0}^{n-1} p^i p_{10} + p^n \delta \tag{5-12}$$

定义 5.7 记折扣因子为 β,在策略 π 的有限阶段的最优函数为:

$$V_\beta(i) = \sup V(\pi, i) = \sum_{n=0}^{N} r_n[i_n, f_n(i_n)] \tag{5-13}$$

讨论系统的 MDP 模型,在系统平衡状态下,无法租赁状态(忙期)和可以租赁状态(闲期)均是随机变量,很难描述其准确的分布,因此,需投入费用 Q 利用短时模型叠加的方法近似对系统进行检测和记录。设 C 为系统在车辆全部被租赁的状态下运行一个周期的费用,R 为增加存量更新系统所需的费用。

对 $n \geq 0$,定义 $f^{(n)}(\delta)$ 为系统在 δ 时运行 n 个周期,在最优策略运行的期望折

扣费用,即:

$$f^{(n)}(\delta) = \sum_{k=1}^{n} \beta^{k-1} \nabla^k \delta C + \beta^n [\nabla^{n+1} \delta(C+R) + Q + \beta V_\beta(0)] \quad (5-14)$$

由以上各式推导可得:

$$R \geqslant \frac{pC}{1-\beta p} - \frac{Q}{1-p} \quad (5-15)$$

汽车租赁系统运行周期足够长时,租赁系统需要更新的费用,即投放更多租赁车辆扩大经营规模的最小运营费用 R 等于其临界值。

由于顾客到达租赁站点租赁车辆的时间不确定,故车辆的租赁时间即租期长短完全取决于顾客出行需求。结合汽车租赁公司实际运营情况对汽车租赁系统进行分析,顾客到达汽车租赁系统的过程具有以下几个特点:

(1)单位时间内选择汽车租赁出行顾客是有限的,即顾客源的组成是有限的。

(2)顾客可以通过互联网、移动终端等途径随时随地咨询预订租赁企业所提供的车辆租赁服务,但是在足够小的时间段划分中,两位顾客几乎不可能同时到达汽车租赁系统。

(3)顾客相继预订车辆或者取车的时间间隔是随机的。

(4)大部分顾客租赁车辆是互不影响、相互独立的。

(5)汽车租赁公司中每一辆车可以认为是一个服务台,各辆车之间是相互独立的,但又同时服务的关系。

(6)各辆车的服务时间即车辆的租期是随机的且相互独立的。

(7)车辆租赁是出行方式的一种选择,在先到先服务规则下,顾客不愿等待而去选择其他的租赁公司或者其他的出行方式,汽车租赁的时效性较强,若无车辆即离开。

综上所述,汽车租赁服务系统是一个显著的随机排队服务系统。传统的排队系统中单位时间内达到的顾客数服从参数为 $\lambda(\lambda>0)$ 的泊松分布,顾客租赁车辆的租期服从参数 $\mu(\mu>0)$ 的负指数分布,汽车租赁排队系统是一个 $M/M/n/n/\infty$ 排队系统。

假设汽车租赁商拥有某类型 m 辆车,系统的总服务率 $m\mu$,系统的服务强度为

$\rho = \dfrac{\lambda}{m\mu}\left(m \geq \dfrac{\lambda}{\mu}\right)$。由排队系统理论性质可知,顾客达到无法租赁车辆即汽车全部被租赁的概率为:

$$P_m = \dfrac{1}{m!}\left(\dfrac{\lambda}{\mu}\right)^m P_0 \qquad (5\text{-}16)$$

顾客达到可租赁车辆的概率为:

$$\overline{P}_m = 1 - P_m = 1 - \dfrac{1}{m!}\left(\dfrac{\lambda}{\mu}\right)^m P_0 \qquad (5\text{-}17)$$

式(5-16)和式(5-17)中,$P_0 = \left[\sum\limits_{k=0}^{m}\dfrac{1}{k!}\left(\dfrac{\lambda}{\mu}\right)^k\right]^{-1}$。

2. 成本函数

汽车租赁企业的租赁价格、租赁成本、租车率是决定租赁商收益水平的直接因素。此外,待租汽车规模也是影响租赁商收入的重要因素,汽车租赁业不仅具有资金密集型的特点,同时具有规模效应。汽车租赁的成本包括固定成本、运营成本两个方面。固定成本主要包括车辆购置费用、车辆购置税、停车场费用、营业场所费用、办公设备费用等,其中购车费用在成本中一般占80%,具体所占比例与投资规模、运营车辆的类型有关。运营成本运营成本主要包括车辆维护费用、人员工资、车辆折旧、财务费用、营业税等。

汽车租赁的收益主要包括车辆租金收入和运营车辆残值收入两部分。假设一辆租赁车辆的购置费用为 A,运营费用函数是关于运营时间 T 的二阶非负连续可微凸函数: $\overline{h}(T) = a_1 + a_2 T + a_3 T^2$ $(a_1 > 0, a_2 > 0, a_3 > 0)$,其中 a_1 为当 $T=0$ 时的汽车保险、维修等费用,a_2、a_3 分别为汽车保险、维修等费用随时间递增系数。车辆折旧费用是关于 T 的线性减函数,即:$B(T) = B - bT$,其中 B 为购买新车再转手卖出的利益($B < A$)。由此可得,汽车租赁系统中每台车辆的运营成本函数为:

$$C(T) = \dfrac{A + \overline{h}(T) - B(T)}{T} = a_3 T + a_2 + b + \dfrac{A - B + a_1}{T} \qquad (5\text{-}18)$$

车辆的购置费用大于残值的最大值,即 $A - B \geq 0$,故运营成本函数 $C(T)$ 是关于运营时间 T 的凸函数。经过求导分析得,汽车租赁系统中每台车辆运营时间 T 的最小成本为:

$$C_1 = C_{\min} = \sqrt{2(A-B+a_1)a_3} + a_2 + b \qquad (5\text{-}19)$$

3. 动态控制模型构建与求解

设顾客选择车型 z 的概率为 q_z，设随机变量 $\xi_{jz} = \{0,1\}$，其中 0 表示第 j 个顾客不选择第 z 类车型，1 表示第 j 个顾客选择第 z 类车型，$z = 1,2,\cdots,Z$，则有：$p\{\xi_{jz}=1\} = q_z$，$p\{\xi_{jz}=0\} = 1-q_z$。设单位时间内顾客到达系统的数量为 D，则租赁第 z 类车型的总数为 $\eta_z = \sum_{j=1}^{D}\sum_{z=1}^{Z}\xi_{jz}$，服从二项分布；其期望 $E(\eta_z) = Dq_z$，方差 $E(\eta_z) = Dq_z(1-q_z)$。当可靠度为 α 时，顾客租车需求满足率达到 φ，即 $\Phi(\tau) = \alpha$，由 De Moivre-Laplace 中心极限定理，可得车型 z 的控制存量数，即：

$$m_z = Dq_z + \tau\varphi\sqrt{Dq_z(1-q_z)} \qquad (5\text{-}20)$$

则存量控制的车辆总数为 $M_z^* = \sum_{z}^{Z} m_z$。

假设在租赁系统周期 t 初始状态时，租赁车辆确定的平均租金为 r，汽车租赁商拥有某车型 m 辆单位周期的利润为 $\prod(m)$，系统单位周期的运行费用为 C_m ($C_m \geq mC_1$)。由于单位时间内顾客到达数和车辆租期是相互独立的，因此，某车型 m 辆单位周期的期望收入为 $r\overline{P}_m\dfrac{\lambda}{\mu}$，单位周期租赁每辆车缺货损失为 U_1 ($U_1 \geq C_1$)，期望缺货损失为 $P_m\lambda U_1$。

最优稳健策略目标是在系统顾客需求检测记录误差不可避免时，寻求使最差情况下的期望利润最大的最优策略。租赁商的最优稳健决策目标是最小的运营成本下期望利润取得最大值，即车辆租赁规模的扩大，忽略短期内顾客的租赁车辆需求变化，车辆出租率保持不变，近似考虑顾客租赁需求量等于单位周期达到的顾客数。汽车租赁系统进行策略检测过程中，记 $P_0(t)$ 为系数 t 时刻无法租赁车辆的概率，则全部车辆被租赁的概率，即租赁车辆的数量等于 m 的概率 $P_0 = \lim_{t \to +\infty} P_0(t)$；若设 $P_1(t)$ 为系统 t 时刻中可以租赁车辆的概率，则租赁车辆的数量小于 m 的概率 $P_1 = \lim_{t \to +\infty} P_1(t)$。

租赁车辆是一种易逝品，单位周期内未被租赁车辆的租赁残值不存在。同时，面对市场需求不确定性较大,通过对过多车辆存量导致的损失和过少存量导致的惩罚之间进行平衡。建立经典报童的策略利润期望函数,有:

$$\prod{}^{*}(m) = 租赁收入 - 运营成本 - 缺货成本$$

$$= rP_1\frac{\lambda}{\mu} - C_m - P_0\lambda U_1 \geqslant rP_1\frac{\lambda}{\mu} - P_0\lambda C_1 - mC_1 \quad (5-21)$$

综上所述,给出最优动态车辆数 m^* 的求解算法如下。

步骤1:统计分析单位周期日均顾客到达数和车辆租期,车辆初期配置数量 $m = \left[\frac{\lambda}{\mu}\right]$,其中 $\left[\frac{\lambda}{\mu}\right]$ 是不小于 $\frac{\lambda}{\mu}$ 的最大整数。

步骤2:租赁系统中车辆数量为 m 时,检测记录可租赁状态和不可租赁状态的情况,建立概率转移矩阵,求解 p_{01}, p_{10}, p_1, p_0。

步骤3:根据式(5-21),若策略利润期望 $\prod_m < 0$,则重新配置车辆数,否则转入步骤4。

步骤4:根据式(5-15),若车辆扩大经营规模的最小费用 $R \leqslant C_m$,则重复步骤2继续检测系统,否则转入步骤5。

步骤5:令 $m^* = \left[\frac{R}{C_m}\right]$,根据式(5-21),若 $m^*C_1 \leqslant \prod_m$,则输出租赁商最优存量控制租赁车辆数 m^*,否则 $m^* = m^* - 1$,转入步骤6。

步骤6:若 $m^*C_1 > \prod_m, m^* \leqslant m$,则输出租赁商最优存量控制租赁车辆数 m,否则输出租赁商最优存量控制租赁车辆数 m^*。

第三节 算 例 分 析

一、变量提取结果

选择现场询问的方式开展调查,实施地点主要设置在机场、城市中心商业区、旅游区、交通枢纽场站附近(这些地点顾客的租车需求潜在性较强)。结合实际情况选取同一家汽车租赁公司的两个站点作为调查对象,在每个站点附近随机选择顾客发放问卷。

顾客选择租赁车辆意向调查数据可以看作一个以选择因素为对象的信息系统 $S=(U,A,V,f)$,其中,$U=\{U_1,U_2,\cdots,U_{|U|}\}$ 为有限非空集合,$A=\{a_1,a_2,\cdots,a_{|A|}\}$ 是可用的非空决策集,V 是决策问题的目标函数或准则函数,f 是决策函数。此外,A 中的属性可分为两个不相交的非空子集,即条件属性集 C 和决策属性集 D,本章中 C 表示影响顾客选择租赁车型的属性集合,D 表示决定顾客选择的决策属性集合。对租车选择意向数据进行处理,将车辆租赁的条件属性的指标值分为"1 = 满意""2 = 一般""3 = 不满意"三个等级;将顾客决策属性的指标值(顾客是否选择租赁车辆)分为"H = 很好(租赁)""M = 一般(预订,但不一定租赁)""L = 不好(不租赁)"三个等级,通过整理和分析数据,可以得到顾客选择决策信息。

本章综合考虑样本大小以及模型精度要求,设定置信水平 $\beta=0.8$,由定义 5.1 可得:论域 $U=\{n_1,n_2,\cdots,n_{30}\}$,条件属性集 $C=\{a_1,a_2,\cdots,a_9\}$,决策属性集 $D=\{d\}$。

根据式(5-1),可得如下等价类:$U/C=(X_1,X_2,\cdots,X_9)$,其中:$X_1=\{n_1,n_9,n_{16},n_{19},n_{30}\}$,$X_2=\{n_2,n_8,n_{12},n_{15},n_{18},n_{29}\}$,$X_3=\{n_3,n_{20},n_{23},n_{28}\}$,$X_4=\{n_4,n_{17},n_{22},n_{25}\}$,$X_5=\{n_5\}$,$X_6=\{n_6,n_{10},n_{24},n_{26}\}$,$X_7=\{n_7,n_{14},n_{21},n_{27}\}$,$X_8=\{n_{11}\}$,$X_9=\{n_{13}\}$;

$U/D=(D_H,D_M,D_L)$,其中:$D_H=\{n_3,n_7,n_8,n_{11},n_{12},n_{14},n_{20},n_{21},n_{23},n_{27},n_{28}\}$,$D_L=\{n_2,n_5,n_6,n_{10},n_{13},n_{18},n_{24},n_{26}\}$,$D_M=\{n_1,n_4,n_9,n_{15},n_{16},n_{17},n_{19},n_{22},n_{25},n_{29},n_{30}\}$。

由式(5-2)、式(5-3)可计算出变精度粗糙集 $\underline{apr}_P^\beta(D_M)=\{X_1,X_4\}$,$\underline{apr}_P^\beta(D_L)=\{X_5,X_6,X_9\}$,$\underline{apr}_P^\beta(D_H)=\{X_3,X_7,X_8\}$。

由式(5-4)得到整个条件属性的分类质量 $\gamma^\beta(P,D)=4/5$。

粗糙集分类精度是对执行准确的对象分类整个能力的评价,而变精度粗糙集分类精度是对执行具有置信水平 β 的对象分类能力的评价。同理,可以依据式(5-4)

第五章 考虑顾客选择行为的车辆动态存量控制模型

确定每个属性划分时的分类质量:

$$\gamma_{a_1}^{\beta}(P,D)=0, \gamma_{a_2}^{\beta}(P,D)=0, \gamma_{a_3}^{\beta}(P,D)=\frac{7}{15},$$

$$\gamma_{a_4}^{\beta}(P,D)=0, \gamma_{a_5}^{\beta}(P,D)=\frac{7}{15}, \gamma_{a_6}^{\beta}(P,D)=\frac{2}{15},$$

$$\gamma_{a_7}^{\beta}(P,D)=\frac{1}{5}, \gamma_{a_8}^{\beta}(P,D)=\frac{2}{15}, \gamma_{a_9}^{\beta}(P,D)=\frac{1}{5}。$$

以上分类质量中存在为零的情况,说明通过 Delphi 法确定影响顾客选择的 9 个属性存在交织重复或者替代的部分。由计算影响顾客选择租赁车型的属性集合 C 中各因素相对于决策属性集合 D 的相对重要性,得判断矩阵 Λ 如下:

$$\Lambda = \begin{bmatrix} 1 & 1 & \frac{7}{2} & \frac{7}{3} & \frac{7}{2} & \frac{7}{3} \\ 1 & 1 & \frac{7}{2} & \frac{7}{3} & \frac{7}{2} & \frac{7}{3} \\ \frac{2}{7} & \frac{2}{7} & 1 & \frac{2}{3} & 1 & \frac{2}{3} \\ \frac{3}{7} & \frac{3}{7} & \frac{3}{2} & 1 & \frac{3}{2} & 1 \\ \frac{2}{7} & \frac{2}{7} & 1 & \frac{2}{3} & 1 & \frac{2}{3} \\ \frac{3}{7} & \frac{3}{7} & \frac{3}{2} & 1 & \frac{3}{2} & 1 \end{bmatrix}$$

由判断矩阵计算被比较因素对每一准则的相对权重,并进行判断矩阵的一致性检验。显然,判断矩阵 Λ 为一致正反矩阵,其满足完全一致性条件。记 $\eta_{\max}$ 对应的特征向量 $\boldsymbol{\omega}=(\omega_1,\omega_2,\cdots,\omega_n)^{\mathrm{T}}$,则对于一般的判断矩阵 Λ 有 $\Lambda\boldsymbol{\omega}=\eta_{\max}\boldsymbol{\omega}$,对 $\boldsymbol{\omega}$ 做归一化处理,可近似作为 Λ 的权重向量 $\overline{\boldsymbol{\omega}}$,得到模型中影响顾客对各等级车型属性选择的 6 个主要因素为:租赁价格(a_3)、服务态度(a_5)、还车地点限制(a_6)、租赁车辆状况(a_7)、租赁流程便利度(a_8)、车辆事故纠纷(a_9),其权重 $\boldsymbol{\omega}=(0.292, 0.292, 0.083, 0.125, 0.083, 0.125)^{\mathrm{T}}$。

二、选择行为模型求解

1. 顾客租车满意度

确定影响顾客选择租赁车辆的因素及权重后,对问卷重新设计,利用 RP 调查对顾客租车满意度进行评价,调查顾客对租赁车辆的偏好以及租车后对影响因素满意度。RP 调查的情景是实际发生的,调查数据为实际数据,因此,调查对象是已经租赁还车或者预订取车的顾客。

根据上节研究结果,影响顾客选择因素包括租赁价格(a_3)、服务态度(a_5)、还车地点限制(a_6)、租赁车辆状况(a_7)、租赁流程便利度(a_8)、车辆事故纠纷(a_9)6 个。对影响顾客选择汽车类型的这 6 个因素按照"十分满意""满意""一般""不太满意""不满意"5 个等级进行评定。采用随机抽样的方法,在相同的汽车租赁公司的多个租赁站点随机对还车顾客进行问卷调查,共计回收 362 份问卷,其中 342 份为有效问卷。将调查获得的数据进行录入统计整理,采用离散化处理,令 5 个评定等级中十分满意为 10 分、满意为 7 分、一般为 5 分、不太满意为 3 分、不满意为 0 分,将各种因素评价得分计算,得到处理后的数据,见表 5-1。

顾客租车满意度情况 表 5-1

车型	影响因素得分					
	租赁价格	服务态度	还车限制	车辆状况	租赁便利度	车辆事故纠纷
经济型轿车(EC)	6.12	5.89	5.89	5.59	5.21	5.92
商务型轿车(BC)	5.82	5.95	5.56	5.81	5.32	5.05
豪华型轿车(LC)	2.82	3.96	4.31	4.64	4.67	3.56
运动型多用途汽车(SUV)	5.21	5.12	5.65	5.96	5.58	6.24
7 座及以上多用途汽车(MPV)	4.72	4.68	4.82	4.87	4.78	4.64

由表 5-1 可知,选择经济型轿车(EC)的顾客对租赁价格的评价打分为 6.12,对租赁服务态度评价打分为 5.89,对租赁还车地点限制评价打分为 5.89,对租赁

车辆状况评价打分为5.59,对租赁流程便利度评价打分为5.21,对车辆事故纠纷评价打分为5.92。同理可得出其他车型各属性特征的评价打分。

2. 车型选择概率

运用顾客满意度调查数据对效用函数参数进行标定,计算得到各个类型车辆的选择概率。通过将调查计算所得结果与公司实际运营结果进行比较,验证模型的可行性。根据前文研究结果,租赁价格(a_3)的权重值$\lambda_1=0.292$;服务态度(a_5)的权重值$\lambda_2=0.292$;还车地点限制(a_6)的权重值$\lambda_3=0.083$;租赁车辆状况(a_7)的权重值$\lambda_4=0.125$;租赁流程便利度(a_8)的权重值$\lambda_5=0.083$;车辆事故纠纷(a_9)的权重值$\lambda_6=0.125$。

将上述6个偏好因素的权重代入式(5-6)中得到:

$$U_i=V_i+\varepsilon_i=0.292x_{i1}+0.292x_{i2}+0.083x_{i3}+0.125x_{i4}+0.083x_{i5}+0.125x_{i6}$$

当顾客选择租赁经济型轿车(EC)时,效用的表达式为:

$$U_1=V_1+\varepsilon_1=0.292x_{11}+0.292x_{12}+0.083x_{13}+0.125x_{14}+0.083x_{15}+0.125x_{16}$$

结合顾客租车满意度情况(表5-1)的调查结果,可以求得经济型轿车(EC)的效用值$U_1=V_1+\varepsilon_1=8.082$。

同理可求得,商务型轿车(BC)的效用值$U_2=V_2+\varepsilon_2=7.905$;

豪华型轿车(LC)的效用值$U_3=V_3+\varepsilon_3=6.030$;

运动型多用途汽车(SUV)的效用值$U_4=V_4+\varepsilon_4=7.687$;

7座及以上多用途汽车(MPV)的效用值$U_5=V_5+\varepsilon_5=6.788$。

将上述效用结果带入式(5-8),得到顾客对各种类型车辆的选择概率,计算结果如下:经济型轿车(EC)的选择概率$P_1=0.334$;商务型轿车(BC)选择概率$P_2=0.285$;豪华型轿车(LC)选择概率$P_3=0.041$;运动型多用途汽车(SUV)选择概率$P_4=0.228$;7座及以上多用途汽车(MPV)选择概率$P_5=0.108$。

在当月车辆租赁期间,租赁站点采用湿租和干租相结合的运营模式,即提供驾驶劳务;时租和日租相结合的运营策略,即车辆一日中可以被多次租赁或者一次租赁多日,统计分析顾客租赁车辆的平均租期为1.08d,每天顾客平均租赁车辆数量为125辆。车辆租赁价格会随着租期的长短而变化,经济型轿车的日均价格为175

元。顾客租车选择行为模型计算结果与当月实际车辆租赁结果比较,发现模型结果与实际租赁结果存在误差,最大误差为 1.15%,但在可接受的范围内。由此说明,本书所建模型可用来计算实际顾客对各类型车辆的选择概率问题,且结果具有实用性。

同时,上述结果也说明了顾客租车需求在车型上表现了巢式特征,即平民化价格较低的车辆需求较大,高等级车辆需求逐渐减少,车辆的存量控制时也需要针对这种特征进行调整。另外如果汽车租赁公司车辆存量不足或者调度失误,在顾客同意的前提下,可以采用升级供应策略,即用较高等级车辆替代较低等级预订车辆。

三、动态存量控制模型求解

假设某汽车租赁公司开展车辆连锁租赁业务,其租赁站点主要设置在机场、城市中心商业区、旅游区、交通枢纽场站附近,共有 5 种待租车型可供顾客选择,分别是经济型轿车(EC)、商务型轿车(BC)、豪华型轿车(LC)、运动型多用途汽车(SUV)、7 座及以上多用途汽车(MPV),算例主要考察经济型轿车(EC)的存量控制。根据国内多家汽车租赁企业的实际运营数据分析,顾客到达的数量呈现周期性波动,在每周末及节假日达到高峰,这里以一周为动态控制的单位周期。

根据对该租赁公司经济型轿车(均价 10 万元)实际运营成本的数据分析,可以得到每台 EC 租赁车辆的运营成本函数为:

$$C(T) = 216.08T + \frac{0.021}{T} + 627.816 \quad (5-22)$$

式中:T——车辆使用时间,投入的最佳使用时间为 $T^* = 101$ 周,车辆投入运营时间约为两年。

租赁系统中每台车辆单位周期最小运营成本为 $C_1 = 630.9$ 元。

该租赁商某站点单位周期中日均顾客到达数期望为 125 人,通过问卷调查获得顾客的消费行为偏好,运用变精度粗糙集方法对影响顾客选择因素进行简约并构造判断矩阵计算权重,求得各车型的效用值,从而运用 Logit 模型计算出顾客选择租赁 EC 的概率 $p\{\xi_{jz}=1\}=q_z=0.334$。租赁商采用时租和日租相结合的租赁策略,其中租赁参数 $\mu=0.938$,则日租平均收益为 175 元。最后求得单位周期内该租赁商经济型轿车实际存量准备的车辆数 $m=45$ 辆。

在实际租赁流程中,租赁商在 22:00—次日 8:00 在各站点之间进行车辆调度,顾客在 8:00—22:00 可以到租赁站点租还车辆,因此,可认为租赁系统在特定状态下平均持续时间稳定,从而得到单位时间系统运行数据,见表 5-2。

租赁系统运营状态检测记录数据 表 5-2

星期	每日时间段					
	0:00—4:00	4:00—8:00	8:00—12:00	12:00—16:00	16:00—20:00	20:00—24:00
一	11111111	11111111	10001110	00000000	11000001	10111111
二	11111111	1111111	00100110	001111000	00111101	01111111
三	11111111	1111111	11001111	11001111	110111101	01111111
四	1111111	1111111	11000110	11001001	0001110011	01111111
五	11111111	11111111	11100110	00110000	00001001	11111111
六	11111111	11111110	00000011	00011000	00010001	11111111
七	11111111	11111100	00000000	11001111	00111001	01111111

注:0 表示系统无法租赁车辆,1 表示系统可以租赁车辆。

利用 MATLAB 软件对数据进行处理,转移概率可用频率近似表示。系统从无法租赁状态转移到可以租赁状态的转移概率值 $p_{10}\approx0.3333$;系统从 1(可以租赁状态)转移到 0(无法租赁状态)的转移概率值 $p_{10}\approx0.1522$。由极限概率分布的性质可知,系统 t 时刻无法租赁车辆的概率,表明全部车辆被租赁,即租赁车辆数为 m 的概率 $p_0=\lim_{t\to+\infty}p_0(t)=0.3134$;系统 t 时刻可以租赁车辆的概率,车辆有剩余可以租赁,即租赁车辆的数量小于 m 的概率 $p_1=\lim_{t\to+\infty}p_1(t)=0.6866$。

根据式(5-21),求得单位周期策略利润期望 $\prod^*(m)=7323.1$ 元。租赁系统运行状态的检测以及数据的记录费用 Q 可以近似忽略,单位时间费用现值折扣率不变,假设 $\beta=1$,则通过增加租赁车辆投放扩大经营规模来满足顾客需要的最小费用为：

$$R = \frac{pC_m}{1-\beta p} = \frac{1-p_{01}-p_{10}}{p_{01}+p_{10}} C_m = 1.06C_m \geq 1.06mC_1, m^* = 1.06m \approx 48 \quad (5-23)$$

其中，$\prod^*(m) > (m^*-m)C_1 = 1892.7$ 元，表示增加的运行费用小于当前单位周期策略利润期望，满足条件。此时系统经济型（EC）车辆存量建议为 48 辆，在可信度为 0.95 的条件下满足 95% 的顾客租车需求。同理，可以得到不同可信度条件下，满足不同比例的顾客选择 EC 需求的建议存量控制数，见表 5-3。

租赁经济型轿车的车辆存量控制数　　　　　表 5-3

需求满足率	对应租赁车辆存量数（辆）							
70%	30	31	32	33	33	34	36	38
80%	33	35	36	37	38	39	41	44
85%	36	37	38	40	41	42	43	46
90%	38	39	41	42	43	44	46	49
95%	40	41	43	44	45	47	48	52
99%	42	43	45	46	47	49	50	54
可信度	0.50	0.60	0.70	0.80	0.85	0.90	0.95	0.99

从表 5-3 中可知，当租赁系统中经济型轿车存量控制数量为 48 辆时，能在可信度为 95% 的条件下满足 95% 的顾客的需求租赁车辆。存量动态控制主要解决的实际问题之一就是是否应当接受某个类型车辆的预订请求。根据表 5-3 中结果，汽车租赁公司可以进行超售，经济型轿车的预订数量为 54 辆，超售车辆数为 6 辆。通过对目前汽车租赁市场发展的分析，可以发现短期的时租、日租租赁业务以及带驾驶劳务的汽车租赁正在逐渐扩大市场，进而取代以往的长期租赁。这就要求汽车租赁企业要准确把握市场变化，灵活调度车辆，保持最优车辆存量来满足市场需求，这样才能提高竞争力，稳定市场份额。

汽车租赁系统运行多个周期后，系统在可租赁状态和不可租赁状态之间进行转移的频率近似认为是转移概率。此时，存在几种特征状态及相应的 EC 最优控制车辆数参考值，见表 5-4。

特征状态下最优控制车辆数表　　　　　　　表 5-4

系统状态 转移概率	最小费用 (元)	最优控制 车辆数(辆)	增加车辆数 (辆)	系统状态 转移概率	最小费用 (元)	最优控制 车辆数(辆)	增加车辆数 (辆)
[0.425, 0.435)	37634	55	[0,11]	[0.465, 0.475)	32015	51	[0,6]
[0.435, 0.45)	36133	55	[0,11]	[0.475, 0.485)	30756	49	[0,4]
[0.445, 0.455)	34700	55	[0,10]	[0.485, 0.495)	29549	47	[0,2]
[0.455, 0.465)	33328	53	[0,8]	[0.495, 0.505)	28391	45	0

由表 5-4 可知,系统中 EC 车辆可租赁状态和不可租赁状态之间转移次数越多,车辆周转率就越高,更能够满足顾客的需求。顾客归还车辆的时间间隔越小,系统从不可租赁状态向可租赁状态转移的概率越大;顾客到达租赁系统中时间间隔越大,系统从不可租赁状态向可租赁状态转移的概率越大。该模型结果与实际情况相符,租赁公司实际运营过程中单位时间内车辆周转率越大,即车辆租赁或归还的次数越多,顾客的租车需求越容易满足。

本 章 小 结

国内汽车租赁业务管理软件在租赁车辆存量控制方面较为欠缺,特别是在顾客巢式需求条件下很难优化控制多类型车辆调配,更多的是靠经验和实践摸索,缺乏科学的、程式化的决策手段,尚有很多关键问题没有解决。本章综合顾客的到达和车型选择行为,着重研究了汽车租赁系统连续运营状态转移情形下,单位周期时间内不同车型的最优存量控制。结果表明:

(1)运用 VPRS 方法构造的判断矩阵,能有效区分和界定因素之间的信息交叉,避免了数据处理过程中主观因素干扰和原始不准确、不完全数据的限制。

(2)针对汽车租赁中不同车型的选择偏好问题,采用消费者行为理论、效用理论等理论,建立以 Logit 模型为基础的效用模型,能准确预测各车型的选择概率,来定量刻画转移需求。

(3)运用马尔可夫决策理论和排队论建立的租赁车辆存量动态控制模型可用来动态检测租赁系统中顾客需求量、到达时间和车辆存量等相关的变化要素,使求算结果更具说服力。算例分析表明,模型可以提高汽车租赁商的存量控制精度,实现对车辆的柔性控制。

(4)顾客选择行为会因年龄、性别等自身因素和租赁商销售策略、租赁价格等外界因素的影响而改变,所以捕捉顾客选择概率随时间变化的规律,进而探讨其对租赁商库存策略和具体决策的影响是未来研究的重要方向。

第六章 巢式需求下的汽车租赁车队调度策略研究

前面部分从车辆存量控制的角度分析了租赁企业内部的收益管理模式,而车队调度问题是收益管理应用研究中的核心。由于汽车租赁站点的需求波动大,顾客的租车行为随机性强,车辆的种类多,且还存在车辆升级供应的情况,因此,车队调度问题也是难点之一。本章主要从联营区划分、战略车队调度、战术车队调度和车辆路径四个方面,对租赁车队优化调度过程展开研究,以实现车队资源的合理配置、车辆物流成本的降低和企业物流运作效率的提高,并以一周为战术规划期设计算例,对模型和算法的有效性进行检验。

通过前文的分析可以看出,顾客的租车需求表现为巢式,主要表现为对中低档车的需求量较大,站点需求的随机性较强。而供给在短时期内一般得不到及时补充,对于一些预约订单,租赁商很难保证车辆的同级供应。对此,租赁商通常在不提高租价和顾客认可的前提下,采取升级供应策略进行补救,以稳定市场占有率,提高服务水平。在实际研究中,Julian 等(2006)将库存量与租赁需求的匹配作为车队调配的目标,并通过联营区划分、战略车队规划和战术车队规划三个连续的决策阶段来实现。其中,对巢式需求下车队规划问题的探讨止于有限类车型和站点的情形,其模型求解尚不完善。Fink 等(2006)形象地描述了汽车租赁业的物流过程,重点研究了战术车队规划问题,提出了基于一周滚动规划周期处理问题的建模思路。Li 等(2010)采用动态规划的思想,考虑单一车型单程租赁优于往返租赁条件下,两站点间租赁车队的规模确定及车辆调配策略,其优点是实现了动态决策,但模型的应用具有局限性。在此背景下,将待租车辆作为库存产品并结合租赁站点间的车辆运输调配,是汽车租赁业车队调度管理的一项重要工作,属于运输和库存整合优化的问题。这也正是本章需要研究的内容。

因此,为了适应汽车租赁业发展的现实需求,以多个站点和多种车型为前提条件,以提高汽车租赁商的运营效率、降低车辆运输的物流成本为目的,寻求汽车租赁车队优化调度的合理方法,是优化资源配置的关键。本章在剖析行业经营特征的基础上,分别研究需求固定和随机时,巢式需求下租赁企业在同一联营区内如何调节多个租赁站点、多种车型的供需,并给出相应的优化模型和算法,以提高车辆利用率,实现收益最大化的目标。

第一节 租赁站点联营区的划分

一、企业经营特征

汽车租赁企业市场竞争力的形成主要体现在网络覆盖率和站点区位、车型新旧程度和多样化、租赁价格、服务水平和质量、营销模式、手续繁简度、管理信息化程度、与相关行业的协作等方面。其经营特征表现为:

(1)租赁企业通常采取自设站点、特许经营、加盟等形式扩大经营规模,形成服务网络。服务网络的形成有助于提高企业知名度,形成品牌优势,增加受众群体,并向客户提供更多的增值服务,如异地租借、还车、预约、缴费等。

(2)企业通常与汽车制造商合作,采用融资租赁的方式购入新车、回购旧车,不仅可以降低车辆购置成本、及时供应最新款式轿车、加快车辆更新周转速度、保持待租车辆的多样性,而且车辆的维护、检测和修理也获得了保障。很多大型汽车生产企业都涉足汽车租赁业和二手车回收市场,以形成供需链,便于汽车的流通和企业成本的控制与核算。汽车制造商在与租赁商合作的过程中,也可以获得诸如生产能力扩大、销售渠道拓宽、及时把握市场需求动向、新品上市宣传力度加大、加快库存产品消耗等方面的利益。

(3)待租车辆即各站点库存,属于易逝性产品,其销售的机会和数量具有极强的时效性,车辆的生命周期较短,企业会定期对车辆进行更新换代,各租赁站点的需求处于动态变化中,但库存的弹性不足,不可能在短时间内大幅增加或减少。企业对车辆宜采用易逝性资产收益管理的方式,科学地预测市场需求,充分应用价格杠杆调节供需平衡,适时推出会员打折、顺风车(主要用于不同联营区之间)、新车试驾、新增站点促销等价格优惠方案,以吸引顾客。

(4)租车市场在车型上表现为巢式需求,即高等级的车辆需求逐渐变少,平民化的车辆需求量较大,市场的供给也与之相对应。租赁商因资源调配不当或库存不足造成订单车辆短缺时,在征得承租人同意后可采用升级供应策略满足订单,即用较高等级的车辆代替订单车辆。

(5)制度的规范化和手续的简单化是出租人和承租人的共同愿景,但租赁关系从确立到解除的过程能够顺利进行必须以完善的社会信用体系为前提。由于汽车在租赁过程中,车辆的使用权和所有权产生了分离,而且车辆在时空上具有高位移性和强变现能力,致使企业的经营活动承担着财务、事故、骗租等多种风险。对此,企业应与银行、保险行业合作紧密,使车辆监控、检测设备先进、程式化,在简化承租人身份和信用识别的同时提高可靠性,并简化租、还车手续,增强市场竞争力。

(6)企业十分关注市场需求的变化,采用多种方式、多种渠道来预测各租赁站点的需求,为细分市场合理调配库存,以提高服务水平,且通过建立多方位合作服务体系,来提高汽车租赁业渗透率和拓展服务空间。企业必须采用统一的网上预约系统、车辆调度系统和管理规章制度,各租赁站点采用标准化的服务,在设施和人员配置、员工着装、客户管理、风险防范、服务礼仪和程序等方面保持有章可循。此外,车辆在租过程中,企业应向有需要的承租人提供紧急救援、交通违章和事故处理、备用车更换等增值服务。

(7)车辆租价在很大程度上决定了租赁企业的市场竞争力,顾客对车辆租价的敏感度较强,而租赁商定价的基本原则也是以市场中主要竞争对手为标杆。

(8)汽车租赁企业非常重视客户管理,会员制是最基本的市场营销模式。通常,租赁商会为客户建立档案,并开展以客户为中心的服务活动,客户档案的建立便于及时联络客户,并发布各类促销优惠信息,而且对稳定客户群体、简化租车程序、售后跟踪调查等有较大帮助。

(9)多网点、网络化的经营模式,大大增加了企业信息和资源的整合难度,服务的标准难以统一。但以网络化业务信息管理系统为核心,加上呼叫中心、网站、GPS(Gloloal Positioning System,全球定位系统)、图像传输系统、电子结算系统等辅助系统共同构建的信息管理平台,保证了企业的业务、客户、车辆的各种数据都即时在系统中显现、保存,管理者能够即时地查询、管理、调度各类资源,有效提升了企业的服务和管理能力。

二、联营区划分基础

为了提高市场竞争力和顾客满意度,同时具备较强的环境适应性和抗风险能力,汽车租赁行业逐步呈现出一种规模化、网络化经营的趋势,汽车租赁企业必须在站点分布、车辆差异化和网络运营效率方面保持优势。

1. 租赁网络的结构

汽车租赁企业服务网点的覆盖规模可以是一个城市、地区、国家甚至跨越国境遍布全球,在对外服务上,顾客可以跨越区域范围在任意站点租赁和归还车辆,但是在对内的站点管理和实际的物流运作管理即车辆调度中采用的是中央、区域和地方控制相结合的方式。从政治、文化、人员管理、运输条件等方面考虑,为了适应当地的现实情况,使物流管理保持一定的执行力,汽车租赁企业的站点管理一般以地区或者国家为主体。在一个地区或国家范围内,汽车租赁企业通常采用以联营区为基础的物流管理模式,首先设置一个中心管理站点(企业物流中心)统筹管理调度车辆,然后将其他的站点划分为多个联营区,最下层是各个汽车租赁站点,直接面对顾客,这样就形成了CPLMS(Center-Pool-Station Management Structure),即管理中心—联营区—站点的塔式管理结构,如图6-1所示。在CPLMS这个三层结构中,最上层是中心管理层(Headquarters),主要负责确定各个联营区的规模和具体管理范围,为车辆登记、安装车载设备等,并在中长期内决定车辆的配置方案;中间层是区域管理层,将设置区域管理中心,联营区经理(Pool managers)根据管辖范围内各个附属站点的客户需求,在相对较短的周期内决定车辆的调配方案,以提高车队的利用率,并为租赁公司谋求最大化的收益;最下层是各个租赁站点,站点经理(Local city managers)负责具体的站点管理事务,并向上层的联营区经理提供站点租赁需求的变化情况。

同一个联营区内的站点在规定时间内共享一定数量的车辆,主要通过专用运输车在站点间调配,或者以客户异地归还的方式在站点间流动。为提高物流管理效率,租赁车辆在站点间的主动调配(专用卡车运输)通常以联营区为界,不和其他联营区交流,实行车队的专属化管理,但不排除由于客户异地归还而流动到其他联营区的车辆(图6-2)。

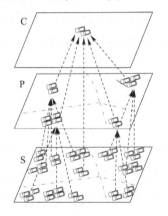

图6-1 租赁网络的塔式管理结构示意图

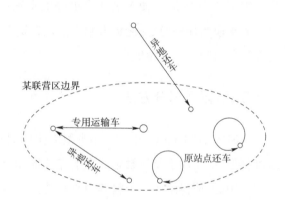

图6-2 租赁站点间的物流联系

2. 划分原则

联营区划分是一个多点集划分问题,没有必要遵循属地化的约束条件,可以突破行政地域的限制,避免生硬地、简单地采用行政区划来解决联营区的设置问题。因为企业面对的市场是开放的,与行政区划无关,所以应当从物流管理的需求出发,按照站点和人员管理方便、物流成本低廉、联营区数目少、运输效率高的原则,将分布在网络上的所有租赁站点划分到各个联营区。联营区数目如果太多,单个联营区内所辖的站点将减少,相应地可调配资源也少,资源共享的能力减弱;联营区数目如果太少,则单个联营区管理的资源过多,而且区域内的物流成本较大,运输效率也得不到保障。一旦划定以后在短期内不再做大范围的变化调整,但是当区域内市场需求发生大幅振荡时,可以在相邻联营区之间进行微调,将部分站点置换或划分到相邻联营区,实现区域产品供给的削峰填谷,这样既可以避免单个联营区内车辆的过度闲置或短缺,也可以免去由于频繁变动站点隶属关系造成的企业管理成本增加。如果对市场需求的变化没有相应的应对措施,将会造成资源的不平衡供给,车辆不能得到有效利用,损失经营者的收益。此外,联营区的划分也应该听取站点管理者的意见,因为他们更加关心自己站点的运营效益,而担心区域共享资源损害自身收益。

因此,联营区的划分需要考虑三个限制条件:①单个联营区内的站点数目限制,避免站点过多,管理困难;②站点间的距离限制,确保在规定的调配周期内,车辆能够到达各个站点,使车辆共享更好地实施;③需求波动幅度限制,联营区总的日均需求应当保持稳定,避免大起大落浪费资源,因为车辆会在部分时间大量闲置而在部分时间又大量短缺。

三、联营区划分方法

1964 年,Hakimi 提出了一种典型的全距离模型——P-中值模型,即一种网络选址模型,主要用于物流设施的多节点选址,着重于解决如何在 n 个节点中选择 p 个服务中心,使得由此 p 个服务中心对其他 ($n-p$) 个服务对象提供服务花费成本最小的问题。在这里,花费的成本是一个广义的概念,可以是费用成本,也可以是时间成本,简单一点可以用节点间的距离矩阵来衡量。模型的已知条件有三个:①需要服务的节点集 N;②候选的服务中心集 M;③各节点到候选服务中心点间的费用权重 d_{ij}。按服务中心的服务能力,可分为有容量限制的 P 中值模型和无容量限制的 P-中值模型,本书采用后者,模型的数学表达式如下:

$$Z = \min \sum_{i \in N} \sum_{j \in M} h_i d_{ij} y_{ij} \tag{6-1}$$

$$\sum_{j \in M} x_j = p \tag{6-2}$$

$$\sum_{j \in M} y_{ij} = 1, \forall i \in N \tag{6-3}$$

$$y_{ij} - x_j \leq 0, \forall i \in N, j \in M \tag{6-4}$$

$$x_j \in \{0,1\}, \forall j \in M \tag{6-5}$$

$$y_{ij} \in \{0,1\}, \forall i \in N, j \in M \qquad (6\text{-}6)$$

式中：N——服务对象的集合，$N=\{1,2,\cdots,n\}$；

$\quad\quad h_i$——第 i 个服务对象的需求量；

$\quad\quad M$——候选的服务中心集合，$M=\{1,2,\cdots,m\}$；

$\quad\quad d_{ij}$——第 i 个服务对象到第 j 个候选服务中心的单位运输成本；

$\quad\quad p$——拟选的服务中心总数；

$\quad\quad x_j$、y_{ij}——模型的决策变量，都是二进制变量，当第 j 个服务对象被选为服务中心时，$x_j=1$，否则 $x_j=0$；当 i 由 j 提供服务时，$y_{ij}=1$，否则 $y_{ij}=0$。

式(6-1)为目标函数，表示总的运输费用最小；式(6-2)表示选取的服务中心数目符合预订要求；式(6-3)表示每个服务对象有且仅有一个服务中心为其服务；式(6-4)表示没有服务中心的地点不会有服务对象对应；式(6-5)和式(6-6)限定了决策变量的取值范围。

在此采用启发式算法求解，求得的解有三条主要性质：①服务中心都位于其所服务的对象的中央；②服务对象都分配给与其最近的服务中心；③移去一个服务中心，并用一个不在解集中的候选服务中心代替，将导致目标函数值增加。首先将所有的租赁站点抽象成网络中的节点，组成节点集合 N，然后计算各个租赁站点间的距离，形成一个 $n \times n$ 的距离矩阵 D，根据节点的分布状况和现实的设点环境，可以确定候选的区域管理中心集合 M，同时确定即将设置的区域管理中心数 p。给定联营区内站点数目的最大值 l_{max}、站点间距的最大值 d_{max} 和站点需求总量的最大波动幅度 H_{max}，执行以下算法步骤。

步骤1：令当前候选的区域管理中心总数 $K=m$，即选中所有候选的区域管理中心；

步骤2：将每个租赁站点指派给 K 个候选的区域管理中心中距离最近的一个，求出总的运输费用 Z；

步骤3：若 $K=p$，输出选中的区域管理中心及各个租赁站点的指派结果，即最初的联营区划分结果，转到步骤6，否则，转到步骤4；

步骤4：从 K 个候选的区域管理中心节点中确定一个取走点，并保证假如将它

取走并将它的服务站点指派给其他区域管理中心后,总的运输费用增加最少;

步骤5:从候选的区域管理中心集 M 中删除取走点,令 $K = K - 1$,转到步骤3;

步骤6:逐步考察各个联营区及其租赁站点是否符合以下限制条件:

(1)租赁站点到区域管理中心的距离是否大于 d_{max},若是,则取走该站点;

(2)联营区内站点数目是否大于 l_{max},若是,则转到步骤1;

(3)联营区内日均市场需求振幅是否大于 H_{max},若是,则转到步骤1;

(4)对于被取走的站点,可以组成新的联营区,新的联营区应保证符合上述三个限制条件,输出联营区划分的最终结果,算法结束。

分析上述算法可知,三个限制条件将会导致部分租赁站点被取走,所形成的新联营区将没有区域管理中心,因为新的联营区规模会比较小,但随着租赁企业站点规模的逐步扩大,可以按照市场拓展需求考虑增设区域管理中心。

第二节　战略车队调度

一、战略车队调度模型

汽车租赁商的供需链实现畅通无阻就必然面临车队优化调度的问题。全球著名的赫兹公司很早就已经开发了自己的车队调度系统,它采用市场需求和与汽车制造商协商供应的双重机制,分两种类型决定车队的规模和组成,即远期决策和近期决策。汽车租赁战略车队调度属于远期决策,是租赁商在一个相对较大的范围内解决与汽车制造商、二手车回收市场以及联营区之间的车辆调配决策,一个战略调度期可以包括数个调度阶段,每阶段为一个季度或者半年。本节将探讨如何建立汽车租赁业中的战略车队调度模型,重点实现一个战略调度期内,租赁商与汽车制造商和二手车回收市场之间的车辆物流优化过程,获得租赁车辆的入队和出队时间、数量,以及各联营区之间的车辆调配,实现车队资源的共享,提高物流管理的效率。

第六章 巢式需求下的汽车租赁车队调度策略研究

1. 问题描述

在租赁站点联营区的划分结果确定以后,就需要进行车队资源的调配,战略车队调度是基于中长期需求预测结果的车辆调配决策。一个战略规划期通常包括数个规划阶段,每阶段为一个季度或者半年。规划期内车辆由专用运输车(运输能力为 8~12 台/辆)从汽车制造商运往租赁企业的物流中心,物流中心再将车辆调配到各个联营区,车辆会因服务期满、市场需求变化、企业经营策略等因素入队(进入租赁企业)和出队(回到汽车制造商或转入二手车市场),而联营区之间也会不断进行车辆的调配,调配工具以专用运输车为主,以保证待租车辆的"零公里"转运。此外,也有部分车辆属于自然迁移,如图 6-3 所示。

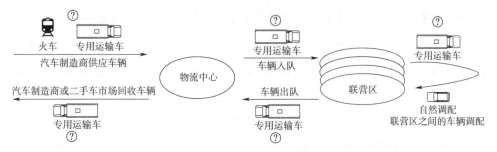

图 6-3 汽车租赁业的车辆物流

如果以一年为一个战略调度期,每季度为一个决策阶段,那么战略车队调度的决策就是在每个季度之初确定的,且需要解决以下几个重要的问题。

(1)在每一个决策阶段之初,需要投放哪几种车型,每种车在每个阶段具体需要投放多少。该决策的复杂性体现在三个方面:第一,车辆类型和数量受到汽车制造商供应能力的限制,采购计划具有相当长的提前期;第二,车辆退出租赁市场,即车辆出队时,面临的回购或销售难题;第三,顾客需求的偏好有所不同,对细分市场需求变化的把握较困难。战略车队调度中的每个阶段车队的总体规模和各联营区车辆配置数是联营区划分后需要解决的首要问题,车辆在不同联营区产生的收益会有所差异,供给超过需求还是少于需求由其所带来的收益决定。

(2)车辆在何时入队和出队,出队时的服务期为多少。至少有六个方面的因素会激励汽车租赁商加快车辆的更新速度:第一,使用的频率较高,车辆的折旧很快,其维护费用随着服务期的延长而迅速增加,部分车辆需要返回汽车制造商处翻新后再销售；第二，新车型全面推向市场往往首先投放到租赁市场进行测评和收集用户意见；第三，客户总是偏好新车，即款式新或者是外观新，汽车制造商也乐于向租赁商提供新款车型以增强市场吸引力；第四，租赁商为了在价格方面获得更多的折扣，会提前半年到一年和汽车制造商之间达成购入和回购的意向；第五，租赁商为了减少库存闲置，只能让车辆提前出队；第六，到期出队有利于保证车辆的性能和转售的价格在可控范围内。但从经济角度来看，只要车辆的服务期未超出规定时限，且期望收益为正，它就应该继续服务而不能出队，因此，车辆的服务期为多久、何时出队是决策过程中必须解决的问题。

(3) 租赁站点的市场需求具有很大的随机性，如何在需求波动的背景下动态地调整各联营区的车辆配置。市场需求受多种因素影响，而且各联营区的需求会因季节变化、市场竞争和区域重大事件的影响而发生变化。为了保证车队资源的共享，车辆在联营区之间需要进行调配，避免库存在一个联营区闲置而在另一个联营区短缺，合理调度车辆是保障租赁商在整个运营区域内获得更多收益的关键。

(4) 每个阶段需要调动多少专用运输车辆，如何节约车辆调度产生的物流成本。车辆作为租赁商的库存产品需要在整个供需链上流动，这种流动有些是被动的，如客户异地还车、车辆到期出队等，但更多的是租赁商为了优化资源配置，充分利用有限的车队资源而采取的主动行为，车辆在联营区、汽车制造商和二手车回收市场之间主要是通过专用运输车实现的空间转移。租赁商必须考虑在每个战略调度阶段安排多少专用运输车、如何安排每辆专用运输车的行驶路线，以优化车辆转运的物流过程，节约运输成本。

上述问题对应的物流过程在图 6-3 中以问号标示，战略车队调度的任务就是优化图 6-3 中问号相对应的物流过程，具体任务主要包括如下：①确定租赁车队的总体规模和车型结构，其中车型结构一般表现为巢式，即高档车较低档车要少得多；②确定各联营区在每个战略调度阶段各车型的出队和入队数目；③确定车辆调配时所需要的专用运输车数量及每辆车的行驶路线。完成这三项任务必须综合考虑各类成本，包括车辆的入队和出队成本、使用成本、运输成本等，并兼顾联营区市场需求的满足，在成本合理的前提下，考虑采用升级供应策略满足需求。

2. 基于多商品网络流的战略车队调度模型

有关参数定义如下：n 表示联营区，$n \in N$；p 表示战略调度期内各个阶段，可以是一个季度或半年，$p \in P$；a 表示车辆服务期，时间单位与 p 相对应，$a \in A = \{0, 1, 2, \cdots, G\}$，对于入队的新车 $a = 0$；G 表示车辆的最长服务期，按照租赁商与汽车制造商（或二手车回收市场）的回购合同，超过最长服务期的车辆必须出队；t 表示车型，$t \in T$，t 越大表示车辆价格越高，这样便于体现巢式需求的特征；V_{tnpa} 表示 p 阶段联营区 n 服务期为 a 的 t 类车的库存对应的节点，其中 $Type(V_{tnpa}) = t$，$Pool(V_{tnpa}) = n$，$Period(V_{tnpa}) = p$，$Age(V_{tnpa}) = a$；B 表示车辆入队节点，即汽车制造商；O 表示车辆出队节点，即汽车制造商或二手车回收市场；S 表示车辆库存节点的集合，即 $\{V_{tnpa}, \forall t \in T, n \in N, p \in P, a \in A\}$；$\phi(i)$ 表示节点 i 可达的所有节点构成的集合，即 $\{\forall k \in S, Type(k) = Type(i), Period(k) = Period(i) + 1, Age(k) = Age(k) + 1\}$；$\Psi(i)$ 表示到达节点 i 的所有点构成的集合，即 $\{\forall k \in S, Type(k) = Type(i), Period(k) = Period(i) - 1, Age(k) = Age(k) - 1\}$；$E_j$ 表示节点 j 一个调度阶段的单车租赁成本；A_j 表示节点 j 车辆入队的成本；U_j 表示节点 j 车辆出队的成本；$O_{i,j}$ 表示节点 i 和 j 之间的单车运输成本，与车型无关；D_{npt} 表示联营区 n 在 p 阶段对 t 类车的需求预测值；α_{npt} 表示联营区 n 在 p 阶段对 t 类车需求的满足率，基于租赁企业的车辆库存量和经济实力，$0 \leq \alpha_{npt} \leq 1$。

决策变量定义如下：$Q_{i,j}$ 表示由节点 i 到节点 j 转运的车辆总数，$\forall (i, j) \in S$，其中，$Type(j) = Type(i)$，$Period(j) = Period(i) + 1$，$Age(j) = Age(i) + 1$；$Q_{B,j}$ 表示汽车制造商向节点 j 供应的车辆总数；$Q_{j,B}$ 表示由节点 j 出队回到汽车制造商的车辆总数；F_j 表示节点 j 库存的车。

汽车租赁战略车队调度模型表示为：

$$\min \sum_{i \in S} \left[\sum_{j \in \phi(i)} (E_j + O_{i,j}) Q_{i,j} \right] + \sum_{j \in S} A_j Q_{B,j} + \sum_{j \in S} U_j Q_{j,B} \quad (6\text{-}7)$$

$$\sum_{j \in S, Type(j) \geq t, Pool(j) = n, Period(j) = p, Age(j) \in A} F_j \geq \sum_{k \geq t} \alpha_{npk} D_{npk}, \forall n, p, t \quad (6\text{-}8)$$

$$F_j = \sum_{i \in \Psi(j)} Q_{i,j} + Q_{B,j} - \sum_{k \in \Psi(j)} Q_{j,k} - Q_{j,B}, \forall j \quad (6\text{-}9)$$

$$Q_{i,j} \geq 0, Q_{B,j} \geq 0, Q_{j,B} \geq 0, \forall i, j \quad (6\text{-}10)$$

3. 基于时空网络的战略车队调度模型

补充参数定义如下：C_{Lla} 表示服务期为 a 的 t 类车一个调度阶段的单车租赁成本；C_{lt} 表示 t 类车入队的单车成本；C_{Ota} 表示服务期为 a 的 t 类车出队的单车成本；C_{n,n_j} 表示联营区 n 和 n_j 之间的单车运输成本，与车型无关；I_{nta} 表示联营区 n 在战略调度期期初拥有的 t 类车的数量，各车对应服务期 a；λ_{n,n_j}^t 表示联营区 n 和 n_j 之间 t 类车自然调配的比例，该部分车辆由承租人异地还车产生，可根据历史经验估计获得，$0 \leq \lambda_{n,n_j}^t < 1$；$\alpha$ 表示需求的满足率，定义为需求被待租车辆满足的概率，包括升级供应策略下满足的部分，$0 \leq \alpha \leq 1$；T_r 表示两个联营区之间各类车的调配量；v 表示专用运输车单程能够装载的最大车辆数。

补充决策变量定义如下：$X_{(npt),[n_j(p+1)t_j],k,a}$ 表示服务期为 a 的 k 类车的数量，这些车辆在 p 阶段用于满足联营区 n 对 t 类车的需求，而在 $p+1$ 阶段用于满足联营区 n_j 对 t_j 类车的需求，其中 $k \in T, t \leq k, t_j \leq k$；$X_{B,(npt),k,0}$ 表示服务期为 0 的 k 类车的数量，这些车辆在 p 阶段用于满足联营区 n 对 t 类车的需求，其中 $k \in T, t \leq k$；$X_{(npt),O,k,a}$ 表示服务期为 a 的 k 类车的数量，这些车辆在 p 阶段用于满足联营区 n 对 t 类车的需求，而在 p 阶段末全部出队，其中 $k \in T, t \leq k$。

参考 Julian 建立的战略车队调度模型，同时考虑实际问题中车辆的被动调运（由顾客异地还车造成），引入参数 λ_{n,n_j}^t 对不同联营区在不同阶段各类车型需求的满足率分开考虑，引入参数 α_{npt}；同时，采用约束条件将变量 $X_{B,(npt),k,0}$ 统一到 $X_{npt,[n_j(p+1)t_j],k,a}$ 中，修改后的车队调度模型表达为：

$$\min \sum_{k \in T} \sum_{n \in N} \sum_{n_j \in N} \sum_{p \in P} \sum_{\substack{t \in T \\ t \leq k}} \sum_{\substack{t_j \in T \\ t_j \leq k}} \sum_{\substack{a \in A \\ a \neq 0}} [C_{Lka} + (1 - \lambda_{n_j,n}^k) C_{n_j,n}] X_{[n_j(p-1)t_j],(npt),k,a} +$$

$$\sum_{k \in T} C_{Ik} \left[\sum_{n \in N} \sum_{p \in P} \sum_{\substack{t \in T \\ t \leq k}} X_{B,(npt),k,0} \right] + \sum_{k \in T} \sum_{\substack{a \in A \\ a \neq 0}} C_{Oka} \left[\sum_{n \in N} \sum_{p \in P} \sum_{\substack{t \in T \\ t \leq k}} X_{(npt),O,k,a} \right]$$

(6-11)

$$\sum_{\substack{k \in T \\ k \geq t}} \sum_{a \in A} \sum_{n_j \in N} \sum_{\substack{t_j \in T \\ t_j \leq k}} X_{[n_j(p-1)t_j],(npt),k,a} \geq \alpha_{npt} D_{npt}, \forall n,p,t \quad (6\text{-}12)$$

$$\sum_{n_j \in N} \sum_{\substack{t_j \in T \\ t_j \leq k}} \sum_{\substack{t \in T \\ t \leq k}} X_{(n_j 0 t_j),(npt),k,a} = I_{n,k,a}, \forall n,k,a \quad (6\text{-}13)$$

$$\sum_{\substack{n_j \in N \\ t_j \leq k}} \sum_{t_j \in T} X_{[n_j(p-1)t_j],(npt),k,0} = X_{B,(npt),k,0}, \forall n,p,k,t(t \leq k) \qquad (6\text{-}14)$$

$$\sum_{\substack{n_i \in N \\ t_i \leq k}} \sum_{t_i \in T} X_{[n_i(p-1)t_i],(npt),k,a} = \sum_{\substack{n_j \in N \\ t_j \leq k}} \sum_{t_j \in T} X_{(npt),(n_j(p+1)t_j),k,a+1} + X_{(npt),O,k,(a+1)},$$

$$\forall n,p,k,t,a(t \leq k) \qquad (6\text{-}15)$$

$$\sum_{\substack{n_j \in N \\ t_j \leq k}} \sum_{t_j \in T} X_{[n_j(p-1)t_j],(npt),k,G} = X_{(npt),O,k,(G+1)}, \forall n,p,k,t(t \leq k) \qquad (6\text{-}16)$$

$$X_{(n_j pt_j),(n(p+1)t),k,a} \geq 0, \forall n_j,p,t_j,n,k,t(t \leq k) \qquad (6\text{-}17)$$

式(6-11)为目标函数,即车辆租赁、运输、入队和出队费用的总和最小,其中被动调运量不需要企业支付费用;式(6-12)表示联营区的车辆需求约束,统一以变量 $X_{(npt),[n_j(p+1)t_j],k,a}$ 表达,其中需求满足率由决策者自行设定;式(6-13)表示初始车队约束;式(6-14)表示新车入队约束,将两个变量统一为 $X_{(npt),[n_j(p+1)t_j],k,a}$ 的形式;式(6-15)表示网络流守恒约束,车辆服务期随着调度阶段而增加,部分车辆因供应过剩但服务期未满而提前出队;式(6-16)表示车辆服务期满强制出队约束;式(6-17)表示决策变量非负约束。此问题属于大规模的线性规划问题,可利用Lingo优化软件包求解。将求解结果代入式(6-18)和式(6-19)可分别得到各联营区各阶段每种车型的供给量 X_{nptk}、各阶段联营区之间每种车型的调配量 $X_{n_j(p-1)npk}$。至此,汽车租赁业战略车队调度的前两项任务已经完成。

对于战略车队调度的第三项任务,可借助车辆路径优化问题来实现,租赁车辆的入队和出队、各调度阶段车辆在联营区之间的具体转运任务,都需要专用运输车来完成,具体见下一小节。战略调度期各阶段联营区之间车辆调运所需的专用运输车数量用 m 表示,花费的运输成本用 Y 表示, m 可以直接由式(6-20)求得,则有:

$$\sum_{\substack{n_j \in N \\ t_j \leq k}} \sum_{t_j \in T} \sum_{a \in A} X_{[n_j(p-1)t_j],(npt),k,a} = X_{nptk}, \forall n,p,k,t(t \leq k) \qquad (6\text{-}18)$$

$$\sum_{\substack{k \in T \\ k \geq t}} \sum_{\substack{t_j \in T \\ t_j \leq k}} \sum_{\substack{t \in T \\ t \leq k}} \sum_{a \in A} X_{[n_j(p-1)t_j],(npt),k,a} = X_{n_j(p-1)npk}, \forall n,p,n_j,k \qquad (6\text{-}19)$$

$$m = \left\lceil \frac{T_r}{v} \right\rceil \tag{6-20}$$

其中，$\lceil \phi \rceil$ 表示 ϕ 的顶函数，定义为大于等于 ϕ 的最小整数。

二、战略车队调度模型求解

以解决汽车租赁业中车辆入队和出队时，专用运输车数量及其行驶路线的优化问题为目的，本小节研究集送货可拆分的车辆路径问题（VRPSPDP）。假定物流中心只有一个，所有车辆从物流中心出发并最终回到物流中心；配送车辆类型单一，数目事先确定，不再考虑因车辆数量变化而导致的总运输成本减少，尽管增加车辆的数量可能会使总运输成本下降，但事实上投入车辆的固定成本远高于运输成本的降幅；任务点之间、任务点和物流中心之间均存在可连通的道路，点间的运输成本是固定的，并且不存在方向性差异，不因为车辆装载货物的多少而改变；配送车辆没有时间窗和最大行驶距离等限制条件。

1. 车辆路径优化问题

VRPSPDP 具体可以描述为：物流中心需要为多个任务点提供服务，不涉及物流服务的外包；各个任务点位置已知，同时具有送货和集货需求，而且需求量可以超过车辆容量；车辆从物流中心出发，载运一定的货物到达任务点，采用先卸后装的方式完成任务，车内货物可以根据装卸货物的实际情况进行很好的位置调整，或者能够满足装卸货物的要求；任务点的集送货需求量可以拆分，由不同车辆或同一车辆多次完成，所有车辆保证在途不得超载；合理安排车辆的行驶路线，使得所有车辆花费的运输成本最小。

有关参数和变量定义如下：i 表示物流中心和任务点，$i \in \{0,1,2,\cdots,n\}$，其中，物流中心编号为 0；j 表示任务点，$j \in \{1,2,\cdots,n\}$；v 表示车辆最大载货量；m 表示完成任务所需车辆数；D、R 分别表示任务点总的送货需求量和集货需求量；D_j、R_j 分别表示任务点 j 的送货需求量和集货需求量；c_{ij} 表示任务点 i 和 j 之间的运输成本；x_{ijk} 表示车辆 k 从任务点 i 到 j 的次数，y_{ij} 表示从任务点 i 到 j 时车辆即将卸载的货物量（用于满足任务点的送货需求）；z_{ij} 表示从任务点 i 到 j 时车辆已经装载的货物量(已经满足的任务点的集货需求)。

完成任务所需要的车辆数由式(6-21)确定：

$$m = \left\lceil \frac{\max(D,R)}{v} \right\rceil \tag{6-21}$$

集送货可拆分的车辆路径问题可以用混合整数规划模型表示如下：

$$\min Z = \sum_{i=0}^{n} \sum_{j=0}^{n} \sum_{k=1}^{m} c_{ij} x_{ijk} \tag{6-22}$$

$$\sum_{i=0}^{n} y_{ij} - \sum_{i=0}^{n} y_{ji} = D_j, \forall j \tag{6-23}$$

$$\sum_{i=0}^{n} z_{ji} - \sum_{i=0}^{n} z_{ij} = R_j, \forall j \tag{6-24}$$

$$\sum_{i=0}^{n} y_{i0} = 0 \tag{6-25}$$

$$\sum_{j=0}^{n} z_{0j} = 0 \tag{6-26}$$

$$\sum_{i=0}^{n} x_{ijk} - \sum_{i=0}^{n} x_{jik} = 0, \forall j,k \tag{6-27}$$

$$\sum_{j=0}^{n} x_{0jk} = 1, \forall k \tag{6-28}$$

$$y_{ij} + z_{ij} \leq v \sum_{k=1}^{m} x_{ijk}, \forall i,j \tag{6-29}$$

$$y_{ij}, z_{ij} \geq 0, \forall i,j \tag{6-30}$$

$$x_{ijk} \geq 0, \forall i,j,k \tag{6-31}$$

式(6-22)为目标函数，即所有车辆运输成本之和最小；式(6-23)和式(6-24)确保每个任务点的送货和集货需求得到满足；式(6-25)和式(6-26)保证拟送出的货物不再运回物流中心，已收集的货物也不再从物流中心运出；式(6-27)表明车辆进出各个任务点的次数是平衡的；式(6-28)表示每辆车只从物流中心出来一次；式(6-29)保证车辆在执行任务的途中不超载；式(6-30)和式(6-31)是对决策变量的非负约束和整数约束。

2. 启发式算法的设计

启发式算法的计算步骤简单、易于实现，不需要高深和复杂的理论知识，常常将定性和定量分析相结合,可以大幅减少的计算工作量,在较短的时间内得到大规模问题的最优或满意解(近似最优解)。启发式算法的线路构造方法大体上分为两类,即序列方法和并行方法。序列方法每次构造一条线路,直到所有任务点都被访问,而并行方法是同时构造多条线路,包括节约算法、最近邻算法、插入算法和扫描算法等线路构造方法,下面着重介绍插入算法。

插入算法有序列线路构造法,也有并行线路构造法。插入算法的关键是选择合适的任务点插入已有的线路中,并且保证线路的可行性。与最近邻算法类似,它从物流中心开始构造线路,当不存在可行插入点时,生成新的线路。线路经初始化后,通常采用准则 $c_1(i,u,j)$ 和 $c_2(i,u,j)$ 在相邻的任务点 i 和 j 之间插入一个新的任务点 u,设当前的线路为 $i_0,i_1,i_2,\cdots,i_m(i_0=i_m=0)$,对于不在线路中的其他任务点,根据式(6-32)确定最优可行插入位置,然后根据式(6-33)确定 i 和 j 之间插入的最佳任务点 u^*。并行线路构造法基于序列插入算法确定初始生成的线路数,并在综合考虑任务点插入各条线路的最佳插入位置时产生的目标函数差异量的条件下,给出每条线路的下一个任务点。

$c_1(i,u,j)$ 和 $c_2(i,u,j)$ 有三种表现形式,由时间和距离两类因素决定,以 b_j 表示插入 u 前任务点 j 的开始服务时间,b_{ju} 表示 j 的新的开始服务时间,d_{iu}、d_{uj} 和 d_{ij} 表示任务点间的距离,$R_d(u)$ 和 $R_t(u)$ 表示插入 u 后线路的总长度和总时间,根据插入目的的不同,两个准则分别由式(6-34)和式(6-35)确定;或由式(6-34)和式(6-36)确定;也可以由式(6-37)确定。

$$c_1(i(u),u,j(u)) = \min[c_1(i_{p-1},u,i_p)], p=1,2,\cdots,m \qquad (6\text{-}32)$$

$$c_2(i(u^*),u^*,j(u^*)) = \text{opt}[c_2(i(u),u,j(u))] \qquad (6\text{-}33)$$

$$\begin{cases} c_1(i,u,j) = \alpha_1 c_{11}(i,u,j) + \alpha_2 c_{12}(i,u,j) \\ \alpha_1 + \alpha_2 = 1, \alpha_1, \alpha_2 \geq 0 \\ c_{11}(i,u,j) = d_{iu} + d_{uj} - \mu d_{ij}, \mu \geq 0 \\ c_{12}(i,u,j) = b_{ju} - b_j \end{cases} \qquad (6\text{-}34)$$

$$c_2(i,u,j) = \lambda d_{0u} - c_1(i,u,j), \lambda \geq 0 \qquad (6\text{-}35)$$

$$c_2(i,u,j) = \beta_1 R_d(u) + \beta_2 R_t(u), \beta_1 + \beta_2 = 1 \text{ 且 } \beta_1 \geq 0, \beta_2 > 0 \qquad (6\text{-}36)$$

$$\begin{cases} c_1(i,u,j) = c_2(i,u,j) = \alpha_1 c_{11}(i,u,j) + \alpha_2 c_{12}(i,u,j) + \alpha_3 c_{13}(i,u,j) \\ \alpha_1 + \alpha_2 + \alpha_3 = 1, \alpha_1, \alpha_2, \alpha_3 \geq 0 \\ c_{11}(i,u,j) = d_{iu} + d_{uj} - \mu d_{ij}, \mu \geq 0 \\ c_{12}(i,u,j) = b_{ju} - b_j \\ c_{13}(i,u,j) = l_u - b_u \end{cases} \quad (6-37)$$

3. 基于并行聚类求解 VRPSPDP 的启发式算法

Mitra 在 2008 年给出了求解 VRPSPDP 又一种启发式算法,即基于并行聚类求解 VRPSPDP 的启发式算法。从线路构造上来看,它属于并行构造方法,采用的是"先分组、后线路"的策略。首先,在考虑车辆行驶距离和车辆最大载质量的前提下,将任务点划分成小组,每组包含多个任务点和物流中心,作为一辆车的服务任务点,具体按以下三个步骤进行。

步骤1:以物流中心为每条线路的第一个元素,选取离物流中心最远的任务点为第一条线路的第二个元素;

步骤2:选取到各线路第二个元素的距离之和最小的任务点为其余线路的第二个元素,重复,直至所有线路都已安排好第二个元素,由于 VRPSPDP 允许一个任务点的集送货需求量被拆分,因此,一个任务点可能会被安排到两个甚至更多的线路中;

步骤3:仿照步骤2为各线路安排下一个任务点,重复,直至线路的累计集货量和送货量达到车辆最大载质量,并最终将所有任务点安排到各条线路中。

然后,安排每台车辆在相应线路中访问任务点的顺序,其伪代码如下:

1	For $k = 1$ to m
2	$i = 0$(车辆从物流中心出发)
3	Do
4	For $j = 1$ to no_of_customers(no_of_customers 为线路中包含的任务点个数)
5	If $D_j > 0$ or ($R_j > 0$ and $FG + RG < v$) then
6	If $c_{ij} <$ min_cost

7	then next_dest = j and min_cost = c_{ij}
8	Otherwise If c_{ij} = min_cost then
9	If $FG + RG + R_{next\_dest} - D_{next\_dest} > v$ and $FG + RG + R_j - D_j \leq v$
10	then next_dest = j
11	Next j
12	$TC = TC + c_{i\,next\_dest}$
13	$FG = FG - D_{next\_dest}, D_{next\_dest} = 0$
14	If $R_{next\_dest} \leq v - FG - RG$ then
15	$RG = RG + R_{next\_dest}, R_{next\_dest} = 0$
16	Otherwise $R_{next\_dest} = R_{next\_dest} - (v - FG - RG), RG = v - FG$
17	i = next_dest
18	While $FG > 0$ or $RG <$ cum_pickup($RG <$ cum_pickup 为整条线路的集货需求量)
19	$TC = TC + c_{i0}$
20	Next k
21	输出车辆行驶线路及其花费成本,算法结束

4. 一种求解 VRPSPDP 的三阶段启发式算法

借鉴 Mitra 解决 VRPSPDP 的思想,在已有算法的基础上进行改进。问题的求解可分为三个阶段,第一阶段采用足够的车辆 m_1 完成各个任务点需要满载送货和满载集货的任务量,如图 6-4a)所示;第二阶段采用剩余车辆 m_2 完成剩余的任务量,可对各个任务点的集送货需求进行拆分,如图 6-4b)所示;第三阶段求出任务点之间、任务点与物流中心之间花费的最小运输成本,并用其替代现有线路上两点间的路径,如图 6-4c)所示。在各阶段运算过程中,需不断更新 FG、RG 和 TC 的值。

第一阶段:派出 m_1 辆车。

步骤 1:令 $i = 1, m_1 = 0, TC = 0$;

步骤2：考察任务点i，若$D_i \geq v$且$R_i \geq v$，则派出一辆车满载货物访问该任务点，卸下货物并收集货物，满载返回物流中心，记录车辆行驶路线，令$D_i = D_i - v$，$R_i = R_i - v$，$D = D - v$，$R = R - v$，$TC = TC + 2c_{i0}$，$i = i + 1$，$m_1 = m_1 + 1$，否则，令$i = i + 1$；

步骤3：若$i \leq n$，转入步骤2；若$i = n + 1$，那么考察所有任务点，若存在任务点j满足$D_j \geq v$且$R_j \geq v$，则令$i = 1$，转入步骤2，否则，进入第二阶段。

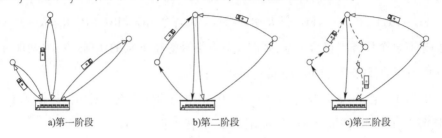

a) 第一阶段　　　　b) 第二阶段　　　　c) 第三阶段

图6-4　启发式算法三阶段示意图

第二阶段：派出m_2辆车。

步骤1：令$m_2 = m - m_1$，若$D < R$，则$FG\_max = \left[\dfrac{D}{m_2}\right]$，否则，$FG\_max = v$；

步骤2：若$D \neq 0$或$R \neq 0$，派出一辆车，转入步骤3，否则，进入第三阶段；

步骤3：若$D \geq FG\_max$，则$FG = FG\_max$，否则，$FG = D$；

步骤4：若$D > R$，转入步骤5，否则，转入步骤9；

步骤5：令$i = 0$，车辆从物流中心出发，找到最大R_j对应的任务点j作为访问的下一个任务点，即令$next\_dest = j$，如果有多个任务点符合要求，则按任务点编号顺序优先访问与物流中心之间运输成本最小的任务点；

步骤6：若$FG \geq D_j$，令$FG = FG - D_j$，$D = D - D_j$，$D_j = 0$；若$FG < D_j$，令$D_j = D_j - FG$，$D = D - FG$，$FG = 0$；若$R_j > v - FG - RG$，令$R_j = R_j - (v - FG - RG)$，$R = R - (v - FG - RG)$，$RG = v - FG$；若$R_j \leq v - FG - RG$，令$RG = RG + R_j$，$R = R - R_j$，$R_j = 0$；如果有多个任务点符合要求，则按任务点编号等待下次的访问；令$TC = TC + c_{ij}$，将j作为当前任务点i，即令$current\_dest = j$；

步骤7：若$RG \neq v$且$R \neq 0$，或$FG \neq 0$，则由当前任务点出发访问运输成本最小的任务点$j (D_j \neq 0$或$R_j \neq 0)$，令$next\_dest = j$，转入步骤6；

步骤8：重复步骤6~7，直至$RG = v$或$R = 0$，并且$FG = 0$，车辆返回物流中心，

记录车辆行驶路线,令 TC = TC + $2c_{i0}$,转入步骤 2;

步骤 9:车辆从物流中心出发,找到最大 D_j 对应的任务点 j 作为访问的下一个任务点,即令 next_dest = j,转入步骤 10;

步骤 10:若 FG $\geq D_j$,令 FG = FG − D_j,D = D − D_j,D_j = 0;若 FG < D_j,令 D_j = D_j − FG,D = D − FG,FG = 0;若 R_j > v − FG − RG,令 R_j = R_j − (v − FG − RG),R = R − (v − FG − RG),RG = v − FG;若 R_j ≤ v − FG − RG,令 RG = RG + R_j,R = R − R_j,R_j = 0;如果有多个任务点符合要求,则按任务点编号等待下次的访问;令 TC = TC + c_{ij},将 j 作为当前任务点 i,即令 current_dest = j;

步骤 11:若 FG ≠ 0,或 FG = 0 且 R ≠ 0,则由当前任务点出发访问运输成本最小的任务点 j(D_j ≠ 0 或 R_j ≠ 0),令 next_dest = j,转入步骤 10;

步骤 12:重复步骤 10~11,直至 FG = 0 或 R = 0,车辆送货任务完成,即返回物流中心,记录车辆行驶路线,令 TC = TC + $2c_{i0}$,转入步骤 2。

第三阶段:改进部分线路。

步骤 1:对于点间运输成本不符合三角形各边大小关系($c_{ik} + c_{kj} > c_{ij}$)的情况,利用最短路径算法,找到两两任务点之间、任务点和物流中心之间花费运输成本最小的路线,其中不涉及集送货量在相关任务点的调整,而只是车辆行驶线的调整;

步骤 2:根据步骤 1 的计算结果更新车辆行驶路线及 TC,保证各线路花费的运输成本最小,算法结束。

可以看出,本小节提出的算法从线路构造方法来看属于序列线路构造法,线路的生成是逐条的,而不是并行的,以插入算法为主,兼顾车辆的最大容量限制和任务点集送货需求量的特征;从线路改进方法来看属于外部交换法,借用了其他线路的任务点。与 Mitra 提出的两种启发式算法相比较,该算法的优点在于车辆从物流中心驶出时,是以最大限度利用车辆载货能力,而不是以花费最小运输成本的标准选择第一个访问任务点的,这是该算法与 Mitra 提出算法之间最大的区别。选择对应最小运输成本的任务点,可能并不具有优越性,因为后续算法要求车辆必须完成从物流中心驶出时满载的送货量,或者满载回到物流中心,这会导致其在后续的行驶过程中因为送货任务未完成,或者是没有满载集货量而增加访问的任务点。但是,本算法与 SM 有着同样的问题,就是强制性地限制车辆必须完成满载送货量或者满载集货量才能回到物流中心,降低了算法的灵活性;而在并行启发式算法(NH)中,这种强制性就显得较弱。

第三节 战术车队调度

经过联营区划分和战略车队调度之后,每个联营区包含的站点和拥有的车队资源在一段时间内处于相对稳定的状态,进而可确定单个联营区内每个站点在日常运营中需要的车辆类型和数目,以及各类车辆在站点间的调运数目,即战术车队调度。其研究背景是租赁企业某联营区范围内有限站点、有限车队资源、多种车型的调配问题寻求需求固定和随机需求条件下车队资源共享的解决方案,以完成上述三项任务。影响决策的因素有站点数量、车型种类、车辆租期长短、是否异地还车、是否巢式需求和是否随机需求六项。

一、单阶段战术车队调度模型及算法

1. 问题描述

库存控制和车辆路径问题是供应链管理中的两个重要的决策问题,在传统上,两者往往分属于不同企业运作,决策的依据服从各自企业利益最大化的目的。仓储管理者关注的是货物持有、缺货损失及进货费用,运输经营者由于不享有各需求点的库存信息,关注的只能运输网络上需求点之间的运输优化问题。如果假设运载工具为货车,并且考虑集送货同时进行的情况,那么决策者需要完成以下几个方面的决策:①时间间隔,在考虑任务完成时间和集送货紧迫程度的基础上,确定库存和运输决策执行的时间间隔;②集送货量,根据客户的集送货需求信息,确定每辆车的服务对象和集送货量;③运输方案,决定采用哪种运输方式,或者多种方式的组合,并优化运输工具访问客户的数量、顺序和路线。本小节根据租赁站点对不同种类车辆的需求,考虑有限库存资源条件下的供货调配问题,允许站点缺货情况出现,所以更加侧重于库存策略和运输计划的制订,属于库存与运输整合优化研究的第二类问题。

车辆的调配具有明显的规律性,如两类站点的需求具有互补性。结合实际的调配能力,重新分配车队资源,并由区域物流中心派出专用运输车完成调配。当某一类车型数量不能满足需求时,可有计划地采用升级供应策略,以档次较高的车型替代供应,以最大限度地满足需求。图6-5以两站点两车型的车辆调配为例,展示了车辆的调配过程。战术车队调度的任务主要有三项:①在巢式需求下,采用升级供应策略,确定各类车在各个站点的数量,使联营区的总体收益最大;②根据库存策略确定车辆调配方案,即各站点间各类车的调配方向和数量,使车辆转运成本最小;③确定车辆调配时所需要的专用运输车数量。

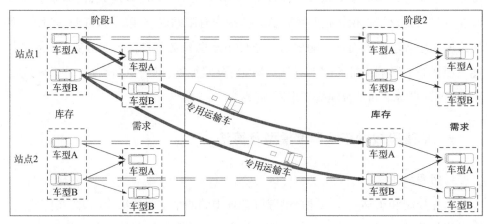

图6-5 两站点两车型的车辆调配

2. 需求固定时的战术车队调度

单阶段战术车队调度模型是以一日为决策周期,联营区经理首先确定当天末所有站点的库存车辆总数,再根据需求预测情况确定各站点各类车第二天应当配置的车辆数,最后对比现状作出车辆调配决策,并利用夜间完成车辆调配任务。进一步假设:①车辆的租期按日计算,不足一日的视为一日,隔夜归还的视为两日,到期的车辆全部按照订单定时定点归还;②采用有限资源最大限度地满足需求,对于升级供应策略下仍然不能满足的需求不再考虑供给,也不计为企业的收益损失;

③当需求随机时,假设需求变量为连续型随机变量;④车辆的调配在时间上要求比较宽松,由于在联营区划分阶段已经考虑了站点间的距离因素,所以调配作业完全可以在夜间完成,日间不需要调整。

有关参数和变量的定义如下:i,j 表示汽车租赁站点,$i,j \in L$;q 表示车辆租期,$q \in Q$;s 表示战术车队调度的某一日;t 表示车型,$t \in T$,t 越大表示车辆等级越高;R 表示租赁企业在第 s 日的期望效益;R_i^t 表示站点 i 第 s 日 t 类车的收益;M^t 表示第 $s-1$ 日末联营区内 t 类车的库存总量,车辆库存每天会发生变化,主要受到维护情况和租期长短的影响,现有的库存总量等于车辆总数减去正在维修和出租的车辆数;$M_i^t(s)$ 表示站点 i 在第 $s-1$ 日末 t 类车的库存量;$I_i^t(s)$ 表示站点 i 在第 s 日初 t 类车的库存量;$A_i^t(s)$ 表示站点 i 在第 s 日 t 类车的固定需求量;$D_{ij}^t(s)$ 表示第 s 日由站点 i 到 j 的 t 类车数量;$\omega_{ij}^{qt}(s)$ 表示第 s 日由站点 i 到 j 的租期为 q 的 t 类车比例;U 表示所有车辆在站点间的运输成本;c_{ij} 表示站点 i 到 j 的单车运输成本;c_t 表示 t 类车的企业使用成本;P_t 表示第 s 日车型 t 的租赁价格;X_i^t 表示站点 i 第 s 日 t 类车的随机需求量,为连续型随机变量,且各站点的需求保持独立;$f_{X_i^t}(x_i^t)$ 表示 X_i^t 的概率密度函数;$F_{X_i^t}(x_i^t)$ 表示 X_i^t 的分布函数;G_{ij}^t 表示第 $s-1$ 日夜间由站点 i 到 j 的 t 类车转运量;V_{ij} 表示第 $s-1$ 日夜间由站点 i 到 j 的所有车型转运总量;m 表示两租赁站点间车辆调配需要的专用运输车数量;w 表示专用运输车单程可载运的最大车辆数。

按式(6-38)确定当天末各站点各类车的数量,即库存量:

$$M_i^t(s) = I_i^t(s-1) + \sum_{q \in Q}\sum_{j \in L} D_{ji}^t(s-q)\omega_{ji}^{qt}(s) - \sum_{j \in L} D_{ij}^t(s-1), \forall i,t \tag{6-38}$$

当各租赁站点的需求固定时,巢式和非巢式需求的战术车队调度方法差别不大,首先分车型求解产销平衡的运输问题:

$$\min U = \sum_{i \in L}\sum_{j \in L} c_{ij} G_{ij}^t \tag{6-39}$$

$$\sum_{j \in L} G_{ij}^t = M_i^t(s), \forall i \tag{6-40}$$

$$\sum_{i \in L} G_{ij}^t = A_j^t(s), \forall j \qquad (6\text{-}41)$$

$$G_{ij}^t \geq 0, \forall i,j \qquad (6\text{-}42)$$

式(6-39)为目标函数,即车辆转运花费的运输成本最小;式(6-40)表示由某一站点运往其他站点的车辆总数等于该站点可以提供的车辆数;式(6-41)表示由其他站点运往某一站点的车辆数之和等于该站点需求的车辆数;式(6-42)为决策变量的非负约束。如果 $\sum_{i \in L} M_i^t(s) \neq \sum_{j \in L} A_j^t(s)$,则增加一个假想的供给点或需求点,构成产销平衡的运输问题求解。求解结果可能会出现部分站点供给不足的情形,非巢式需求下,当租赁站点某一车型的库存不足时,只能放弃供应,建议顾客选用其他车型;巢式需求下,从节约成本的角度出发,升级供应的车辆等级差越小越好,所以需尽量避免跨越两个等级以上的供应方式,按照等级由高到低的顺序,再求解运输问题获得各站点之间的调配量,直至需求全部满足或库存全部用尽。将各次结果不分车型、按站点对应相加即为最终的站点间车辆调配量,完成该调配量需要的专用运输车数量由式(6-43)确定。至此,固定需求下租赁车队战术调度的三项任务已经全部完成。

$$m = \left\lceil \frac{\max(V_{ij}, V_{ij})}{w} \right\rceil = \left\lceil \frac{\max(\sum_{t \in T} G_{ij}^t, \sum_{t \in T} G_{ji}^t)}{w} \right\rceil \qquad (6\text{-}43)$$

3. 需求随机时的战术车队调度

巢式随机需求下,租赁商将采用升级供应策略寻求车辆调配的优化方案。补充参数和变量定义如下:$I_i^{k,t}$ 表示站点 i 第 s 日初 k 类车的库存量,且以 k 类车来满足 t 类车的需求,其中 $k \in T, k \geq t$。

对于站点 i,第 s 日 t 类车获得的收益可以表示为:

$$R_i^t = \begin{cases} P_t X_i^t, & \sum_{k \geq t} I_i^{k,t} \geq X_i^t \\ P_t \sum_{k \geq t} I_i^{k,t}, & \sum_{k \geq t} I_i^{k,t} < X_i^t \end{cases} \qquad (6\text{-}44)$$

则站点 i 第 s 日的期望收益可表示为:

$$E(R_i^t) = \int_0^{\sum_{k \geq t} I_i^{k,t}} P_t x_i^t f_{X_i^t}(x_i^t) \mathrm{d}x_i^t + \int_{\sum_{k \geq t} I_i^{k,t}}^{+\infty} P_t \sum_{k \geq t} I_i^{k,t} f_{X_i^t}(x_i^t) \mathrm{d}x_i^t \qquad (6\text{-}45)$$

巢式随机需求下的战术车队调度可描述为：

$$\max R = \max E(\sum_{i \in L} \sum_{t \in T} R_i^t)$$

$$= \sum_{i \in L} \sum_{t \in T} \left[\int_0^{\sum_{k \geq t} I_i^{k,t}} P_t x_i^t f_{X_i^t}(x_i^t) \mathrm{d}x_i^t + \int_{\sum_{k \geq t} I_i^{k,t}}^{+\infty} P_t \sum_{k \geq t} I_i^{k,t} f_{X_i^t}(x_i^t) \mathrm{d}x_i^t \right] \quad (6\text{-}46)$$

$$\sum_{i \in L} \sum_{k \geq t} I_i^{k,t} = M^k, \forall k \quad (6\text{-}47)$$

$$I_i^{k,t} \geq 0, \forall i,k,t(k \geq t) \quad (6\text{-}48)$$

式(6-46)为目标函数，即租赁商第 s 日的期望效益最大；式(6-47)为第 $s-1$ 日末联营区内各类车的库存量约束；式(6-48)为决策变量的非负约束。

为了求解上述模型，与前文类似，首先写出式(6-47)的等价形式：

$$I_L^{k,1} = M^T - \sum_{i=1}^{L-1} \sum_{t=1}^{k} I_i^{k,t} - \sum_{t=2}^{k} I_L^{k,t}, \forall k \quad (6\text{-}49)$$

将式(6-49)代入目标函数式(6-46)，则模型可以表示为式(6-50)的形式，可以判定式(6-50)为凹函数，在一阶偏导数为 0 处可得到极点，并且，极点对应的函数值就是全局最小值：

$$\max R = \sum_{i=1}^{L-1} \sum_{t \in T} \left[\int_0^{\sum_{k \geq t} I_i^{k,t}} P_t x_i^t f_{X_i^t}(x_i^t) \mathrm{d}x_i^t + \int_{\sum_{k \geq t} I_i^{k,t}}^{+\infty} P_t \sum_{k \geq t} I_i^{k,t} f_{X_i^t}(x_i^t) \mathrm{d}x_i^t \right] +$$

$$\int_0^{\sum_{t \in T} M^t - \sum_{k=1}^{T} \sum_{i=1}^{L-1} \sum_{t=1}^{k} I_i^{k,t} - \sum_{k=2}^{T} \sum_{t=2}^{k} I_L^{k,t}} P_1 x_L^1 f_{X_L^1}(x_L^1) \mathrm{d}x_L^1 +$$

$$\int_{\sum_{t \in T} M^t - \sum_{k=1}^{T} \sum_{i=1}^{L-1} \sum_{t=1}^{k} I_i^{k,t} - \sum_{k=2}^{T} \sum_{t=2}^{k} I_L^{k,t}}^{+\infty} P_1 \left(\sum_{t \in T} M^t - \sum_{k=1}^{T} \sum_{i=1}^{L-1} \sum_{t=1}^{k} I_i^{k,t} - \sum_{k=2}^{T} \sum_{t=2}^{k} I_L^{k,t} \right) f_{X_L^1}(x_L^1) \mathrm{d}x_L^1 +$$

$$\sum_{t=2}^{T} \left[\int_0^{\sum_{k \geq t} I_L^{k,t}} P_t x_L^t f_{X_L^t}(x_L^t) \mathrm{d}x_L^t + \int_{\sum_{k \geq t} I_L^{k,t}}^{+\infty} P_t \sum_{k \geq t} I_L^{k,t} f_{X_L^t}(x_L^t) \mathrm{d}x_L^t \right] \quad (6\text{-}50)$$

在式(6-50)中分别对变量 $I_i^{k,t}$ ($\forall i,k,t$)求偏导，可得最优值应当满足：

$$P_1\left[1-F_{X_1^1}\left(\sum_{k\geq 1}I_1^{k,1*}\right)\right]=P_1\left[1-F_{X_2^1}\left(\sum_{k\geq 1}I_2^{k,1*}\right)\right]=\cdots=$$

$$P_1\left[1-F_{X_{L-1}^1}\left(\sum_{k\geq 1}I_{L-1}^{k,1*}\right)\right]=$$

$$P_2\left[1-F_{X_1^2}\left(\sum_{k\geq 2}I_1^{k,2*}\right)\right]=P_2\left[1-F_{X_2^2}\left(\sum_{k\geq 2}I_2^{k,2*}\right)\right]=\cdots=$$

$$P_2\left[1-F_{X_L^2}\left(\sum_{k\geq 2}I_L^{k,2*}\right)\right]=\cdots=$$

$$P_T[1-F_{X_1^2}(I_1^{T,T*})]=P_T[1-F_{X_2^2}(I_2^{T,T*})]=\cdots=P_T[1-F_{X_L^2}(I_L^{T,T*})]$$

$$=P_1\left[1-F_{X_L^1}\left(\sum_{t\in T}M^t-\sum_{k=1}^{T}\sum_{i=1}^{L-1}\sum_{t=1}^{k}I_i^{k,t*}-\sum_{k=2}^{T}\sum_{t=2}^{k}I_L^{k,t*}\right)\right]$$

(6-51)

式(6-51)可通过二分算法求解如下。

步骤1：对式(6-51)中的部分变量进行重新定义，设 ε 为一个较小的正整数，令 $N_i^1=\sum_{k\geq 1}I_i^{k,1}(i=1,2,\cdots,L-1)$，$N_L^1=\sum_{t\in T}M^t-\sum_{k=1}^{T}\sum_{i=1}^{L-1}\sum_{t=1}^{k}I_i^{k,t}-\sum_{k=2}^{T}\sum_{t=2}^{k}I_L^{k,t}$，$N_1^1=50$，$N_L^1=100$，$N_i^t=\sum_{k\geq t}I_i^{k,t}(i\in L,t=2,3,\cdots,T)$，$H_L^1=\sum_{k=1}^{T}M^t-\sum_{i=1}^{L}\sum_{t=2}^{T}N_i^t-\sum_{i=1}^{L-1}N_i^1=50$。

步骤2：当 $|H_L^1-N_L^1|>\varepsilon$ 时，若 $H_L^1>N_L^1$，则 $N_1^1=N_1^1+1$，若 $H_L^1<N_L^1$，则 $N_1^1=N_1^1-1$，转入步骤3；当 $|H_L^1-N_L^1|\leq\varepsilon$ 时，转入步骤4。

步骤3：以 N_1^1 为已知变量并根据式(6-51)求得 H_L^1、$N_i^1(i=2,3,\cdots,L)$ 和 $N_i^t(i\in L,t=2,3,\cdots,T)$，转入步骤2。

步骤4：输出 $N_i^t(i\in L,t\in T)$。

此时，如何由 N_i^t 获得 $I_i^{k,t}$ 是问题求解的关键。图6-6展示出 N_i^t、$I_i^{k,t}$ 和 M^t 三类变量之间的关系，而汽车租赁商的各类车型对应一个使用成本 c_t，将图中空缺位置的使用成本设为 $+\infty$，则构成一个产销平衡的运输问题，问题的优化目标为租赁商的车辆使用成本最小，由此可获得 $I_i^{k,t*}$。

第六章 巢式需求下的汽车租赁车队调度策略研究

t	i								$\sum$
	1			2		...	L		
1	$I_1^{1,1}$			$I_2^{1,1}$		...	$I_L^{1,1}$		M^1
2	$I_1^{2,1}$	$I_1^{2,2}$		$I_2^{2,1}$	$I_2^{2,2}$	...	$I_L^{2,1}$	$I_L^{2,2}$	M^2
⋮	⋮	⋮	⋱	⋮	⋮	⋱	⋮	⋮	⋮
T	$I_1^{T,1}$	$I_1^{T,2}$	...	$I_1^{T,T}$	$I_2^{T,1}$	$I_2^{T,2}$	...	$I_2^{T,T}$	...	$I_L^{T,1}$	$I_L^{T,2}$	...	$I_L^{T,T}$	M^T
$\sum$	N_1^1	N_1^2	...	N_1^T	N_2^1	N_2^2	...	N_2^T	...	N_L^1	N_L^2	...	N_L^T	

图 6-6 三类变量间的关系

步骤 5：求解由 N_i^t、$I_i^{k,t}$、M^t 和 c_t 虚构的产销平衡运输问题，输出 $I_i^{k,t*}$，算法结束。

根据式(6-52)求得各站点各车型的最终配置量 $I_i^k(s)$，而各站点各车型的初始库存量为 $M_t^i(s)$，且有 $\sum_{i \in L} I_i^k(s) = \sum_{i \in L} M_t^i(s)(t \in T, k = t)$，分车型求解产销平衡的运输问题，易得两站点间所有车型转运总量 V_{ij} 和 V_{ji}，根据式(6-43)即可求得完成该调配量需要的专用运输车数量。至此，巢式随机需求下租赁车队战术调度的三项任务亦全部完成。

$$I_i^k(s) = \sum_{t=1}^{k} I_i^{k,t*}, \forall i, k \tag{6-52}$$

二、多阶段战术车队调度模型及算法

1. 问题描述与假设

为了适应汽车租赁业发展的现实需求，以多个站点和多种车型为前提条件，以提高汽车租赁商的网络运营效率、降低车辆运输的物流成本为目的，寻求汽车租赁网络上车辆调配的连续决策方法，是优化资源配置的关键。多阶段战术车队调度问题与战略车队调度问题有相似之处，都是以时空网络结构为基础建立模型，但战略车队调度模型中车辆的入队和出队是由服务期满或需求变化所引起的，而多阶段战术车队调度模型中车辆的出队和入队主要是由需求变化所引起的。从决策的连贯性上来看，多阶段战术车队调度模型可以一次得到多个连续决策阶段的车辆调配计划，而单阶段模型只能以当天的实际库存情况和预测的第二天的需求情况为决策依据，但是，应当注意到，多阶段决策模型在实际应用中并不一定优于单阶段决策模型,因为市场的需求变化性较强,而模型决策的结果直接与需求预测和库存变化相关,由于多阶段决策模型以相对较长的预测结果为决策依据,缺乏灵活性,所以选择哪一类决策模型还应当根据租赁商需求预测的水平而确定。

本小节将车辆的日常调配情况抽象到时空网络结构中,并根据车辆需求的供应策略和时空网络上节点的流量平衡得到约束条件,以租赁商的各类运营成本之和最小为目标建立优化模型。该模型为大规模的线性整数规划模型,针对模型的特点,采用奔德斯分解算法将原问题分解为两类子问题,给出相应的算法步骤,以实现多阶段的战术车队调度决策。

进一步假设:①车辆租期按天计算,不足一日的视为一日,隔夜归还的视为两日,到期的车辆全部按照订单定时定点归还;②采用有限资源最大限度地满足需求,对于升级供应策略下仍然不能满足的需求不再考虑供给,租赁商可以从合作租赁商处获取足够数量的对应车型,以充实车队,满足站点需求;③联营区经理可以根据站点数据对战术调度期内各站点各类车辆的需求作出预测;④车辆调配的时间要求比较宽松,由于在联营区划分阶段已经考虑了站点间的距离因素,所以调配作业完全可以在夜间完成,日间不需要调整。

2. 多阶段战术车队调度问题的时空网络结构

各租赁站点的车辆调配必须以市场需求为导向,这决定了时间和空间是租赁车队调度问题中两个最基本的要素。因而,汽车租赁网络可以用一个时空网络结构图 $F=(V,A)$ 来描述(图6-7)。这是一个有向图,其中 V 为节点集,用于表示汽车租赁站点;A 为有向弧集,用于表示车辆在站点间的各类运动轨迹。时空网络结构图中的每个节点对应一个租赁站点和一个战术车队调度阶段,节点间的有向弧分别表示供应车流、库存车流、转运车流、入队或出队车流。战术调度期是在既定的网络上调配数目和类型确定的车辆,如果车辆供给无法满足需求,可以向合作租赁商借取并适时归还或放弃订单。

3. 巢式随机需求下的多阶段战术车队调度模型

基于单阶段战术车队调度模型的各类变量定义,再补充下列参数定义:s 表示战术车队调度的决策阶段,常为一日,$s\in S$;$\omega_{ij}^{t}(q)$ 表示由站点 i 到 j 的租期为 q 的 t

类车比例;c_{mi}表示车辆在站点 i 存储一日的成本;c_{Bi}^t表示 t 类车由站点 i 入队的成本,是由合作租赁商处获得车辆时花费的成本;c_{Ri}^t表示 t 类车由站点 i 出队的成本;$D_{ij}^t(s)$表示第 s 日由站点 i 到 j 的 t 类车需求量。补充各类决策变量定义如下:$G_{ij}^t(s)$表示第 s 日由站点 i 到 j 的 t 类车转运量,其中 $i\neq j$;$I_{ij}^{k,t}(s)$表示第 s 日站点 i 到 j 的 k 类车需求由 t 类车满足的数量,其中 $k\in T, k\leq t$;$M_i^t(s)$表示站点 i 第 s 日末 t 类车的库存量,其中,$M_i^t(0)$表示站点 i 的 t 类车初始库存量;$B_i^t(s)$表示站点 i 第 s 日 t 类车的入队数量;$R_i^t(s)$表示站点 i 第 s 日 t 类车的出队数量。

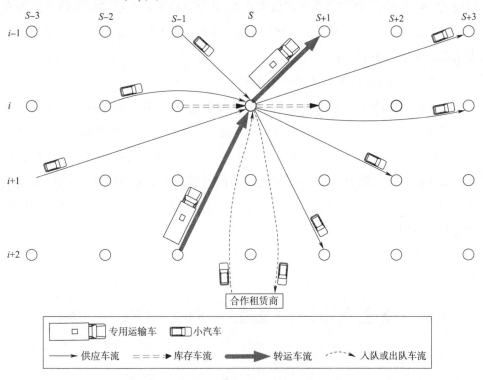

图 6-7 汽车租赁网络的时空网络结构图

汽车租赁业站点需求随机时的多阶段战术车队调度可以描述为:

$$\min Z = \sum_{i=1}^{L}\sum_{j=1}^{L}\sum_{t=1}^{T}\sum_{s=1}^{S}\left[c_t\sum_{q=1}^{Q}q\omega_{ij}^t(q)\sum_{k=1}^{t}I_{ij}^{k,t}(s)+c_{ij}G_{ij}^t(s)\right]+$$
$$\sum_{i=1}^{L}\sum_{t=1}^{T}\sum_{s=1}^{S}\left[c_{mi}M_i^t(s)+c_{Bi}^tB_i^t(s)+c_{Ri}^tR_i^t(s)\right] \quad (6\text{-}53)$$

$$\sum_{k=t}^{T} I_{ij}^{t,k}(s) = D_{ij}^{t}(s), \forall i,j,t,s \qquad (6\text{-}54)$$

$$M_{i}^{t}(s-1) + \sum_{j=1}^{L}\sum_{q=1}^{\min(s,Q)} \omega_{ji}^{t}(q) \sum_{k=1}^{t} I_{ji}^{k,t}(s-q) + \sum_{j=1}^{L} G_{ji}^{t}(s-1) + B_{i}^{t}(s)$$

$$= M_{i}^{t}(s) + \sum_{j=1}^{L}\sum_{k=1}^{t} I_{ij}^{k,t}(s) + \sum_{j=1}^{L} G_{ij}^{t}(s) + R_{i}^{t}(s), \forall i,t,s \qquad (6\text{-}55)$$

$$I_{ij}^{k,t}(s) \geq 0, G_{ij}^{t}(s) \geq 0, M_{i}^{t}(s) \geq 0, B_{i}^{t}(s) \geq 0, R_{i}^{t}(s) \geq 0, \forall i,j,k,t,s \qquad (6\text{-}56)$$

式(6-53)是目标函数,表示企业的运营成本最小,企业运营成本是指各类车辆使用、转运、存储、入队与出队五项成本之和;式(6-54)表示升级供应策略下的需求满足方式;式(6-55)表示时空网络结构图中每个时空点上的流量保持平衡;式(6-56)表示决策变量的非负约束。

4. 基于 Benders 分解算法的模型求解

Benders 分解算法最初用于求解混合整数规划问题,其主要思想是固定复杂变量,将原问题转化为一系列的高级子问题和低级子问题,从一个初始可行解出发,交替求解高级子问题和低级子问题。在迭代过程中不断将低级子问题产生的奔德斯割加入高级子问题中,将高级子问题求得的整数变量传递给低级子问题,直至达到预定条件停止迭代,也就是说解一个混合整数规划问题可以通过解与它等价的多个整数规划问题来实现。

原问题中,式(6-54)为复杂约束,若固定复杂变量 $I_{ij}^{t,k}(s)$,则对任意车型 t,有低级子问题:

$$\min Z_1 = \sum_{i=1}^{L}\sum_{j=1}^{L}\sum_{s=1}^{S} c_{ij} G_{ij}^{t}(s) + \sum_{i=1}^{L}\sum_{s=1}^{S} [c_{mi} M_{i}^{t}(s) + c_{Bi}^{t} B_{i}^{t}(s) + c_{Ri}^{t} R_{i}^{t}(s)]$$

$$(6\text{-}57)$$

$$M_{i}^{t}(s) + \sum_{j=1}^{L} G_{ij}^{t}(s) + R_{i}^{t}(1) - B_{i}^{t}(s) = M_{i}^{t}(s-1) - \sum_{j=1}^{L}\sum_{k=1}^{t} I_{ij}^{k,t}(s), \forall i, s=1$$

$$(6\text{-}58)$$

$$M_{i}^{t}(s) + \sum_{j=1}^{L} G_{ij}^{t}(s) + R_{i}^{t}(s) - M_{i}^{t}(s-1) - \sum_{j=1}^{L} G_{ji}^{t}(s-1) - B_{i}^{t}(s)$$

$$= \sum_{j=1}^{L}\sum_{q=1}^{\min(s,Q)} \omega_{ji}^{t}(q) \sum_{k=1}^{t} I_{ji}^{k,t}(s-q) - \sum_{j=1}^{L}\sum_{k=1}^{t} I_{ij}^{k,t}(s), \forall i, s>1 \qquad (6\text{-}59)$$

$$G_{ij}^t(s) \geq 0, M_i^t(s) \geq 0, B_i^t(s) \geq 0, R_i^t(s) \geq 0, \forall i,j,t,s \quad (6\text{-}60)$$

设 n 为迭代索引，$\alpha_i^{t,n}(s)$、$\beta_i^{t,n}(s)$ 分别为迭代过程中式(6-58)和式(6-59)对应的对偶变量，则上述低级子问题的对偶形式可表示为：

$$\max \sum_{i=1}^L \sum_{s=1}^1 \alpha_i^{t,n}(s) \left[M_i^t(s-1) - \sum_{j=1}^L \sum_{k=1}^t I_{ij}^{k,t}(s) \right] +$$

$$\sum_{i=1}^L \sum_{s=2}^S \beta_i^{t,n}(s) \left[\sum_{j=1}^L \sum_{q=1}^{\min(s,Q)} \omega_{ji}^t(q) \sum_{k=1}^t I_{ji}^{k,t}(s-q) - \sum_{j=1}^L \sum_{k=1}^t I_{ij}^{k,t}(s) \right] \quad (6\text{-}61)$$

$$\alpha_i^{t,n}(s) - \beta_j^{t,n}(s+1) \leq c_{ij}, \forall i,j,s=1 \quad (6\text{-}62)$$

$$\beta_i^{t,n}(s) - \beta_j^{t,n}(s+1) \leq c_{ij}, \forall i,j, 1<s<S \quad (6\text{-}63)$$

$$\beta_i^{t,n}(s) \leq c_{ij}, \forall i,j,s=S \quad (6\text{-}64)$$

$$\alpha_i^{t,n}(s) - \beta_i^{t,n}(s+1) \leq c_{mi}, \forall i,s=1 \quad (6\text{-}65)$$

$$\beta_i^{t,n}(s) - \beta_i^{t,n}(s+1) \leq c_{mi}, \forall i,j, 1<s<S \quad (6\text{-}66)$$

$$\beta_i^{t,n}(s) \leq c_{mi}, \forall i,s=S \quad (6\text{-}67)$$

$$-\alpha_i^{t,n}(s) \leq c_{Bi}^t, \forall i,s=1 \quad (6\text{-}68)$$

$$-\beta_i^{t,n}(s) \leq c_{Bi}^t, \forall i, 1<s \leq S \quad (6\text{-}69)$$

$$\alpha_i^{t,n}(s) \leq c_{Ri}^t, \forall i,s=1 \quad (6\text{-}70)$$

$$\beta_i^{t,n}(s) \leq c_{Ri}^t, \forall i, 1<s \leq S \quad (6\text{-}71)$$

求解低级子问题的对偶问题，若该问题无可行解，则不能生成高级子问题，原问题无可行解；若该问题存在有界最优解，则得到式(6-58)和式(6-59)对应的对偶变量 $\alpha_i^{t,u}(s)$、$\beta_i^{t,u}(s)$，其中 u 是迭代索引；若该问题存在无界最优解，则得到低级子问题对偶多面体的一个极方向 $[\eta_i^{t,v}(s) \xi_i^{t,v}(s)]$，其中 v 是迭代索引，利用对偶变量构造奔德斯割[式(6-74)]或利用极方向构造奔德斯割[式(6-75)]，随着迭代的进行，不断更新原问题的高级子问题：

$$\min Z_2 = \sum_{i=1}^L \sum_{j=1}^L \sum_{t=1}^T \sum_{s=1}^S c_t \sum_{q=1}^Q q\omega_{ij}^t(q) \sum_{k=1}^t I_{ij}^{k,t}(s) + \sum_{t=1}^T z^t \quad (6\text{-}72)$$

$$\sum_{k=t}^T I_{ij}^{t,k}(s) = D_{ij}^t(s), \forall i,j,t,s \quad (6\text{-}73)$$

$$z^t \geqslant \sum_{i=1}^{L}\sum_{s=1}^{1}\alpha_i^{t,u}(s)\left[M_i^t(s-1) - \sum_{j=1}^{L}\sum_{k=1}^{t}I_{ij}^{k,t}(s)\right] +$$

$$\sum_{i=1}^{L}\sum_{s=2}^{S}\beta_i^{t,u}(s)\left[\sum_{j=1}^{L}\sum_{q=1}^{\min(s,Q)}\omega_{ij}^t(q)\sum_{k=1}^{t}I_{ji}^{k,t}(s-q) - \sum_{j=1}^{L}\sum_{k=1}^{t}I_{ij}^{k,t}(s)\right], \forall t,u$$

(6-74)

$$\sum_{i=1}^{L}\sum_{s=1}^{1}\eta_i^{t,v}(s)\left(M_i^t(s-1) - \sum_{j=1}^{L}\sum_{k=1}^{t}I_{ij}^{k,t}(s)\right) +$$

$$\sum_{i=1}^{L}\sum_{s=2}^{S}\xi_{ij}^{t,v}(s)\left[\sum_{j=1}^{L}\sum_{q=1}^{\min(s,Q)}\omega_{ij}^t(q)\sum_{k=1}^{t}I_{ji}^{k,t}(s-q) - \sum_{j=1}^{L}\sum_{k=1}^{t}I_{ij}^{k,t}(s)\right] \leqslant 0, \forall t,v$$

(6-75)

$$I_{ij}^{k,t}(s) \geqslant 0, \forall i,j,k,t,s \quad (6\text{-}76)$$

采用 Benders 分解算法求解上述二级结构的优化模型,具体步骤如下。

步骤 1:初始化。给定各类参数值、各阶段各类车的需求 $D_{ij}^t(s)$、各站点各类车的初始库存量 $M_i^t(0)$,采用平级供应策略满足需求,给定 ε,令迭代索引 $n=0$,$\overline{Z} = +\infty$,$\underline{Z} = -\infty$。

步骤 2:令 $n=n+1$,若 $n>N$(N 为最大允许迭代次数)或 $(\overline{Z}-\underline{Z})/\overline{Z}<\varepsilon$,转入步骤 7;否则,转入步骤 3。

步骤 3:令 $\overline{Z} = \sum_{i=1}^{L}\sum_{j=1}^{L}\sum_{t=1}^{T}\sum_{s=1}^{S}c_t\sum_{q=1}^{Q}q\omega_{ij}^t(q)\sum_{k=1}^{t}I_{ij}^{k,t}(s)$,$t=0$。

步骤 4:令 $t=t+1$,若 $t\leqslant T$,转入步骤 5;若 $t<T$,转入步骤 6。

步骤 5:求解原问题的低级子问题,若存在有界最优解 Z_1^*,则令 $\overline{Z} = \overline{Z}+Z_1^*$,$u=n$,得到低级子问题对偶多面体的一个极点 $[\alpha_i^{t,u}(s)\beta_i^{t,u}(s)]$;若存在无界最优解,则令 $\overline{Z}=\overline{Z}+Z_1^*$,$v=n$,得到低级子问题对偶多面体的一个极方向 $[\eta_i^{t,v}(s)\xi_i^{t,v}(s)]$,转入步骤 4;若不存在可行解,则原问题无可行解,转入步骤 7。

步骤 6:求解原问题的高级子问题,得最优解 Z_2^*,令 $\underline{Z}=Z_2^*$,转入步骤 2。

步骤 7:输出 $\overline{Z}$、$\underline{Z}$、$(\overline{Z}-\underline{Z})/\overline{Z}$ 和各类决策变量,算法结束。

第四节 算 例 分 析

一、联营区划分

某汽车租赁公司在美国佛罗里达州共有 27 个租赁站点，令 $N=\{1,2,\cdots,27\}$ 为站点集合。各租赁站点主要设于机场、度假区、商业中心等，设定的联营区划分条件为 $d_{max}=55\,\mathrm{mile}$、$l_{max}=9$、$H_{max}=100\,\mathrm{veh/d}$。根据站点的空间分布情况和集聚程度，可设候选区域管理中心集为 $M=\{2,3,8,10,11,15,16,17,21,25,26\}$。当假设拟选取的区域管理中心数目 $p=6$ 时，得到的联营区划分结果为：$P_1=\{22\}$，$P_2=\{21\}$，$P_3=\{25\}$，$P_4=\{7\}$，$P_5=\{2\}$，$P_6=\{12\}$，$P_7=\{1,24,26\}$，$P_8=\{9,10,11,17,18,19,20,23\}$，$P_9=\{6\}$，$P_{10}=\{3,27\}$，$P_{11}=\{4,5,13,14,15,16\}$，$P_{12}=\{8\}$，其中 P_7、P_8、P_{11} 的区域管理中心分别为站点 26、17、15。当假设拟选取的区域管理中心数目 $p=8$ 时，可以得到联营区的划分结果为：$P_1\{2\}$，$P_2\{3,4,5,27\}$，$P_3\{8\}$，$P_4\{13,14,15,16\}$，$P_5\{9,10,11,17,18,19,20,23\}$，$P_6\{21\}$，$P_7\{25\}$，$P_8\{1,24,26\}$，$P_9\{7\}$，$P_{10}\{12\}$，$P_{11}\{22\}$，$P_{12}\{6\}$，其中 P_2、P_4、P_5、P_8 的区域管理中心分别为站点 3、15、17、26。两次划分的结果有所差异，在图 6-8a) 中以不同的线框标示：第一种划分结果以虚线框标示，第二种划分结果以点线框标示，其中站点 4 和 5 被划到了另一个联营区，同时出现了区域管理中心 3，这是由于决策者最初设定的区域管理中心数目不同而产生的，对于联营区划分的实际效果影响并不是很大。

随着运营规模扩大和需求的增长，该公司新开设了 3 个站点，即 28(Fort Walton Beach)、29(Panama City Beach) 和 30(Port Orange)，为了更好地管理站点和车队资源，联营区需要进行适度调整，采用上述模型得到的联营区划分结果为：$P_1=\{2,23,30\}$，$P_2=\{3,4,5,27\}$，$P_3=\{8\}$，$P_4=\{13,14,15,16\}$，$P_5=\{9,10,17,18,19,20\}$，$P_6=\{11\}$，$P_7=\{25\}$，$P_8=\{1,24,26\}$，$P_9=\{7\}$，$P_{10}=\{12\}$，$P_{11}=\{22,28\}$，$P_{12}=\{6\}$，$P_{13}=\{21,29\}$。其中，P_1、P_2、P_4、P_5、P_8 的区域管理中心分别为站点 23、

3、15、17、26,如图 6-8b)所示。

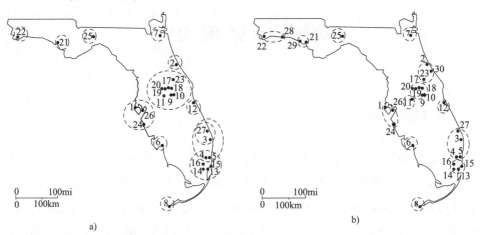

图 6-8 佛罗里达州租赁联营区划分结果

与最小生成树法和列生成法相比,P-中值模型简单实用,不仅可以解决网络节点划分的难题,还可以确定区域管理中心的位置。在区域管理中心的设定数目有调整,或者是租赁商站点设置的数目增加或减少时,模型可以对联营区的划分结果作出适度的动态调整。

二、战略车队调度

根据联营区划分结果,联营区 N_8 为租赁企业的物流中心。假定该企业将战略调度期分为 4 个阶段,每个阶段为 1 个季度,租赁车辆有两种类型,车辆的最长服务期是 4 个季度。为与已有模型对比,现令参数 $\lambda_{n_j,n}^k$ 为 0,α_{npt} 为 1,采用运载能力为 12 台/辆的专用运输车完成车辆调运任务,各种车型对应的入队、出队及租赁成本见表 6-1。

各类成本 表 6-1

a	C_{It}(美元)		C_{Ota}(美元)		C_{Lta}(美元)	
	$t=1$	$t=2$	$t=1$	$t=2$	$t=1$	$t=2$
0	600	800	500	600	300	400
1	—	—	400	500	250	350

第六章 巢式需求下的汽车租赁车队调度策略研究

续上表

a	C_{It}（美元）		C_{Ota}（美元）		C_{Lta}（美元）	
	$t=1$	$t=2$	$t=1$	$t=2$	$t=1$	$t=2$
2	—	—	300	400	200	300
3	—	—	200	300	100	200
4	—	—	100	200	50	100

根据本章第三节提出的基于时空网络结构的战略车队调度模型和已有的基于多商品网络流的战略车队调度模型，可得到战略调度期内各阶段车辆入队和出队情况及需要的专用运输车数量（见表6-2，其中 I 表示车辆入队数量，O 表示车辆出队数量），各联营区的车辆需求量和供给量（见表6-3，其中 D 表示各联营区各阶段的预测需求量，S 表示相对应的车辆供给量，D 和 S 的下标代表车型，部分数据中括号内为已有模型与本节模型计算结果的不同之处），规划期联营区之间车辆调配的情况及所需专用运输车数量见表6-4。

车辆入队、出队及调配用车情况　　　　　　　　　表6-2

P	I/O	N_1	N_2	N_3	N_4	N_5	N_6	N_7	N_8	N_9	N_{10}	N_{11}	N_{12}	m (veh)	费用（美元）
1	I	—	—	—	—	—	—	2200	—	—	2050	—	—	191	4920
	O	175	200	167	180	150	260	170	450	160	190	550	90		
2	I	—	—	—	—	—	—	—	—	—	—	—	—	177	3935
	O	160	220	200	180	30	135	140	740	60	200	780	10		
3	I	—	—	—	—	80	135	40	1340	—	210	1030	10	207	4104
	O	225	10	160	185	200	10	80	1230	90	130	1290	100		
4	I	155	85	60	165	260	10	100	930	60	170	1290	115	255	5092
	O	135	215	240	135	10	65	150	1630	—	750	1630	90		

战略规划期内各联营区车辆调配结果　　　　　　　　　表6-3

P	D/S	N_1	N_2	N_3	N_4	N_5	N_6	N_7	N_8	N_9	N_{10}	N_{11}	N_{12}
1	D_1	250	300	200	150	100	110	350	3000	130	350	3500	100
	S_1	465	495 (480)	457	340	300	815 (790)	540	3000	310 (300)	420 (**210**)	3500	270 (320)

续上表

P	D/S	N_1	N_2	N_3	N_4	N_5	N_6	N_7	N_8	N_9	N_{10}	N_{11}	N_{12}
1	D_2	150	200	100	80	60	100	150	2000	70	150	1750	76
1	S_2	260	380 (395)	300	395	335	310 (335)	375	2000	380	290 (150)	1750	150 (100)
2	D_1	200	280	230	190	150	120	350	3300	135	300	3850	120
2	S_1	455 (190)	280	440 (230)	390 (190)	150	120	350 **(300)**	3300	170 (135)	300 **(290)**	3850	120 **(110)**
2	D_2	100	180	130	90	90	90	150	2100	80	180	1900	80
2	S_2	100	180	130	90	90 (110)	90	150 (200)	2100 (2185)	80	180 (190)	1900 (2000)	80 (90)
3	D_1	230	150	250	210	200	130	300	3700	120	300	4000	110
3	S_1	230	150	250	210	200	130 **(110)**	300	3700 **(3530)**	120	300	4000 **(3990)**	110
3	D_2	130	75	150	110	90	80	100	2300	70	190	2000	90
3	S_2	130	75	150	110	90 (110)	80	100	2300 (2470)	70	190	2000 (2010)	90
4	D_1	190	200	200	200	250	140	300	3200	110	400	3900	120
4	S_1	190	200	200	200	250	140	300	3200	110	400	3900 (3000)	120
4	D_2	100	100	100	100	100	70	120	2500	50	130	2100	95
4	S_2	100	100	100	100	100	70	120	2500	50	130	2100	95

联营区之间的车辆调配　　　　　　　　　　　　　　　　　表 6-4

P	N	T_r	m_1(veh)	Y_1(美元)
1→2	$N_2 \to N_1$	5	1	25
1→2	$N_3 \to N_8$	20	2	200
1→2	$N_5 \to N_{11}$	455	38	3185
1→2	$N_6 \to N_{11}$	35	3	245
1→2	$N_7 \to N_{11}$	110	10	770

续上表

P	N	T_r	m_1(veh)	Y_1(美元)
1→2	$N_{10} \to N_{11}$	40	4	120
	$N_2 \to N_5$	210	18	2100
	$N_4 \to N_8$	75	7	600
	$N_6 \to N_8$	620	52	2480
	$N_7 \to N_8$	135	12	540
	$N_9 \to N_{11}$	280	24	1960
	$N_{12} \to N_{11}$	130	11	520
2→3	$N_1 \to N_3$	30	3	210
	$N_2 \to N_1$	15	2	75
	$N_1 \to N_4$	20	2	200

从表 6-2~表 6-4 中可以看出：①车辆入队和出队时所需专用运输车数量较大，主要是因为专用运输车的运载能力有限，但由于是集送货同时进行，可以减少用车量，至于其具体的用车数量和车辆线路安排留待解决；②某些情况下，保持车辆的供给大于需求在成本上是合理的，因为车辆因服务期未满而提前出队或不必要地在联营区之间进行调配会花费更多的物流成本，另外，已有模型的优化结果存在供给不满足需求的情形，在表 6-3 中以黑体标示；③调度期内联营区之间的车辆调配可以采取灵活的方式，如果调配量较小，如第 1~2 阶段联营区 2 与 1 之间的调配量只 5 辆，这时宜采用顺风车的形式借助承租人完成，不仅可以实现原有目的，也无须花费运输成本。

三、战术车队调度

1. 巢式随机需求下的单阶段战术车队调度

某汽车租赁企业的一个联营区内共有 6 个站点，拥有 3 种车型的租赁车队，现以一日为战术调度期，寻求巢式需求下各类车辆在 6 个站点间的调配方案。已知，三种车型的租赁价格分别为 40 美元/d、45 美元/d、55 美元/d，使用成本分别为 25 美元/d、28 美元/d、32 美元/d，站点间的单车运输成本见表 6-5，各站点各类车前一日的库存量和当天的需求量列于表 6-6,其中的随机需求量分别服从不同参数形式的均匀分布,采用专用运输车完成车辆调配任务,其最大载运量为 12 台/辆。

站点间的单车运输成本(单元:美元) 表 6-5

i	1	2	3	4	5	6
1	0					
2	9.34	0				
3	16.8	18.12	0			
4	15.6	16.98	8.72	0		
5	18.54	19.92	8.8	11.2	0	
6	13.38	14.7	10.68	12.5	13.26	0

各站点各类车的初始库存和需求(单位:台) 表 6-6

i	第 $s-1$ 日末库存量			第 s 日固定需求量			第 s 日随机需求量					
	$t=1$	$t=2$	$t=3$	$t=1$	$t=2$	$t=3$	$t=1$		$t=2$		$t=3$	
							min	max	min	max	min	max
1	148	79	59	163	53	75	149	273	44	78	33	75
2	100	54	26	79	88	55	77	171	75	109	28	60
3	160	58	75	248	48	34	212	358	41	81	21	47
4	227	135	176	287	62	38	235	395	56	92	26	50
5	120	68	16	167	44	28	146	242	34	66	19	43
6	245	106	48	184	97	33	165	285	72	138	30	54

当各站点需求固定时,巢式需求下采用升级供应策略产生的租赁车队调度方案见表 6-7,租赁商的总收益为 77225 美元,花费的运输成本为 2427 美元,车辆的使用成本为 48056 美元,最终效益为 26742 美元,其中采用第 2 种车型供应第 1 种车型需求 108 台,第 3 种车型供应第 1 种车型需求 20 台,需专用运输车共计 19 辆。
当各站点需求随机时,均匀分布下企业的期望收益为 77940 美元,花费的运输成本为 6911 美元,车辆的使用成本为 51800 美元,期望效益为 19229 美元,需专用运输车共计 45 辆(表 6-8)。

第六章 巢式需求下的汽车租赁车队调度策略研究

需求固定时战术车队调度结果　　　　　　　　　　　　　　　　表 6-7

单一车型站点间转运				车型升级供应					专用运输车使用				
t	i	j	V_{ij}	i	j	k	t	V_{ij}	i	j	$\max(V_{ij},V_{ji})$	m	U
1	2	1	15	3	3	2	1	10	1	2	26	3	2427
	2	4	6	4	3			16	1	4	16	2	
	6	3	61	4	4			54	2	4	14	2	
2	1	2	26	4	5			3	2	6	23	2	
	6	2	8	5	5			24	3	4	16	2	
3	4	1	16	6	3			1	3	5	12	1	
	4	2	14	3	5	3	1	20	3	6	62	6	
	3	5	12						4	5		1	
	6	2	15										

需求随机时战术车队调度结果　　　　　　　　　　　　　　　　表 6-8

各车型站点间转运				车型升级供应				专用运输车使用				
t	i	j	V_{ij}	i	k	t	数量	i	j	$\max(V_{ij},V_{ji})$	m	U
1	5	3	101	1	1	1	190	1	2	25	3	6911
	5	4	18		2	2	58	1	6	42	4	
	6	1	42		3	3	55	2	4	15	2	
	6	2	9	2	1	1	109	2	6	23	2	
	6	4	44		2	2	89	3	5	101	9	
2	1	2	21		3	3	45	4	5	64	6	
	3	5	1	3	1	1	261	4	6	123	11	
	4	5	64		2	2	57	5	6	92	8	
	6	2	14		3	3	35					
	6	5	92	4	1	1	289					
3	1	2	4		2	2	71					
	3	5	15		3	3	38					

续上表

各车型站点间转运				车型升级供应				专用运输车使用				
t	i	j	V_{ij}	i	k	t	数量	i	j	$\max(V_{ij},V_{ji})$	m	U
	3	6	25	5	1	1	1					
	4	2	15		2	1	178					
	4	6	123		2	2	47					
					3	3	31					
				6	1	1	150					
					3	1	54					
					3	2	99					
					3	3	43					

从表 6-7、表 6-8 得到的战术车队调度计算结果可以看出：①巢式需求下，不论站点的需求是固定还是随机，车辆的调配皆以升级供应策略为基础，同时以最小的车辆使用成本满足需求，并不是每个站点都有升级供应，如果需求大于供应量则放弃供应，因为求得的调配方案已属有限资源前提下的最优配置方案；②各类车辆由于需求的变化和供给策略的调整，需要在租赁站点间进行调配，调配所需的专用运输车数量较大，主要是因为其运载能力有限，但部分站点间有对称调配量，且车辆调配作业主要在夜间进行，对时间要求不是很严格，可以通过增加车次减少专用运输车数量；③对于两站点间调配量较小的情况，可以采取灵活的调配方式，例如适当降低租赁价格以顺风车的形式借助承租人完成，不仅能够节约运输成本，而且可以起到宣传效应，吸引潜在顾客。

2. 巢式随机需求下的多阶段战术车队调度

某汽车租赁企业的一个联营区内共有 6 个站点，拥有 3 种车型的租赁车队，各站点对各种车辆的需求服从随机均匀分布，以一周为调度期，寻求战术调度期内各类车辆的在联营区内的调配方案，使企业运营成本最小。已知车辆租期最长为 3d，各类车租期为 1d、2d、3d 的比例皆为 50%、30%、20%，三种车型的企业使用成本分别为 25 美元/d、28 美元/d、32 美元/d，入队成本分别为 35 美元/d、40 美元/d、

50美元/d,出队成本都为15美元,车辆在各站点的存储成本分别为2美元/d、3美元/d、1美元/d、3美元/d、2美元/d、1美元/d,站点间的单车运输成本见表6-5。各站点第一类车型的初始库存依次为148台、100台、160台、227台、120台、245台,第二类车型的初始库存依次为79台、54台、58台、135台、68台、106台,第三类车型的初始库存依次为59台、26台、75台、176台、16台、48台,采用随机均匀分布函数产生调度期内各站点间分车型的需求量。由于数据量较大,限于篇幅,此处省略。

现采用本章第四节给出的Benders分解算法求解算例,经过30次迭代后,$(\bar{Z}-\underline{Z})/\bar{Z}=0.00093<\varepsilon$,满足算法停止条件,此时目标函数上界为350508.1美元,下界为350182.1美元,上、下界变化情况见表6-9。各站点在调度期内对各类车辆的存储量有较大变化,车辆的在站点间亦有频繁的调配,调度期内有平级供应情况,也有升级供应情况,站点1~6中各类车辆的需求满足情况如图6-10所示。整个调度期需向合作租赁商租借第二类车18台、第三类车21台,到期末一并归还。

目标函数值的迭代过程(单位:美元) 表6-9

n	$\bar{Z}$	$\underline{Z}$	n	$\bar{Z}$	$\underline{Z}$
1	354464.9	339894.6	12	351313.0	350095.3
2	367158.8	345723.1	13	351571.9	350111.2
3	362970.2	347747.0	14	351064.8	350114.2
4	356757.4	348580.8	15	350568.4	350117.5
5	354339.7	349170.0	16	350875.7	350124.7
6	354071.0	349444.7	17	350751.0	350133.2
7	353763.1	349720.0	18	350471.1	350136.2
8	351939.5	349889.6	19	350625.4	350148.1
9	352694.4	349960.9	20	350466.7	350153.2
10	351947.2	350005.5	21	350514.3	350165.3
11	351543.4	350027.2	22	350492.9	350169.3

从表6-9中可以看出,Benders分解算法求解问题在迭代过程中会出现一定的

波动性,但最终会收敛并得到满意结果。从图 6-9 中可以看出,部分需求需要通过升级供应策略来满足,其他决策变量也可以求得。Benders 分解对大型线性规划问题的求解效能将会体现得更加充分,在实际应用中,租赁商单个联营区包含的站点数目可能较本例更多,车型种类也更加复杂,站点间各类车型需求量会受很多因素影响,因此,可根据实际需求延长或缩短战术车队规划期。

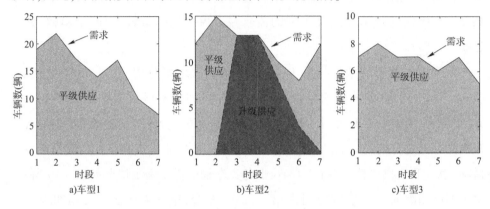

图 6-9 站点 1~6 各时段分车型需求满足情况

本章小结

本章分别对租赁商站点的联营区划分、战略车队调度和战术车队调度以及其中涉及的集送货可拆分的车辆路径问题展开研究,采用选址模型、最优化理论、启发式算法、概率统计学等方法,结合算例分析了相关模型和方法的实际求解效果。主要研究工作和成果如下:

(1)分析了汽车租赁业的经营特征,针对现有联营区划分方法无法确定区域物流管理中心的缺点,在给定汽车租赁企业站点间距离和候选区域管理中心的前提下,根据联营区划分的原则和三个限制性条件,采用选址模型及其启发式算法得到联营区划分结果和各联营区的区域管理中心,当租赁站点的需求和站点个数发生变化时,可以对联营区划分结果作出适度调整。

第六章　巢式需求下的汽车租赁车队调度策略研究

（2）解决了战略调度期内，作为汽车供需链中间节点的汽车租赁商如何处理车辆投放与车辆退出的问题，包括车辆在各个调度阶段如何在联营区之间进行合理配置的问题。基于中长期的需求预测结果，建立的优化调度模型以租赁商各类物流成本最小为目标，实现了车队资源的共享。算例分析表明模型较好地完成了战略车队调度的两项主要任务，对于第三项任务，需要借助集送货可拆分的车辆路径问题及其启发式算法来求解。

（3）在已有算法的基础上，设计出一种集送货可拆分的车辆路径问题（VRPSPDP）的启发式算法，用于求解战略调度期车辆调配过程中所需专用运输车的数量及其行驶路线优化的问题。首先根据任务点的货物需求量确定出所需车辆数目，然后采用足够多的车辆访问可以同时满载送货和满载集货的任务点；接着根据任务点送货量、集货量与车辆剩余容量间的动态关系，对某些任务点的集送货需求进行拆分，并利用剩余的车辆完成余下的集送货任务；最后考察所有路线中两点间的运输成本，如果不符合三角形三条边之间的大小关系，即对已有线路进行调整替换，形成最终的行驶线路。测试算例求解结果表明，该算法对于大部分问题优化效果较好。

（4）从运输和库存整合优化的角度切入，提出了巢式需求下汽车租赁业单阶段战术车队调度模型及其算法。在分析战术车队调度的基本任务，并考虑物流成本、用车成本和企业收益等三类因素的基础上，以提高联营区内车辆利用率、实现租赁商收益最大化为目标，给出了单阶段战术车队调度模型的求解思路。特别是为了求得巢式随机需求下站点之间车辆的调配方向，利用问题特征，构建了产销平衡的运输问题予以求解。模型协调了待租车辆的存储和转运过程，并融合考虑了实际车辆需求满足中存在的平级供应和升级供应策略、异地还车等影响因素。

（5）在巢式随机需求下，将连续的战术车队调度优化过程抽象为时空网络结构，以租赁商各类成本最小为目标建立了多阶段战术车队调度模型。多阶段战术车队调度模型是一个混合整数规划模型，根据租赁商的升级供应策略和时空节点的网络流量平衡建立约束条件，采用 Benders 分解算法将原问题分解为高级子问题和低级子问题，并通过多次迭代获得最优解。算例分析显示，Benders 分解能够降低原问题的求解难度，使迭代过程能够快速收敛。

第七章 考虑服务外包的汽车租赁收益分配研究

为实现资源合理配置,增强企业核心竞争力,进行服务商选择和收益分配的探讨显得至关重要。本章在综合考虑汽车租赁服务商的综合实力高低、技术先进性、管理完备性、服务可靠性等特征的基础上,通过文献分析和专家咨询,构建服务商的综合评价指标体系,运用多层次分析法得出合理有效的选择方案。基于服务商的选择结果,利用讨价还价博弈模型,对合作双方的剩余利润分配展开研究,并通过实例分析验证模型的有效性。

在经济快速发展、市场环境竞争激烈以及顾客需求日益提高的大背景下,企业想要提高自身核心竞争力,实现利润最大化,实施非核心竞争力业务外包是一条有效途径。合理选择承包商则是业务外包成功的关键性因素之一,对此已有大量研究。Akomode 等(1998)提出了一种基于行为研究和层次分析法面向计算机的定制模型,分别从技术水平、服务质量、总成本、承诺、响应时间、业绩 6 个指标对承包商进行综合评价;张熠等(2014)运用 BP 神经网络技术,构建了基于动量 BP 神经网络的工程项目承包商选择模型,并验证了模型的准确性;任远波等(2018)引入社会网络分析法(SNA),总结出选择公共服务承包商的 5 个关键性指标。可见,评价指标的选取是业务外包承包商的研究重点,一般从承包成本和顾客需求两方面考虑,但对顾客自身选择驱动因素和选择影响机制的考虑还不足。

对于租赁收益分配的研究,国内外主要侧重于对收益分配方法、模型的探索。最早关于收益分配的定量分析方法是由 Shapley 提出来的,旨在根据成员的贡献度,对合作中产生的收益进行分配;Karlsen(1989)采用模糊理论,对收益分配的方法进行了分析;叶晓甡等(2017)通过探讨顾客感知对公共价值的影响机制,建立了政府、社会资本和公众三方的收益分配模型;王延清(2007)将利益分配分为初次阶段和调整阶段,分别采用Nash谈判集模型和博弈论方法对两阶段的收益分配进行研究。从研究现状来看,收益分配方法主要应用于PPP(Public-Private Partnership,政府和企业资本合作)项目、投资类项目等热门行业,针对与用车企业合作的租赁收益分配,如讨价还价博弈过程、讨价还价区间的确定、均衡收益分配契约等方面的研究比较匮乏。

因此,本章以企业用车租赁服务商的选择和租赁收益分配问题为研究对象,综合分析用车企业服务外包选择的驱动因素和影响机制,提出基于专家评价法和多层次分析法的服务商综合能力评价法;同时建立基于讨价还价博弈的企业用车租赁收益均衡分配模型,使用逆向归纳法进行模型求解。

第一节 服务外包

一、相关理论基础

1. 服务外包理论

服务外包是一种新型的企业管理模式,旨在提高企业核心竞争力,实现资源优化配置。其包含两大主体,分别为发包商和承包商,发包商代表有业务外包需求的企业,承包商代表可以提供外包服务的企业。经过不断发展,现在主要有三大类型:信息技术外包服务(ITO)、业务流程外包服务(BPO)、知识流程外包(KPO)。信息技术外包服务(ITO)是指拥有信息技术优势的提供商为发包商提供专业的信息技术服务;业务流程外包服务(BPO)是指拥有技术性业务优势的提供商为发包商提供解决业务相关的运营和成效问题的专业服务。

国内外学者对服务外包都进行了深入研究,对"服务外包"表达的核心意思基本相同:服务外包是企业的一种长期战略选择,具体实施方法是将企业内部自己运营的部分业务外包出去,让专业的企业来代替运营和管理,使企业自身可以把更多的精力投入到核心竞争力业务上,实现企业内部资源优化合理配置,从而增加产值,这样既能减少成本支出又能提高企业在行业内的竞争力。

2. 不完全信息理论

不完全信息是指市场参与者对于某个经济事件的部分认识,或者是不拥有对某种经济环境状态的全部认知。在市场经济环境中,由于知晓市场参与者信息需要大量成本,同时部分市场参与者出于自身效用考虑,会隐藏真实信息或者对外公布虚假消息,这样会使市场参与者无法获取所需要的全部信息,在已经获取的那部分信息当中也有很大可能性缺乏自身作出判断与评估所需要的那部分重要信息。在现实的市场交易环境当中,多少都会存在信息获取不完整的情况,一旦信息获取是不完整的,市场参与者做出的市场行为就会存在不确定性,这种不确定性可能会给市场参与者造成不可预知的风险或损失。

非对称信息是不完全信息理论中非常重要的一部分,它是指某些市场参与者在信息获取方面优势明显,得到的有效信息比另一方多,从而导致双方信息的不对等。在实际的市场经济环境中,市场参与者需要的有效信息全部在一起的可能性极低,更多的是呈现一种分散状态的分布,这些分布不均的信息大多数情况下掌握在各个不同的市场参与者手中,会让不完全信息的问题变得更加凸显,这种信息就叫作非对称信息。由于社会分工的精细化和私人信息等原因的存在,非对称信息在世界范围内的市场经济环境中都普遍存在。在非对称信息的基础上,市场参与者可以被细分为两种类型,分别是信息优势方和信息劣势方。

3. 委托代理理论

委托代理关系成立的目的是创造最优经济效益,但前提是要确定代理人能够完全按照委托人的要求开展工作。实际中,由于一系列因素影响,代理人很难完全按照委托人的意愿进行活动,于是便会产生各种委托代理问题。因为委托人与代理人战略意图存在差异,同时代理人掌握的优势信息多于委托人,所以双方之间会出现信息不对称现象。委托人要想代理人完全按照自身预期开展活动,则必须要花费更多时间成本和财务成本进行全面监督,但在现实中情况中委托人很难做到这一点,于是会出现代理人消极工作、损害委托人效益等现象,大体来说就是道德风险和逆向选择问题。

委托代理问题只有在委托人与代理人之间形成委托代理关系后才能够产生,而形成委托代理关系需要满足以下三个条件:①委托人与代理人双方都是理性个体,在理性心理与风险规避的影响下,双方都会在一定约束条件下使自身利益达到最大,实现效用最大化;②委托人与代理人都会面临信息收集不足风险、信息获取劣势风险以及外部环境不确定性风险,而代理人会通过自身信息掌握优势,做出不利于委托人利益的行为;③委托人与代理人都会从自身效用角度出发,追求不同的利益目标,委托人希望代理人完全按照自己的要求开展工作,而代理人会基于自身收益程度,做出违背委托人初始意愿的行为,以达到收益最优。

委托代理关系形成以后,委托人为了最大限度获取收益,会制定相应的制度契约来激励代理人努力工作,该制度契约必须同时满足以下两个约束力才能发挥作用:①个人理性约束力,即代理人在与委托人形成合作关系以后,得到的最大效用值必须要高于没有与委托人签订合约而做出其他选择时的最大效用值,也可以理解为代理人履行合约的机会成本,即保留效用。如果代理人与委托人合作时能得到的最大效用值低于保留效用值,则委托人与代理人之间将不会进行合作,形成委托代理关系。②激励相容约束力,即双方在合作过程中,代理人希望通过信息不对称性优势,从自身效用最大化角度出发选择行动,委托人要求的行动选择只有使代理人能得到最大效用时才可能继续下去。如果委托人只单纯地从自身获利角度去让代理人开展工作,而忽视代理人内心的期望收益,则代理人不会按照委托人要求去工作,委托人期待的效用将会无法实现。

委托代理理论的核心内容是研究委托人该如何设计代理人激励契约,使信息不对称性和利益冲突风险降到最低。假设代理人有两种工作态度,分别为努力工作态度和偷懒工作态度,这里分别用 A、B 代表委托人和代理人,Z 表示委托人支付给代理人的工资,Q 表示代理人为委托人赚取的收益,其中 Q_1 为高收益,Q_2 为低收益,P_1 和 P_2 分别为代理人在努力工作态度和偷懒工作态度状态下给委托人带来收益的概率,0 表示委托人与代理人之间没有保持委托代理关系时所获得的收益。代理人工作结果受自身和外部环境因素共同决定,我们这里称外部环境因素为自然状态,用 K 表示。图 7-1 所示为委托人与代理人之间的动态博弈过程。

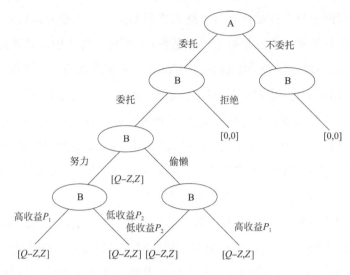

图 7-1 委托人与代理人之间的动态博弈过程

经过不断发展,委托代理理论已衍生出不同的代理理论,但所有的理论都遵循同一个逻辑,即委托人为达到自身效用最优目的,会赋予代理人部分行动权,并利用这些行动权来为自己服务并带来收益。同时代理人也是理性经济人,在自身信息掌握优势和收益期望的状态下,会将更多注意力集中到自己的收益上,而轻视委托人的利益,导致委托人因未得到预想收益而产生委托代理问题。为减少委托代理问题的产生,应建立一套系统科学的代理人激励契约,让代理人在获得满意收益的同时,也能为委托人带来最大效益,这样既能降低代理成本,又能提高代理效率,为双方保持良好合作关系奠定基础。委托代理的基本路径是:委托人设计制度契约→代理人根据自身状况选择接受或拒绝契约→代理人行使决策权→外部环境因素影响→得出最终结果→委托人根据结果支付代理人相应报酬。委托代理的基本思路框架如图 7-2 所示。

4. 讨价还价博弈理论

讨价还价博弈是指合作双方为达成一致合作意图而不断交流和沟通的一个过程。谈判主体在讨价还价博弈过程中,会出现很多种博弈结果,每种博弈结果都会使谈判主体获得不同程度的收益,但不同谈判主体获得的收益会有所差异。谈判主体进行讨价还价博弈的目的是顺利达成合作协议,而在此之前双方存在两种共同心理:第一,博弈结束前达成合作协议;第二,各谈判主体在协议中都能获得自身满意的收益,在这两种心理的共同作用下,谈判主体必定会付出一定成本来促使合作协议的达成。博弈过程不受任何外界环境因素影响,如果合作协议是在外界协助下签订的,则表明这项合作协议不是在参与者双方自由竞价下达成的,那么这个过程就不能称为讨价还价博弈。

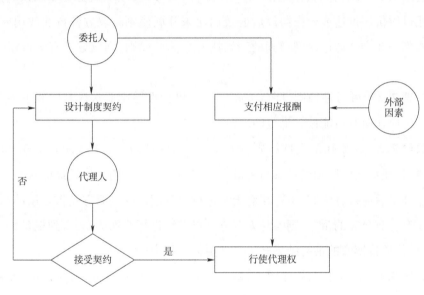

图 7-2 委托代理基本思路框架

(1)纳什公理型讨价还价模型。

纳什讨价还价模型假设有两个参与人 A 与 B,双方共同分一块蛋糕,蛋糕面积大小为 $S(S>0)$。参与人 A 与 B 在经过讨价还价博弈后各自可能分得到的份额集合为:

$$Y=\{(y_a,y_b);0\leqslant y_a\leqslant S,y_b=S-y_a\} \tag{7-1}$$

式中:y_a、y_b——参与人 A 与 B 分割到的份额。

现设参与人 A 与 B 从分蛋糕中获得的效用分别为 u_a、u_b。如果参与人 A 与 B 经过多轮谈判博弈后并没有达成合作协议,导致谈判失败,这时双方能够得到的效用为 $d=(d_a,d_b)$。(d_a,d_b) 一般被赋予两种含义,第一种含义是参与者双方谈判的起始点,第二种含义是参与者双方谈判的破裂点,两者在本质上并没有差别,都是参与者双方不进行讨价还价时获得的效用。在现实生活中,参与者双方总是希望获得比不讨价还价时更多的效用,如果最终达成了一项合理且彼此都愿意接受的分配协议,则参与者获得的效用可记为(u_a^i, u_b^i),其中i代表讨价还价的回合数。约翰纳什提出了六大公理,确定了(u_a^i, u_b^i)的最终形式,具体公理内容如下。

公理7.1 个体理性原则,即$(u_a^i, u_b^i) \geq (d_a, d_b)$。个体理性原则要求谈判博弈主体通过讨价还价达成合作协议后的效用比未开展谈判时双方各自的效用要高。如果谈判博弈主体通过谈判得到的结果违背个体性原则,则双方没有进行谈判的必要。

公理7.2 可行性原则,即$(u_a^i, u_b^i) \in Y$。可行性原则要求谈判博弈主体双方谈判结果应在所有可能性结果范围之内。

公理7.3 帕累托最优性原则,即$(u_a, u_b) \geq (u_a^i, u_b^i) \in Y$,则$(u_a, u_b) = (u_a^i, u_b^i)$。帕累托最优性原则要求参与者最终谈判结果应该达到帕累托最优状态,即整个蛋糕到最后应被分配完,不存在对蛋糕进行再分配以改进双方获得效用的情况。如果还有没有分完的蛋糕,则参与人双方可以继续进行谈判活动,直到把蛋糕分完为止,讨价还价博弈的最终结果必须是把蛋糕分配完毕。

公理7.4 选择的无关性原则,即$(u_a^i, u_b^i) \in T \subset Y, (u_a^i, u_b^i) = f(Y, d_a, d_b)$,则$(u_a^i, u_b^i) = f(T, d_a, d_b)$。选择的无关性原则指在讨价还价谈判过程中,把没有被参与者双方选择的无关分配方案剔除,不会对讨价还价谈判的最终结果产生影响。

公理7.5 对称性原则,即$\exists \forall (u_a, u_b) \in Y$,都有$(u_b, u_a) \in Y$,且$d_a = d_b$,则$u_a^i = u_b^i$。对称性原则指如果各种可能分配方案给谈判者双方带来的效用的集合是对称的,不进行讨价还价时的效用也是对称的,那么,讨价还价博弈的结果就具有对称性。

公理7.6 线性转换的无关性原则,即$\forall (c_1, c_2, e_1, e_2) \in R$,如果$g$为将$(u_a, u_b)$映射到$(u_a', u_b')$的函数,则$f[g(Y), g(d)] = g[f(Y, d)]$。线性转换的无关性原则指将效用函数进行线性变换,变换后的效用函数使其数值发生变化,而不会对其在效用空间上的相对位置产生影响。

如果讨价还价博弈的最终解满足上述六个公理,则纳什证明了讨价还价模型存在一个唯一解。效用集合的紧集性保证了纳什讨价还价解的存在性,而效用集合的凸集性则保证了纳什讨价还价解的唯一性,即有:

$$(u_a^i, u_b^i) = \arg\max(u_a - d_a)(u_b - d_b) \qquad (7\text{-}2)$$

其中,$(u_a - d_a)(u_b - d_b)$ 被称为纳什积。对称性公理隐含假设了参与人拥有对称的讨价还价能力,而通常的情况是双方的讨价还价能力不对称。不满足对称性公理的讨价还价解称作非对称纳什讨价还价解,即:

$$(u_a^i, u_b^i) = \arg\max(u_a - d_a)^t (u_b - d_b)^{1-t} \qquad (7\text{-}3)$$

式中:t、$1-t$——参与人 A 与 B 的讨价还价能力。纳什公理性讨价还价模型不仅找到了讨价还价博弈的唯一解,也说明了唯一解是如何形成的。

(2) 鲁宾斯坦讨价还价模型。

鲁宾斯坦讨价还价模型反映的是一个动态博弈过程,其动态模拟了参与人 A 与 B 在完全信息下分蛋糕的讨价还价过程。在鲁宾斯坦讨价还价博弈模型中,两个谈判主体(参与人 A 和参与人 B)就关于一块蛋糕如何在彼此之间合理分配进行一系列讨价还价博弈。首先,由参与人 A 提出分配方案,参与人 B 有接受和拒绝两种选择,如果参与人 B 接受参与人 A 的分配方案,则博弈结束,蛋糕按照参与人 A 的方案进行分配;如果参与人 B 拒绝参与人 A 的分配方案,则博弈进行到下一阶段,该阶段由参与人 B 提出分配方案,如果参与人 A 接受参与人 B 的分配方案,则博弈结束,蛋糕按照参与人 B 的方案进行分配;如果参与人 A 拒绝参与人 B 的分配方案,则博弈进行到下一阶段,该阶段由参与人 A 再次提出分配方案,依此类推,直到参与人双方达成一致协议,博弈结束。换言之,参与人 A 在奇数阶段出价,如果参与人 B 接受,则谈判成功;如果参与人 B 拒绝,则由参与人 B 在偶数阶段还价,如果参与人 A 接受,则谈判成功,依次进行下去,当且仅当其中一方参与人接受了另一方参与人的方案,则谈判结束。如果不考虑谈判成本,谈判会一直进行下去,没有固定的结束时间,直到参与人双方达成一致协议。

之后,在无限期轮流出价的基础上,又引入了贴现因子概念。假设参与人 A 与 B 的贴现率为 $\lambda_i (i > 0)$,谈判每进行到下一个阶段参与人双方都会有时间成本的付出,即效用的贴现,用贴现因子 $\varphi_i(0<\varphi_i<1)$ 来表示,$\varphi_i = e^{-\lambda_i \Delta n}$($\Delta n$ 为讨价还价阶段的间隔时间),显然,讨价还价阶段的间隔时间和贴现率共同决定了贴现因子的大小。一方面,如果参与人双方在 n 阶段达成了协议,按照方案分配给参与人 i 的蛋糕份额为 $y_i(0 \leqslant y_i \leqslant S)$,则参与人 i 的支付为 $y_i e^{-\lambda_i n \Delta n}$;另一方面,如果双方一直没能达成协议,则双方的支付为 0,这里称为僵持点,用 (I_1, I_2) 表示,且 $(I_1, I_2) = (0,0)$。此处的僵持点与纳什讨价还价模型中的破裂点 (d_a, d_b) 是等价的。

以上过程是一个无限期的完美信息博弈,这个博弈模型有无数个纳什均衡,而鲁宾斯坦证明了该模型具有唯一的子博弈完备均衡。假设参与人 A 先出价,u_a 与 u_b 分别代表参与人 A 和参与人 B 所获得的蛋糕份额,R_A^n 和 R_B^n 分别代表参与人 A 和参与人 B 在该阶段所获得的效用,则该博弈唯一的子博弈完备均衡就是:参与人 A 在第一阶段出价 $\dfrac{1-\varphi_1}{1-\varphi_1\varphi_2}$,参与人 B 接受参与人 A 的出价,谈判博弈结束。双方的均衡支付分别是 $R_A^n = \dfrac{1-\varphi_2}{1-\varphi_1\varphi_2}S$ 和 $R_B^n = \dfrac{1-\varphi_2}{1-\varphi_1\varphi_2}S$。

鲁宾斯坦讨价还价博弈模型具有过程简单、通俗易懂等特点,得到了学术界的一致认可,为一些复杂问题简单化提供了基本框架和分析思路。但是现实情况中,完全信息的讨价还价几乎不存在,于是不完全信息讨价还价理论成为学术研究的主流。

二、服务外包动因和影响机制

1. 用车服务外包动因

企业把用车服务外包给专业化的汽车租赁服务商运营管理,一方面可以减轻企业运营非核心竞争力业务的压力,另一方面可以改善企业用车服务质量。因此,企业用车服务外包的动力源自内部因素和外部因素两个方面。外部驱动因素主要包括技术驱动因素、市场环境驱动因素、政策驱动因素、经济驱动因素、人均收入驱动因素等;内部驱动因素主要包括降低成本驱动因素、分散风险驱动因素、强化核心竞争力驱动因素、提高服务质量和水平驱动因素、简化运营流程驱动因素等,下面对主要的驱动因素进行深入分析。

(1)技术驱动因素。技术因素给企业用车服务外包带来的影响主要来自三个方面:第一,丰富的车辆资源、专业化的车辆队伍为企业提供了不同的用车需求,为企业减少了车辆的持有成本和养护费用;第二,高素养的服务人员、高质量的服务品质为企业提供了优质安全的用车保障;第三,完善的管理体系、熟练的管理经验为企业提供了充足有效的管理信息,为用车过程提供了科学系统的管理及调度模式。

(2)市场环境驱动因素。用车服务(非核心竞争力业务)外包能够让企业更好地面对多变的市场环境,企业可以将更多的资源投入到核心竞争力业务中;用车服务外包能够帮助企业降低运营成本,从而更好地适应市场的需求。

(3)政策驱动因素。政府出台政策,取消公务用车,采用租赁形式,并鼓励使用租车出行,促进长期汽车租赁市场发展。在政府政策鼓励和企业自身用车需求增大的背景下,企业实行用车服务外包驱动力十足。

(4)成本驱动因素。企业通过将用车服务(非核心竞争力)外包给汽车租赁服务商,可以把汽车租赁服务商专业队伍、技术和管理等资源引入企业中,使自身省去购买车辆、维护车辆、运营车辆等方面的资产投资,并可以享受到规模效应,从而降低成本,实现资源优化配置。

(5)分散风险驱动因素。企业与汽车租赁服务商合作,不仅可以有效地分摊风险,而且还可以精简业务,增强市场反应能力和应变能力,让企业能更从容地面对外部环境的变化。

(6)强化核心竞争力驱动因素。用车服务业务通常只是企业的附属业务,企业需要把更多的专注力聚集到产品的研发、制造和营销中,用车则更多是一种工具,将用车服务外包能够让企业把资源配置到优势业务模块,提升企业整体运营效率。

基于以上内部驱动因素和外部驱动因素的分析,总结出企业用车服务外包驱动力模型,通过该模型可以很直观地了解企业实施用车服务外包战略的各种因素。用车服务外包驱动力模型如图 7-3 所示。

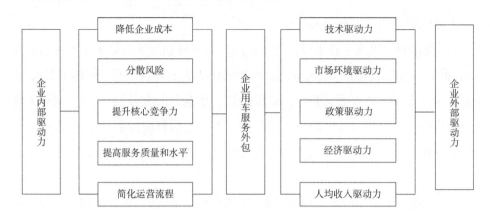

图 7-3　用车服务外包驱动力模型

2. 服务商选择影响机制

企业通过用车服务外包获取专业化服务、降低成本,实现资源优化配置;汽车租赁服务商通过提供优质的租赁服务获取利润,双方协同发展,形成企业群体规模发展模式,从而实现双赢。汽车租赁服务商为企业提供的用车服务主要包含用车出行保障、车辆信息化调度管理、车辆维护管理、人员队伍管理等,其服务能力高低不齐。因此,企业应该建立系统有效的汽车租赁服务商选择机制,筛选出优质的汽车租赁服务商,为降低外包风险和优化用车服务水平奠定基础。企业用车服务外包的主要包含 7 个因素,分别是租赁价格、服务质量、信息化调度方式、服务水平、企业规模、战略匹配度和企业信誉度,其中既涵盖内部因素也涵盖外部因素。下面结合各影响因素对企业用车服务外包选择过程进行详细的分析。

首先从企业是否选择用车服务外包进行分析。企业是否选择用车服务外包主要取决于汽车租赁服务商的租赁服务层次和租赁服务成本两大因素,而租赁服务层次体现在租赁服务质量和租赁服务水平两个方面,租赁服务成本体现在汽车租赁服务价格方面。

其次从企业选择哪家汽车租赁服务商进行分析。企业选择哪家汽车租赁服务商进行合作,主要取决于租赁服务商合作条件和租赁服务商的综合素质。用车企业在选择合作对象时,比较注重彼此的合作条件,如果合作条件不匹配,那么就没有继续深入合作的必要。企业用车服务主要是基于提升核心竞争力和对用车服务系统升级的实际需求对外进行承包,所以企业对汽车租赁服务商的合作条件主要体现在租赁服务的信息调度方式和战略匹配度两个方面;当汽车租赁服务商具备以上两个合作条件后,用车企业会对租赁服务商的综合素质进行评估,而评估指标中权重较大的为企业规模和企业信誉度。

综合以上两点分析,建立企业用车租赁服务商选择影响机制,如图 7-4 所示。该机制能清晰地反映企业是否选择用车服务外包以及选择哪家汽车租赁服务商的决策过程,能够为企业实施用车服务外包提供理论框架和一定的参考依据。

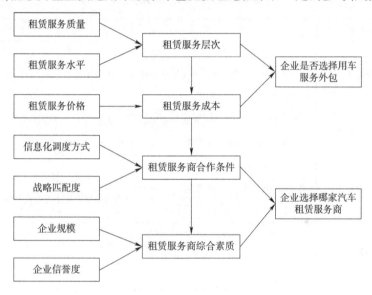

图 7-4 服务商选择影响机制

第二节 模型分析

一、租赁服务商选择

用车企业在与汽车租赁服务商达成合作协议之前,由于信息的不对称性,无法确定对方的真实服务水平,而汽车租赁服务商清楚自身实力,可能利用信息优势向用车企业传达关于自身实力的错误信息,从而使用车企业作出不合理的选择。为了避免这种情况的发生,设计一套汽车租赁服务商选择方案显得尤为主要。

1. 选择方法

服务商选择方法有很多种,每种方法都有其特定的背景,相互之间存在差异性。为避免盲目使用造成的决策误差,应先对各种选择方法的优缺点进行比较分析,见表7-1。

服务商选择常用方法比较分析　　　表7-1

方法类型	优点	缺点
层次分析法	分析和计算过程简单,有助于决策者保持思维的一致性,适用于决策结果难以直接准确计量的场合	决策主观成分较大
模糊综合评判法	数学模型简单易掌握,对多因素多层次的复杂问题判断较为准确	无法解决评价因素间的相关性所造成的评价信息重复问题
数据包络分析法	适用于具有多输入多输出的复杂系统,能避免各指标在优先意义下的权重,具有较强的客观性	每个单元的特性缺乏可比性,计算出的结果可能不符合实际情况
人工神经网络算法	模型的权值是通过实例学习得到的,避免了人为计取权重和相关系数的主观影响和不确定性	需要大量的训练样本,精度不高,计算方法复杂,应用范围有限
灰色综合评价法	适用于具有少量观测数据的项目,对样本量没有严格要求,计算过程简单易掌握	灰色关联系数计算对分辨率敏感,没有一个合理的标准;权重的分配对最终评价结果影响很大

由表7-1可见,每种选择方法都具有特定的适用范围,使用不同的方法对服务商进行选择可能会得到不同的选择结果。对于企业用车租赁服务商的选择,会涉及企业、企业用车员工、汽车租赁服务商等多方,每一方都有自己的立场和需求。因此,采用专家评价法和层次分析相结合的方法,能够对企业用车租赁服务商选择过程中所涉及的主要方面最大程度兼容到一起,分别对评价对象进行定性、定量分析,使决策结果具有相对准确性。

2. 服务商评价指标体系

为对企业用车租赁服务商进行综合性评价,根据国内外服务商评价指标研究资料,对现有指标进行对比和分类,结合汽车租赁行业相关特性和企业用车需求特性,制定多层评价指标体系,见表 7-2。

企业用车租赁服务商评价指标　　　　表 7-2

一级指标	二级指标	编号	一级指标	二级指标	编号
汽车租赁服务商综合素质(B_1)	企业文化	B_{11}	汽车租赁服务商技术水平(B_4)	驾驶技术	B_{41}
	企业信誉度	B_{12}		车辆调度技术	B_{42}
	员工素质	B_{13}		信息管理技术	B_{43}
	管理水平	B_{14}	汽车租赁服务商服务质量(B_5)	客户服务满意度	B_{51}
租赁服务运作成本(B_2)	车辆维护成本	B_{21}		服务多样性	B_{52}
	人员管理成本	B_{22}	企业用车租赁合作条件(B_6)	合作程度	B_{61}
	车辆调度成本	B_{23}		信息共享	B_{62}
	成本贡献度	B_{24}		整合能力	B_{63}
租赁服务运作效率(B_3)	车辆调度准确率	B_{31}	汽车租赁服务商发展能力(B_7)	财务能力	B_{71}
	用车需求准时率	B_{32}		市场占有率	B_{72}
	用车服务安全性	B_{33}		创新发展能力	B_{73}

其中,企业文化是用车企业与汽车租赁服务商成功合作的基础,如果双方文化差异较大,则很难在产品质量、服务水平、客户满意度等方面的理解能力上达成共识,导致矛盾不断升级,不利于长期稳定的发展。员工素质是指员工规模、员工学历构成以及核心业务的人员配比等。管理水平是指企业内部员工管理能力、沟通协调能力、突发情况应变能力以及项目管理能力等。租赁服务运作成本中,成本贡献度 =(企业自身运营成本 - 交由汽车租赁服务商运营成本)/企业自身运营成本。

企业与汽车租赁服务商的合作模式一般有两种:车辆租赁和车辆队伍管理外包。整合能力是指汽车租赁服务商将自身资源与用车企业资源相互整合的能力,以达到合作双方优势互补的效果。市场占有率是指在一定时间段内,汽车租赁服务商的对外租赁业务销售额占同行业的对外租赁业务总销售额的比例,能体现汽车租赁服务商在整个行业内的市场竞争力和市场份额。创新发展能力是体现汽车租赁服务商可持续发展的重要指标,主要根据汽车租赁服务商的创新案例和成效来判定。

3. 服务商选择模型

运用层次分析法(AHP)选择和评价服务商时,需要根据已建立好的综合评价指标体系构建层次分析模型。层次分析模型包含目标层、准则层、方案层,其中目标层为评价和选择最佳汽车租赁服务商;准则层为评价指标,分为7个一级指标和22个二级指标;方案层为三家汽车租赁服务商。具体层次模型如图7-5所示。

根据上述建立的多层次结构模型,选择最佳汽车租赁服务商的步骤如下。

(1)构造判断矩阵。

建立判断矩阵并对判断矩阵进行一致性检验是为了确定各指标权重,指标权重是评价企业用车租赁服务商综合实力的重要因素,下面采用专家评价法来判定各指标之间的层级关系。专家评价小组总共由10位成员组成,其中4位为汽车租赁服务商工作人员,4位为用车企业内部分管用车业务方面的工作人员,最后2位为汽车租赁服务外包的学术研究者。为了方便统计和计算,采取1~9分的评分方法来评价指标对上一层指标的影响程度,并利用加权平均法计算各指标最终得分。令 G_i 为专家组成员评分,N_i 为专家组成员人数,则指标的最终得分 T_i 计算公式为:

$$T_i = N_1 G_1 + N_2 G_2 + \cdots + N_i G_i \tag{7-4}$$

令 A_i、A_j 为两个指标,a_{ij} 为指标 A_i 与 A_j 之间的层级关系,即: $a_{ij} = T_i / T_j$。依此方法构造出指标间的两两判断矩阵 M_k,即:

$$M_k = \begin{pmatrix} a_{11} & a_{12} & \cdots & a_{1n} \\ a_{21} & a_{22} & \cdots & a_{2n} \\ \vdots & \vdots & \ddots & \vdots \\ a_{n1} & a_{n2} & \cdots & a_{nn} \end{pmatrix} \tag{7-5}$$

(2)计算同层次下各指标的权重。

计算判断矩阵 M_k 的最大特征值 λ_{max} 和其对应的特征向量 W,令:

$$W = \frac{(\omega'_1, \omega'_2, \cdots, \omega'_n)^T}{\sum_{i=1}^{n} \omega'_i} \tag{7-6}$$

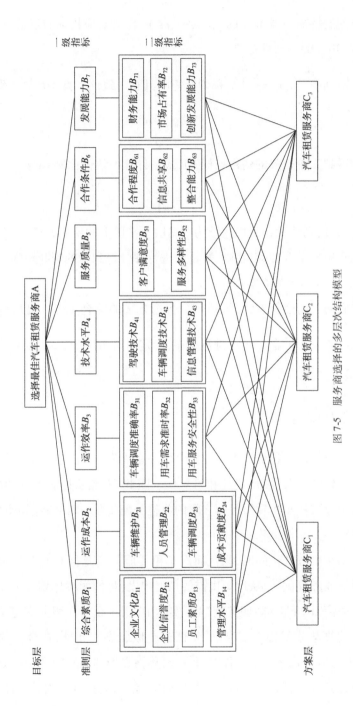

图 7-5 服务商选择的多层次结构模型

由此得到的特征向量 $W = (\omega_1, \omega_2, \cdots, \omega_n)^T$ 作为对应指标的权重向量。

(3) 判断矩阵的一致性检验。

在判断矩阵中,当 $a_{ij} = \dfrac{a_{ik}}{a_{jk}}$ 时,称判断矩阵具有一致性。首先计算一致性指标:

$$CI = \frac{\lambda_{\max} - n}{n - 1} \tag{7-7}$$

再查表得到 n 阶矩阵的随机指标 RI,最后计算一致性比例 CR:

$$CR = \frac{CI}{RI} \tag{7-8}$$

若 $CR < 0.1$,则认为递阶层次结构在 k 层水平以上的所有判断具有一致性,说明构造的判断矩阵是合理的;否则,需重新进行评分得到新的判断矩阵。

(4) 综合评分计算与方案排序。

采用自底向上的运算方法,得到每个备选方案的综合水平。最后根据各服务商的综合评分 $C_i = \sum\limits_{j=1}^{n} \omega_j c_{ij}$ 大小进行排序,确定所有方案 $i(i = 1, 2, \cdots, m)$ 的优劣排名,选出最优方案。

二、收益分配博弈模型

当用车企业与汽车租赁服务商建立合作关系以后,确定完善的收益分配方案,将有效提高合作的长久性、稳定性和可靠性。因此,下面从博弈论的角度出发,详细分析用车企业与汽车租赁服务商之间的收益分配过程,得出收益均衡分配策略。

1. 模型描述

企业是用车服务外包的发起者,而汽车租赁服务商是拥有专业技术和专业服务能力的租赁业务提供者,从用车供需的角度出发,将博弈主体划分为用车企业和汽车租赁服务商(以下简称"服务商")。实际中,用车企业和服务商对于用车服务外包合作中的收益分配相关信息,处于部分获取状态。此外,在合作的整个周期内,双方处于的地位始终是不对称的,且不对称性在博弈前和博弈中均处于动态变化状态。因此,基于信息不对称和以服务商作为信息优势方的背景,对用车企业与服务商之间的合作收益分配进行研究,构建基于用车企业先出价的双边讨价还价博弈模型。

讨价还价属于合作性博弈,双方先合作再竞争,其主要强调的是讨价与还价的动作或过程。在实际的买卖中,买卖双方对于其所买或所卖商品都有一个心理价格,对于买方而言,只有当对方出价低于或等于心理价位时,才会选择接受;对于卖方而言,只有当对方出价高于或等于心理价位时,才会同意出售。因此,相对固定的心理价位对讨价还价行为的发生起决定性作用。博弈双方的心理价位有三种组合方式,分别为卖方的心理价位高于、等于和低于买方的心理价位,只有当第一种情况发生时,讨价还价行为才会发生。

收益分配博弈模型主要涉及的参数如下。

(1)谈判消耗因子。谈判消耗因子是企业用车租赁收益分配博弈过程研究中的一个重要参数,用 φ 表示。在实际的讨价还价过程中,每多进行一轮就会对谈判双方造成一定程度的时间损耗,而这种损耗会转化为用车企业与汽车租赁服务商合作中的部分利益,因此,讨价还价次数越多,双方的损失将会越大。

$$谈判消耗因子 = \frac{回合谈判间隔损耗}{不进行谈判时的总合作收益} \quad (7-9)$$

(2)风险程度。用车企业的风险程度用风险系数 ε_1 表示,汽车租赁服务商的风险厌恶程度用风险系数 ε_2 表示,并且 ε_1、ε_2 的取值在区间为 $[0,1]$。

(3)谈判力水平。谈判力水平主要从边际贡献和不确定性预测精度两个方面进行量化。边际贡献是指合作双方在合作联盟里所作出的贡献,收益分配体现了"按劳分配"的原则。而边际贡献正是汽车租赁服务商和用车企业的价值表现,将其定义如下:

$$S_i^{MC} = \frac{v(N) - v(N - \{i\})}{v(N)} \quad (7-10)$$

式中:N——参与博弈人数集合;

$v(N)$——合作联盟总收益;

i——联盟成员。

合作联盟成员贡献越大,S_i^{MC} 的值也就越大,且 S_i^{MC} 的值位于 $[0,1]$ 标准区间内。

用车企业与汽车租赁服务商之间的合作不确定性主要源自信息不对称性。由于信息不对称的存在,合作双方无法真实了解彼此的综合情况和真实实力,对不确定性的预测精度在一定程度上会影响自身收益分配比例。因此,该因素会使信息掌握劣势方处于不利地位,故有必要对其进行量化分析。

基于连续分级概率评分(Continuous Ranked Probability Score,CRPS)可以量化用车企业和汽车租赁服务商之间的出力预测表现,能有效评价合作双方对不确定性的预测水平。但是,该评分机制没有考虑到正向预测误差和负向预测误差对收益的影响差异。为准确地评价合作双方的预测表现,需对正、负不平衡惩罚力度进行区分。平衡市场的正、负不平衡惩罚力度系数为:

$$\begin{cases} \rho^+ = c(1-r^+) \\ \rho^- = c(r^- - 1) \end{cases} \tag{7-11}$$

其中,ρ^+、ρ^- 并非数学意义上的正负,其值越大,代表惩罚力度越大;c 为尺度变换因子,此处令 $c=10$。r^+、r^- 分别为正向预测误差和负向预测误差。修改后的预测水平表达公式如下:

$$S_{it}^{PA} = \frac{1}{1 - g(e_{it}) \text{CRPS}(F_i, e_{it})} \tag{7-12}$$

$$g(e_{it}) = \begin{cases} \rho^+, e_{it} \geq 0 \\ \rho^-, e_{it} < 0 \end{cases} \tag{7-13}$$

其中,F_i 为合作双方预测误差累积分布;e_{it} 为实际误差;合作双方的不确定性预测精度越低,平衡市场的惩罚力度就会越大,S_{it}^{PA} 的值也就会越小。在一个讨价还价博弈周期内的预测精度评分取每个谈判断阶段的平均值,即:

$$S_i^{PA} = \frac{1}{T} \sum_{t=1}^{T} S_{it}^{PA} \tag{7-14}$$

综上所述,通过边际贡献和不确定性预测精度两个因素,可以得到谈判力水平的总评分为:

$$S_i = \lambda_1 S_i^{MC} + \lambda_2 S_i^{PA} \tag{7-15}$$

式中：λ_1、λ_2——边际贡献和不确定性预测精度在谈判力水平里所占的权重。

对式(7-15)做规范化处理，即可得到合作双方的谈判力大小：

$$\alpha_i = \frac{S_i}{\sum_{i \in N} S_i} \tag{7-16}$$

根据讨价还价理论和鲁宾斯坦讨价还价模型的应用条件，对用车企业与服务商之间的讨价还价博弈行为发生的前提假设如下：

(1) 只有两方参与讨价还价博弈过程，分别为用车企业与服务商，且双方均不受其他人影响。

(2) 用车企业与服务商都是追求自身效用最大化的理性经济人，不断学习，不断调整出价策略，使自身所得收益最大化。

(3) 用车企业与服务商进行合作后，共同创造的合作剩余收益为 S，S 为合作双方的共同知识，不影响模型的建立和结果。

(4) 在无限期讨价还价博弈过程中，先由用车企业出价，再由服务商出价，依此顺序一直进行下去，直到结束为止。

(5) 谈判过程中有时间成本损耗，引入谈判消耗因子 φ_i，用车企业与服务商的谈判消耗因子分别为 φ_A 和 φ_B，谈判消耗因子在一定程度上也可以被视为双方的谈判能力和耐心程度；α_1 表示用车企业的谈判力，α_2 代表服务商的谈判力。

(6) R_A 为用车企业预期自己能得到的合作剩余利润，R_B 为服务商预期自己能得到的合作剩余利润，由于双方的预期均保持理性，所以两者之间的预期比例不超过 100%。R_A 与 R_B 为双方各自的私人信息，对方都无法直接预测到，但是服务商可以根据用车企业的行为对该预期值进行估计和修正。为研究方便，简化讨价还价过程，假设 R_A 与 R_B 都服从 $[m,n]$ 上的均匀分布，其中，$0 \leq m \leq 1, 0 \leq n \leq 1$ 且 $m \leq n$。

2. 博弈过程

用车企业在第一阶段出价为 R_A^1，且不低于自身的心理预期值，即 $R_A^1 \geq R_A$。当且仅当用车企业的出价不超过服务商的底线，即 $R_A^1 \leq R_B$ 时，服务商接受用车企业的出价 R_A^1，且博弈结束，此时用车企业与服务商得到的合作剩余利润分配分别为

R_A^1 和 $S(1-R_A^1)$。考虑时间成本因素的影响,求得双方在第一阶段谈判博弈过程中的收益为 $[\alpha_1\varepsilon_1(R_A^1-R_A), \alpha_2\varepsilon_2(R_B-R_B^1)]$。若服务商不同意用车企业的出价,则谈判博弈进入第二阶段。

第二阶段由服务商出价为 R_B^1,且满足 $R_B^1 \geq R_B$。当且仅当 $R_B^1 \leq R_A$ 时,用车企业接受服务商的出价,且博弈在第二阶段结束,此时用车企业与服务商得到的合作剩余利润分配分别为 $S(1-R_B^1)$ 和 R_B^1。考虑到时间成本因素的存在,引入谈判消耗因子 φ_A 和 φ_B,求得双方在此阶段的收益为 $[\alpha_1\varepsilon_1\varphi_A(R_B^1-R_A), \alpha_2\varepsilon_2\varphi_B(R_B-R_B^1)]$。若用车企业不同意服务商的出价,则谈判博弈进入第三阶段。

第三阶段由用车企业出价为 R_A^2,且满足 $R_A^2 \geq R_A$。同第一阶段,当 $R_A^2 \leq R_B$ 时,服务商接受用车企业的出价,且谈判博弈结束,此阶段谈判消耗因子分别为 φ_A^2 和 $\varphi_B^2 (0<\varphi_A^2<1, 0<\varphi_B^2<1)$,则双方在该阶段的收益为 $[\alpha_1\varepsilon_1\varphi_A^2(R_A^2-R_A), \alpha_2\varepsilon_2\varphi_B^2(R_B-R_A^2)]$。若服务商不接受用车企业的出价,则谈判博弈进入下一阶段。

依此类推,直到谈判博弈进行到第 n 阶段时,双方达成一致意见,博弈过程结束。若 n 为奇数,将由用车企业第 $\frac{n+1}{2}$ 次出价为 $R_A^{\frac{n+1}{2}}$,同理满足 $R_A^{\frac{n+1}{2}} \leq R_A$。此时不管服务商是接受还是不接受,谈判博弈在这一阶段都会终止。如果接受,双方在该阶段谈判博弈过程中的收益为 $\left[\alpha_1\varepsilon_1\varphi_A^{n-1}\left(R_A^{\frac{n+1}{2}}-R_A\right), \alpha_2\varepsilon_2\varphi_B^{n-1}\left(R_B-R_A^{\frac{n+1}{2}}\right)\right]$。如果不接受,则谈判失败,博弈结束,双方收益都为零。若 n 为偶数,将是服务商第 $\frac{n}{2}$ 次出价为 $R_B^{\frac{n}{2}}$,满足 $R_B^{\frac{n}{2}} \leq R_B$。同理,假如用车企业接受该出价,双方在此阶段博弈过程中的收益为 $\left[\alpha_1\varepsilon_1\varphi_A^{n-1}\left(R_B^{\frac{n}{2}}-R_A\right), \alpha_2\varepsilon_2\varphi_B^{n-1}\left(R_B-R_B^{\frac{n}{2}}\right)\right]$。若不接受,则谈判失败,博弈结束,双方收益都为零。

在现实情况中谈判博弈过程不可能一直无休止持续下去。因此,此处规定谈判博弈过程最多到第三阶段就结束,也就意味着在第三阶段用车企业出价后,服务商只能选择接受。由此得到用车企业与服务商从第一阶段到第 n 阶段的讨价还价博弈树,如图 7-6 所示。其中,n 代表奇数,A 代表用车企业,B 代表服务商。

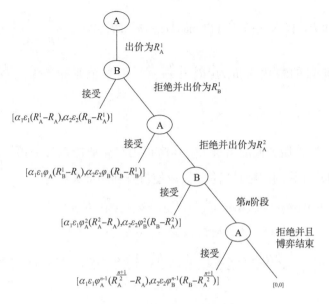

图 7-6　n 阶段讨价还价博弈树

3. 模型求解

采用逆向归纳法对用车企业与服务商之间的讨价还价博弈模型进行求解,得出由用车企业先出价的合作剩余利润均衡分配策略。

首先分析第三阶段服务商的选择,只要满足 $\alpha_2\varepsilon_2\varphi_B^2(R_B-R_A^2)\geqslant 0$,服务商就会接受,此时用车企业的谈判收益为 $\alpha_1\varepsilon_1\varphi_A^2(R_A^2-R_A)$。对于用车企业的出价,以 $\alpha_2\varepsilon_2\varphi_B^2(R_B-R_A^2)\geqslant 0$ 作为最低出价衡量点。其次,由于谈判主体在博弈过程中都具有自主学习意识,这里把用车企业已知信息的密度函数视为 0,根据服务商在第二阶段的出价,预期服务商的合作剩余分配是服从 $[R_B^1,n]$ 上的均匀分布。因此,用车企业面对的问题是选择 R_A^2,以使自身的利润最大化为:

$$\max\left[\alpha_1\varepsilon_1\varphi_A^2(R_A^2-R_A)\cdot P_{B3a}+0\cdot P_{B3r}\right] \quad (7\text{-}17)$$

式中:P_{B3a}、P_{B3r}——服务商在第三阶段接受和拒绝 R_A^2 的概率。

$$P_{B3a}=P\{\alpha_2\varepsilon_2\varphi_B^2(R_B-R_A^2)\geqslant 0\}=P\{R_B\geqslant R_A^2\}=\frac{n-R_A^2}{n-R_B^1} \quad (7\text{-}18)$$

$$P_{B3r}=1-P_{B3a}=\frac{R_A^2-R_B^1}{n-R_B^1} \quad (7\text{-}19)$$

将 P_{B3a} 和 P_{B3r} 代入式(7-17)得 $\max\left[\alpha_1\varepsilon_1\varphi_A^2(R_A^2-R_A)\cdot\dfrac{n-R_A^2}{n-R_B^1}\right]$，则可求得用车企业在第三阶段的最优出价为：$R_A^2=\dfrac{n+R_A}{2}$，用车企业的最大收益为 $\alpha_1\varepsilon_1\varphi_A^2\cdot\dfrac{n-R_A}{2}$。

分析第二阶段服务商的出价 R_B^1，其修正用车企业能接受的预期服从 $[m, R_A^1]$ 上的均匀分布，面临的问题是出价 R_B^1，以使自身利润最大化为：

$$\max[\alpha_2\varepsilon_2\varphi_B(R_B-R_B^1)\cdot P_{A2a}+\alpha_2\varepsilon_2\varphi_B^2(R_B-R_A^2)\cdot P_{B3a}] \tag{7-20}$$

式中：P_{A2a}——用车企业在第二阶段接受 R_A^1 的概率。

$$P_{A2a}=P\left(R_A\geqslant\dfrac{2R_B^1-\alpha_1\varepsilon_1\varphi_A\cdot n}{2-\alpha_1\varepsilon_1\varphi_A}\right)=\dfrac{R_A^1(2-\alpha_1\varepsilon_1\varphi_A)-\alpha_1\varepsilon_1\varphi_A\cdot n-2R_B^1}{(\alpha_1\varepsilon_1\varphi_A-2)(R_A^1-m)} \tag{7-21}$$

将 P_{A2a} 代入式(7-20)，可求得在第二阶段服务商的最优出价为：$R_B^1=\sqrt{\dfrac{(R_B-R_A^2)(R_A^2-m)(2-\alpha_1\varepsilon_1\varphi_A)(R_A^1-m)(n-R_A^2)}{2m(\alpha_1\varepsilon_1\varphi_A-1)-2R_B-(2-\alpha_1\varepsilon_1\varphi_A)(R_A^1-m)}}+m$，服务商的最大收益为：$\alpha_2\varepsilon_2\varphi_B(R_B^1-R_B)$。

分析第一阶段用车企业的出价 R_A^1，同理可知，用车企业面临的问题是出价 R_A^1，以使自身利润达到最大化，即：

$$\max\{(R_A^1-R_A)\cdot P_{B1a}+\alpha_1\varepsilon_1\varphi_A(R_B^1-R_A)\cdot P_{B1rA2a}+\alpha_1\varepsilon_1\varphi_A^2(R_A^2-R_A)\cdot P_{B3a}\} \tag{7-22}$$

式中：P_{B1rA2a}——汽车租赁服务商在第一阶段拒绝 R_A^1 的概率；

P_{B1a}——汽车租赁服务商在第一阶段接受 R_A^1 的概率。

$$P_{B1a}=P\{R_A^1\leqslant R_B\}=\dfrac{n-R_A^1}{n-m} \tag{7-23}$$

$$P_{B1rA2a}=\dfrac{R_A^1-m}{n-m}\cdot\left[\dfrac{R_A^1(2-\alpha_1\varepsilon_1\varphi_A)-\alpha_1\varepsilon_1\varphi_A\cdot n-2R_B^1}{(\alpha_1\varepsilon_1\varphi_A-2)(R_A^1-m)}\right] \tag{7-24}$$

将 P_{B1rA2a}、P_{B1a} 代入式(7-22)，从而求得第一阶段用车企业的最优出价为：

$$R_A^1 = \frac{2n + 2R_A + \alpha_2\varepsilon_2\varphi_B(n-m) + \alpha_1\varepsilon_1\varphi_A(R_B + m - 2R_A)}{4} \tag{7-25}$$

假设 d_A 和 d_B 分别为谈判破裂时用车企业和服务商能获得的收益,当谈判的收益分配低于 d_A、d_B 时,双方均不会接受,由此可得用车企业和服务商的均衡收益分配契约为 $\max\{d_B, S - R_A^1\}$ ($R_A^1 \geq d_A$)。对于双方共同创造的总合作剩余利润 S 而言,其大小主要取决于服务商的努力程度。服务商在与用车企业合作过程中,其越努力工作,用车企业享受到的租赁服务越优质,S 值就越大;反之则越小。因此,该分配契约不仅能让双方获得满意的收益分配,还能激励服务商的工作积极性,从而在最大限度上做出有利于用车企业的行为。

此外,根据用车企业与服务商博弈分别在第一阶段、第二阶段和第三阶段结束时,双方最终得到的合作剩余利润分配可知,其值除了与 S 有关,还与合作双方的谈判消耗因子 φ_A 和 φ_B、彼此的谈判力水平 α_1、α_2 以及各自的风险系数 ε_1、ε_2 有关。

第三节 算 例 分 析

一、租赁服务商选择

H 企业首先成立专门的评价小组,小组组长由用车服务部门领导担任,小组成员包括财务部人员、用车服务部人员、人力资源部人员、外包业务负责人员以及相应技术人员等,一共 20 人。通过发放问卷的形式对 3 家汽车租赁服务商进行评价打分,采用平均分的方法得出各指标的最终得分,见表 7-3。

C_1、C_2、C_3 汽车租赁服务商评分统计表　　　表 7-3

一级指标 B_i	二级指标 B_{ij}	综合权重	C_1	C_2	C_3
B_1	$[B_{11}, B_{12}, B_{13}, B_{14}]$	$[0.018, 0.038, 0.056, 0.030]$	$[7,5,6,7]$	$[7,7,7,6]$	$[5,8,5,7]$
B_2	$[B_{21}, B_{22}, B_{23}, B_{24}]$	$[0.148, 0.093, 0.074, 0.067]$	$[7,6,5,7]$	$[6,4,7,7]$	$[8,8,9,6]$
B_3	$[B_{31}, B_{32}, B_{33}]$	$[0.046, 0.085, 0.060]$	$[8,7,7]$	$[5,8,7]$	$[6,7,6]$

续上表

一级指标 B_i	二级指标 B_{ij}	综合权重	C_1	C_2	C_3
B_4	$[B_{41},B_{42},B_{43}]$	[0.063, 0.094, 0.031]	[7,6,5]	[8,8,5]	[7,7,6]
B_5	$[B_{51},B_{52}]$	[0.125, 0.125]	[5,5]	[6,7]	[5,5]
B_6	$[B_{61},B_{62},B_{63}]$	[0.042, 0.024, 0.018]	[7,7,7]	[5,7,6]	[6,5,7]
B_7	$[B_{71},B_{72},B_{73}]$	[0.033, 0.047, 0.020]	[6,7,6]	[5,6,5]	[6,56]

根据每个指标的综合权重和 C_1、C_2、C_3 的各指标得分结果，计算3家汽车租赁服务商的综合评分分别为8.323、8.610、8.697。显然 C_3 汽车租赁服务商的综合实力最强，是一家规模集中、管理与服务体系完善、具有发展潜力的汽车租赁企业，在租赁服务运作成本、服务质量、租赁服务运作效率以及技术水平方面具有明显优势，符合企业用车服务需求特性。因此，选择与 C_3 汽车租赁服务商建立合作关系。H企业与 C_3 汽车租赁服务商经过一年的合作，发现其能很好地满足自身用车服务需求，并在很大程度上提升了企业内部运转效率。通过企业用车租赁服务商选择评价指标体系选出来的 C_3 汽车租赁服务商在实施效果上主要体现在以下两点：

（1）降低了企业用车服务成本。C_3 汽车租赁服务商的专业化管理和运营，以及科学系统的车辆调度模式，在很大程度上缩减了H企业的用车服务成本。双方合作后，H企业原来每个月的用车服务成本支出约30万元，现在平均每个月支出约24万元。

（2）提升了用车服务水平。C_3 汽车租赁服务商专业化的服务人员队伍、高质量的租赁服务运作效率为H企业人员用车带来了一系列贴心服务，增强了用车服务体验感，使用车服务水平得到了大幅提升。车辆调度准确率与用车需求准时率达到95%以上，用车服务安全率达到98%以上。具体的实施效果对比情况见表7-4。

H企业用车租赁服务商选择模型实施效果对比表 表7-4

实施效果体现方面	实 施 前	实 施 后	效 果 对 比
用车服务成本（万元/月）	30	24	+20%
车辆调度准确率	82.3%	95.3%	+13.64%
用车需求准时率	80.2%	96.4%	+16.80%

续上表

实施效果体现方面	实施前	实施后	效果对比
用车服务安全率	94.5%	98.7%	+4.26%
H企业用车服务满意度	85.67%	96.8%	+11.50%

因此,基于层次分析法对企业用车租赁服务商选择评价进行系统性分析,透过决策指标之间的关系,得到相应指标综合权重,能为用车企业选择汽车租赁服务商提供客观依据和决策方法。

二、收益分配

1. 验证模型有效性

以 H 企业和筛选出来的 C_3 汽车租赁服务商为研究对象,向企业用车服务管理部门的管理人员、汽车租赁方面的专家学者以及相关从业技术人员发放调查问卷。以权重数值靠前的 4 个一级评价指标(即选择影响因素:租赁服务运作成本、租赁服务运作效率、汽车租赁服务商技术水平、汽车租赁服务商服务质量)为评价内容,获取相关参数。本次调研总共发放问卷 40 份,回收有效问卷 34 份,通过问卷整理、数据处理,得到收益分配讨价还价博弈中 H 企业与 C_3 汽车租赁服务商各自的谈判贴现因子 φ、风险系数的参数值 ε、谈判力水平 α,见表 7-5。

各参数具体赋值 表 7-5

主要选择影响因素	参数					
	φ_A	φ_B	ε_1	ε_2	α_1	α_2
租赁服务运作成本	0.23	0.32	0.45	0.41	0.79	0.64
租赁服务运作效率	0.16	0.25	0.25	0.34	0.53	0.58
汽车租赁服务商技术水平	0.15	0.26	0.37	0.32	0.56	0.57
汽车租赁服务商服务质量	0.20	0.30	0.42	0.40	0.62	0.60

将表 7-5 中各参数赋值代入式(7-25),即可求出各选择影响因素作用下的收益分配结果。在此之前,要先确定合作总剩余利润 S 的值、谈判预期期间以及双方的预期收益。查阅相关资料可知,H 企业与 C_3 汽车租赁服务商合作后一年的总剩

余利润大概为 80 万元,即 $S=80$;C_3 汽车租赁服务商认为自己的合作剩余收益不能低于 20%,H 企业认为自己的合作剩余收益不能低于 80%,即此次合作博弈的双方心理预期期间为 $[0.2,0.8]$;结合汽车租赁行业及用车企业实际情况,确定 H 企业的预期收益为 70%,C_3 汽车租赁服务商的预期收益为 40%。各选择影响因素作用下的 H 企业与 C_3 汽车租赁服务商收益分配计算过程如下。

(1)租赁服务运作成本影响因素作用下的收益分配。

H 企业收益分配为:

$$R_A^1 = \frac{2 \times 0.8 + 2 \times 0.7 + 0.64 \times 0.41 \times 0.32 \times (0.8 - 0.2)}{4} + \frac{0.79 \times 0.45 \times 0.23 \times (0.4 + 0.2 - 2 \times 0.7)}{4} = 74.62\%$$

H 企业的收益份额为:

$$W_A = 80 \times 74.62\% = 59.70(万元)$$

C_3 汽车租赁服务商收益份额为:

$$W_B = 80 \times (1 - 74.62\%) = 20.30(万元)$$

(2)租赁服务运作效率影响因素作用下的收益分配。

H 企业收益分配为:

$$R_A^1 = \frac{2 \times 0.8 + 2 \times 0.7 + 0.58 \times 0.34 \times 0.25 \times (0.8 - 0.2)}{4} + \frac{0.53 \times 0.25 \times 0.16 \times (0.4 + 0.2 - 2 \times 0.7)}{4} = 75.32\%$$

H 企业的收益份额为:

$$W_A = 80 \times 75.32\% = 60.25(万元)$$

C_3 汽车租赁服务商收益份额为:

$$W_B = 80 \times (1 - 75.32\%) = 19.75(万元)$$

(3)汽车租赁服务商技术水平影响因素作用下的收益分配。

H 企业收益分配为:

$$R_A^1 = \frac{2 \times 0.8 + 2 \times 0.7 + 0.57 \times 0.32 \times 0.26 \times (0.8 - 0.2)}{4} + \frac{0.56 \times 0.37 \times 0.15 \times (0.4 + 0.2 - 2 \times 0.7)}{4} = 75.09\%$$

第七章 考虑服务外包的汽车租赁收益分配研究

H 企业的收益份额为：

$W_A = 80 \times 75.09\% = 60.07$（万元）

C_3 汽车租赁服务商收益份额为：

$W_B = 80 \times (1 - 75.09\%) = 19.93$（万元）

（4）汽车租赁服务商服务质量影响因素作用下的收益分配。

H 企业收益分配为：

$R_A^1 = \dfrac{2 \times 0.8 + 2 \times 0.7 + 0.6 \times 0.4 \times 0.30 \times (0.8 - 0.2)}{4} +$

$\dfrac{0.62 \times 0.42 \times 0.20 \times (0.4 + 0.2 - 2 \times 0.7)}{4} = 75.04\%$

H 企业的收益份额为：

$W_A = 80 \times 75.04\% = 60.03$（万元）

C_3 汽车租赁服务商收益份额为：

$W_B = 80 \times (1 - 75.04\%) = 19.97$（万元）

对以上计算结果进行整理，分别可以得出各选择影响因素作用下的 H 企业与 C_3 汽车租赁服务商收益分配结果，见表 7-6。

各选择影响因素作用下收益分配结果　　　表 7-6

主要选择影响因素	H 企业		C_3 汽车租赁服务商	
	收益分配	收益（万元）	收益分配	收益（万元）
租赁服务运作成本	74.62%	59.70	25.40%	20.30
租赁服务运作效率	75.32%	60.25	24.68%	19.75
汽车租赁服务商技术水平	75.09%	60.07	24.91%	19.93
汽车租赁服务商服务质量	75.04%	60.03	24.96%	19.97

可以看出，租赁服务运作成本选择影响因素作用下，H 企业与 C_3 汽车租赁服务商收益最高，其次分别为汽车租赁服务商服务质量、汽车租赁服务商技术水平和租赁服务运作效率。根据前一小节案例分析可知，H 企业结合自身用车服务需求，采用特定分析方法筛选出了 C_3 汽车租赁服务商进行合作。其中评价 C_3 汽车租赁服务商指标体系中，租赁服务运作成本一级指标中的所有二级指标平均权重为

0.734,服务商服务质量一级指标中的所有二级指标平均权重为 0.625,服务商技术水平一级指标中的所有二级指标平均权重为 0.428,租赁服务运作效率一级指标中的所有二级指标平均权重为 0.410。

2. 参数影响分析

从用车企业角度出发,分析其风险厌恶程度和谈判力水平参数中的不确定性预测精度对获利的影响情况,同时证明所建收益分配模型有权衡风险与收益的关系。

假定 H 企业的不确定性预测精度 σ 的范围为 0.1~0.3,σ 值越大,H 企业不确定性预测精度就越高。在合作条件不变的情况下,H 企业在合作模式和非合作模式下的收益情况如图 7-7 所示。可见,H 企业无论是在哪种合作模式下,随着不确定性预测精度升高,其收益会随之增加,且合作收益明显高于非合作收益;H 企业与 C_3 汽车租赁服务商合作后的收益(即合作剩余利润),会随着不确定性预测精度的提升而增加。上述结果表明,本章建立的收益分配方法能够激励用车企业通过加大汽车租赁服务商评价与选择方面的投入,来提升对汽车租赁服务商服务能力的不确定性预测精度,且预测精度越高,获得收益将会越大。

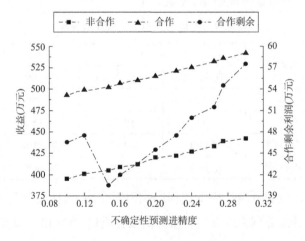

图 7-7 σ 对 H 企业收益和合作剩余利润的影响

在分析 H 企业的风险系数对其最终收益的影响时,假定 H 企业风险系数 ε_1 的范围为 0.1~1。H 企业风险系数 ε_1 值越大,面临的风险程度将会越大。在合作条件不变的情况下,H 企业在合作模式和非合作模式下的收益情况如图 7-8 所示。可见,H 企业的收益总体上与风险系数呈正相关,一定程度上符合"高风险,高收益"的特点。但要明确的是,无论是 H 企业还是 C_3 汽车租赁服务商,其实际收益受不确定性程度影响,风险系数偏大或者具有良好风险态度可以提高期望收益,但不代表一定可以提高实际收益。另外,H 企业的合作剩余利润与风险系数无必然的单调关系,即用车企业无法通过改变风险系数来获取更多的剩余收益。上述分析表明,本章建立的收益分配方法可以保证用车企业与汽车租赁服务商在权衡风险与收益的关系后,在谈判过程中能够真实地交代各自的风险态度。

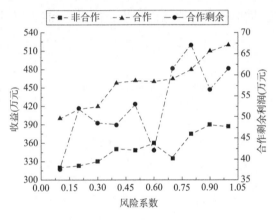

图 7-8　ε_1 对 H 企业收益和合作剩余利润的影响

本 章 小 结

本章采用定性与定量分析相结合的方法,探讨了企业用车租赁服务商选择及租车收益分配博弈过程,具体研究内容和结论如下:

(1)根据我国企业用车服务供需现状,分析企业用车服务外包动因。其中,外部驱动因素包括技术驱动因素、市场环境驱动因素、政策驱动因素等;内部驱动因素包括成本驱动因素、核心竞争力驱动因素、分散风险驱动因素,并据此建立了企业用车外包驱动力模型和汽车租赁服务商选择影响机制。

(2) 采用专家评价法、文献检索法以及多层次分析法,构建的综合评价指标体系能对服务商各方面能力进行有效评价,其包含 7 个一级指标和 22 个二级指标。其中,租赁服务运作成本、租赁服务运作效率、技术水平和服务质量是主要影响指标,对服务商的选择起着关键作用。

(3) 基于委托代理理论、不完全信息理论和讨价还价博弈理论,通过风险系数反映风险程度,综合考虑边际贡献、不确定性预测精度等因素量化谈判力水平,建立用车企业与汽车租赁服务商之间关于收益分配的讨价还价博弈模型,具有较强的实践性和说服力。它不仅可以有效评价合作双方的风险态度,保证合作收益的均衡分配,同时还会对服务商产生正向激励和引导作用,提高了企业用车服务质量。

第八章 集约发展模式的汽车租赁企业运营效率评价

为实现共享资源的合理配置,增强企业的核心竞争力,本章以汽车租赁企业的运营管理为背景,旨在发现影响企业运营效率的关键因素,进而评价其运营效率。通过文献分析和资料查询确定投入产出指标,借助随机前沿分析和超越对数生产函数,以国内9家汽车租赁企业2012—2019年的运营产出面板数据为样本,兼顾车队规模水平和车辆利用率两个外生变量的影响,测算出各企业的运营效率,并根据模型结果进行分类分析,提出改进策略,为汽车租赁的政策制定、企业管理提供理论依据。

汽车租赁作为一种满足公众个性化出行需求的交通服务方式,具有很强的市场融合力和经营灵活性。传统汽车租赁一般会提供驾驶服务,将驾驶人和车辆绑定出租,并在合同规定时间内还取车辆。相比传统汽车租赁,分时租赁租还时间更灵活,以小时或日为单位,消费者可按个人用车需求和用车时间即租即取,一般不存在驾驶服务。据公安部统计,2019年全国汽车驾驶人数量达3.97亿,与私家车保有量2.07亿差距较大,有驾驶证但无车的人群逐渐扩大,再加上部分地区实施限购限行政策,为汽车租赁市场提供了庞大的用户基础。与发达国家相比,我国汽车租赁渗透率有较大的增长空间,同时行业还存在盈利难、服务能力不足等突出问题。开展汽车租赁企业的运营效率评价,有利于寻找其发展的薄弱环节,提高服务质量,更好地满足市场需求。

目前,关于交通运输企业运营效率的研究,主要包括效率评价指标的选取和不同政策对效率的影响两方面。例如,Sami 等(2013)分析测算了18个城市、64个公交企业运营的技术效率,认为企业规模、资本投入是重要影响因素;章玉等(2017)

基于各城市公交统计数据，运用随机前沿分析法测算出公交运营效率。在汽车租赁企业运营领域，Lazov 等（2017）通过构建以车辆利用率和车队规模为指标的评价模型，对汽车租赁企业的利润管理进行分析评价；孙泽生等（2017）采用神州租车 10 个城市的面板数据，探讨了私家车保有量、车牌限行政策等外界因素对租车产业发展的影响。此外，为识别企业运营低效的解释变量，已有研究提出一些影响因素，如政策因素包括国家对汽车租赁行业的投资政策、优惠政策与补贴政策，以及对私家车的限行、摇号购车等治理拥堵的政策；城市特性相关因素包括人口密度、人均 GDP（Gross Domestic Product，国内生产总值）、发展规模等；其他因素包括私家车拥有量等。上述因素均在运营商的可控范围之外，是独立于企业运营的外生性变量。而研究低效水平需要考虑企业可控的变量，如车辆利用率、车队规模水平。

综上所述，国内外对公交企业运营效率的单因素及多因素影响研究较为成熟，而对汽车租赁企业运营效率的研究还存在不足，评估模型中缺少统一的量化标准。因此，本章以 9 家汽车租赁企业为研究对象，通过选取多元化测评指标和技术低效指标，综合运用随机前沿分析法和超越对数生产函数，建立效率测评模型，分析其效率波动情况和影响因素，为改善汽车租赁企业运营效率、规范车队管理等提供理论支撑。

第一节　效率评价研究基础

一、评价方法

目前，国内外对效率的评价方法主要包括非参数研究方法和参数研究方法。其中，非参数研究方法就是数据包络分析法，参数研究方法就是随机前沿分析法。下面将简单介绍这两种研究方法，并进行比较分析。

1. 非参数研究方法

对效率进行研究的非参数研究方法一般为数据包络分析法（Data Envelopment

Analysis,DEA 法)。它把单投入、单产出的效率推广到多种投入变量和多种产出变量同类决策单元(DMU)的有效性评价体系中,是基于生产函数研究投入与产出指标的一种方法。具体来说,由于每个 DMU 都有生产要素的投入和产出,所以可以把它们都看作是相同的实体,然后根据对每个 DMU 的投入和产出数据进行综合评价与分析,发现效率最高的 DMU 和其他 DMU 非有效的原因与程度。

在 DEA 法中,存在两种经典模型,一种是假设规模收益不变,即所有的 DMU 在最佳范围内操作的 CCR 模型,另外一种是 BBC 模型。CCR 模型用于评价技术有效性,BBC 模型用来专门评价决策单元技术效率。通过两者的比较可以发现,BBC 模型的权重计算多了一个附加条件,使得在有一个以上最优解的情况下,模型也具有适用性。

2. 参数研究方法

随机前沿分析方法(Stochastic Frontier Analysis,SFA 法)是在 Meeusen 和 Aigner 两人发表的文章上首次提出的,是基于计量经济的参数分析法。其理论意义可以用图 8-1 来解释。模型图中存在两个生产单元,其中投入指标用横坐标表示,而产出指标用纵坐标表示,y 表示前沿生产函数的确定性部分。根据两个生产单元的结果显示:第一个生产单元投入 A_1 产出 p_1,由于 $v>0$ 的影响,它的随机前沿 B_1 超过了生产函数表示的边界 C_1;第二个生产单元投入 A_2 产出 p_2,由于 $v<0$,它的随机前沿 B_2 低于生产函数表示的边界 C_2。如果能够获得生产者行为的多个观测值,就可以估计前沿生产函数 y,并确定每一个生产者的技术效率。

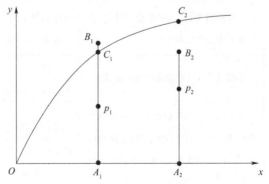

图 8-1 随机前沿生产函数模型

之后，横截面数据的最大似然估计技术被推广至面板数据，这种面板数据是建立在效率不随时间变化而变化的假设之上。但实际中，技术效率不随时间而改变的概率很小，这使得经历越长时间的面板数据测算出的技术效率越不真实。因此，需要改变假设，使得技术效率随时间变化而变化。如果技术效率能够随时间变化而变化，那么就可以在不同生产企业中或在同一企业的不同时段中去寻找导致生产效率变化的决定因子。因此，利用随机效率估计或者最大似然估计，对技术效率模型进行参数估计，估计的结果能够随时间变化而变化。

3. 方法比较

DEA 法是一种非参数的、通过数学线性规划来测算效率的评价方法，它以相对效率概念为基础，主要解决具有多种投入和产出指标决策单元的相对效率问题。SFA 法是一种参数的，通过构造函数模型来测算效率的评价方法，它主要解决多种投入指标、单一产出指标的相对效率问题，该方法不仅可以测算技术效率的有效性，还可以测算外部影响因素在运营过程中产生的非技术效率有效性。基于此，从指标、结果稳定性、考虑因素、模型的构造、对影响因素的分析等方面对上述的企业效率评价方法进行比较分析，分析结果见表 8-1。

评价方法比较分析　　　　　表 8-1

类别	DEA 法	SFA 法
指标	多个投入指标，多个产出指标	多个投入指标，单一产出指标
结果稳定性	样本的信息在很大程度上决定了整体的计算结果；计算结果稳定性差，容易受异常点的影响	一般不会出现效率值相同的情况；充分利用了每个样本的信息；计算结果稳定、不易受异常点的影响
基本假设	不需要考虑生产前沿的具体形式	需要考虑生产函数、技术无效率项分布的具体形式
考虑因素	把实际产出小于前沿产出的原因全部归结于技术效率原因，忽略了随机因素对于产出的影响；将实际产出分为生产前沿和技术无效率两部分	考虑了随机因素对于产出的影响；将实际产出分为生产函数、随机因素和技术无效率三部分

续上表

类　别	DEA 法	SFA 法
模型的构造	根据每个决策单元的投入产出数据,选出一个或几个决策单元作为技术有效点,进而构造出生产前沿	利用生产函数和随机扰动项构造出随机生产前沿
对影响效率因素的分析	需要分为两个阶段。第一阶段是计算其技术效率,第二阶段是以技术效率为因变量、以影响因素为自变量,通过二元离散选择模型进行分析	将技术无效率项表示成影响因素的线性形式后在原有模型中即可完成对影响因素各个参数的估计

根据以上分析,DEA 法运用大量的数学运算,对多投入、多产出的技术效率进行测算,且在测算过程中没有考虑随机性因素。在构建模型时,它需要假设生产可能性前沿面是固定的,而忽略统计噪声的影响。同时,DEA 法还不能进行计量学上的统计检验,测算结果会比较随意,不够严谨客观。而 SFA 法对多投入、单一产出的技术效率和非技术效率都能进行测算,在测算过程中可以把一些非技术效率的外界因素考虑进去。这些影响因素可以包括环境变化等,为了考虑外界因素对技术效率的影响,选择随机前沿分析法进行测算更加准确。在构建随机前沿生产函数时,一般采用柯布-道格拉斯生产函数和超越对数生产函数,由于超越对数生产函数数据拟合更好、预测结果更准确,因此,采用超越对数生产函数来构建模型可以更好地进行数据处理和结果预测。

综上所述,与 DEA 法相比,SFA 法具有可定量分析外生性因素对技术效率的影响、考虑由测量误差等因素造成的随机误差等优点,计算结果更稳定、受特殊点影响更小。因此,在综合分析两种方法的适用条件和优缺点后,本书决定采用 SFA 法和超越对数生产函数,对各租赁企业的运营效率进行测算。

二、指标选取

建立随机前沿生产函数需要确定投入与产出指标。在传统的生产函数中,投入指标一般是劳动力和资本,产出指标为生产总值。但是,根据汽车租赁企业的运营情况,建立运营成本和运营收入的投入与产出关系,能够更好地从企业的角度考虑运营效率。

1. 投入与产出指标

运营效率评价旨在考虑车队运营、服务特性的前提下,确定评价模型中的重要因素,分析汽车租赁服务的投入要素与运输产出的关系。关于投入指标的选取,在传统运输的生产函数中其一般为劳动力、车辆、能耗、资本等,而忽略了变量之间的共线性,例如劳动力与车辆、车辆与能源等之间的替代关系。因此,盲目增加评价指标会使SFA模型判别能力下降,导致将低效识别成效率的随机误差。根据已有研究,对于传统汽车租赁,一般选取成本型指标作为投入指标,企业运营成本主要包括折旧费用、工资成本、门店开支、车辆保险及维护修理费用,具体的成本构成图8-2所示。其中,工资成本包括所有员工的工资费用,比如驾驶人员、维修人员、管理人员等的工资费用;门店开支是指企业所有门店的运营费用,包含场地租赁费用、水电费用等。与传统汽车租赁相比,分时租赁的计费时间不同,即以小时或分钟为单位,且租赁时间没有限制,可以实现即租即取、异地还车,在一定程度上提高了车辆的使用效率。因此,除了传统汽车租赁的折旧费用、工资成本、车辆保险、维护修理等投入指标外,分时汽车租赁的门店开支还包括停车场地租赁费用、车辆投放、充电桩或换电设施的投入。

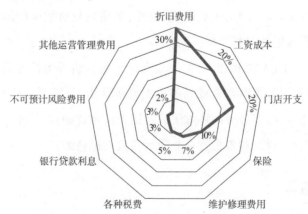

图8-2 传统汽车租赁企业运营成本主要构成

对于产出指标,根据主体的不同,可将其分为生产导向型和需求导向型两类。

其中,生产导向型是以生产产品为中心,产品的数量、种类由企业提前规划制定;需求导向型则是以顾客为中心,根据顾客需求生产某种产品和调整产品数量。对于汽车租赁企业,其服务产品为车辆,单个产品的服务人数固定,不会随顾客需求的增加而随意增减车辆的座位数。通过文献调研发现,车辆运营里程、客运周转量和运营收入等产出指标都曾出现在相关研究中。其中,运营里程和运营收入为生产导向型指标,客运周转量为需求导向型指标。需求导向型指标更多体现的是出行者的选择偏好,一般不受企业的主观控制,是独立于企业运营的外生性变量。因此,在本书中选择生产导向型指标作为产出指标更为适合。产出指标实质为生产总值,需要考虑的因素较多。相比运营里程,运营收入涉及的因素更多,除车辆的行驶里程外,还需要考虑顾客的租赁时间、租赁价格(如按时/日/月计费)等因素。因此,选取运营收入、运营渗透率分别作为传统租赁和分时租赁企业的产出指标,能直观反映企业的生产总值和运营状况。

2. 技术无效率的影响因素

为识别企业运营低效的解释变量(即外生性变量),已有研究提出一些影响因素,如政策因素包括国家对汽车租赁行业的投资、优惠政策与补贴政策,以及对私家车的限行摇号等拥堵政策;城市特性包括人口密度、人均GDP、发展规模等因素;其他因素包括私家车拥有量等。但这些因素大部分在运营商的可控范围之外,绝大部分汽车租赁企业无法通过控制这些因素来提高运营效率。因此,考虑企业可控的变量来研究低效水平,如吴小员等(2018)认为市场规模的扩大有利于汽车租赁业的发展,同时使市场竞争更加激烈,这在一定程度上决定了企业的规模和结构;Oliveira等(2017)认为车队管理是影响技术效率的重要因素。市场规模的发展肯定是有利于汽车租赁企业的产业结构转变,有利于汽车租赁企业之间的内部竞争,在一定程度上会促进汽车租赁企业的发展。但是市场规模的扩大一定会吸引更多的投资出现,使竞争更加激烈,这个时候引入公平竞争机制,关注企业的经济效率是提高企业竞争力的重要因素。因此,为了选取一个具有代表性的指标,应将汽车租赁企业的车队规模在市场规模所占的比例作为该企业的车队规模水平。

另外,车辆利用率对汽车租赁业的影响也非常大,车辆利用率是指车辆使用效率,代表车辆的利用程度和使用效率的高低。车辆利用率的提高有利于促进汽车租赁企业运营收入的增长,形成良好的汽车租赁运营模式,促进汽车租赁业的快速发展。同时,Lazov 等(2017)也研究证明了车辆利用率影响着企业经营效益,且能反映供需平衡关系,与汽车租赁业发展存在直接正向关系。因此,将车辆利用率作为汽车租赁企业技术无效率的另一影响因素。

综上所述,得到汽车租赁企业运营效率评价的全部指标,见表 8-2。

运营效率评价指标 表 8-2

	传统汽车租赁		分时汽车租赁	
	效率评价指标	含义	效率评价指标	含义
投入	E_{it}	折旧费用(万元)	E_{it}	折旧费用(万元)
	L_{it}	工资成本(万元)	L_{it}	工资成本(万元)
	K_{it}	门店成本(万元)	P_{it}	停车场地租赁费(万元)
	R_{it}	保险(万元)	O_{it}	车辆投放(万元)
	G_{it}	维护修理(万元)	N_{it}	充电/换电设施投入(万元)
产出	y_{it}	运营收入(百万元)	R_{it}	保险(万元)
低效	Z_{it}	车队规模水平	G_{it}	维护修理(万元)
	S_{it}	车辆利用率	产出	y_{it}	运营渗透率(%)
—			Z_{it}	车队规模水平
—			S_{it}	车辆利用率

注:以上各参数中,i 代表运营企业,t 代表时期。

第二节 运营效率测评模型

一、SFA 模型构建

SFA 法在确定性生产函数的基础上,提出具有复合扰动项的随机边界模型,其基本表达式为：

$$y_i = f(x_i) e^{v_i - u_i}, i = 1, 2, \cdots, I \tag{8-1}$$

式中：x_i、y_i——运营企业 i 的投入和产出观测值；

　　$f(x_i)$——生产前沿，表示在给定投入下产出的最大值；

　　v_i——随机误差项，表示不可控的影响因素，作为具有随机性的系统非效率计算；

　　u_i——技术损失误差项，是企业可以控制的影响因素，与技术非效率有关。

考虑到无效率因素作为协变量对效率分布的影响，本书对基础模型进行改进，改进后的效率模型适用于面板数据，即：

$$\ln y_{it} = \ln(x_{it}\beta) + v_{it} - u_{it} \tag{8-2}$$

式中：y_{it}——运营企业 i 在时期 t 的产出向量；

　　x_{it}——投入向量；

$\ln(x_{it}\beta)$——函数模型的确定性部分；

　　β——未知参数向量；

　　v_{it}——随机误差，服从独立同分布，即 $v_{it} \sim N(0, \sigma_v^2)$，与 u_{it} 相独立；

　　u_{it}——技术无效率项，服从截断正态分布，即 $u_{it} \sim N^+(u, \sigma_u^2)$。

SFA 法与生产函数的形式紧密相关，由于超越对数生产函数在传统的道格拉斯生产函数上增加了时间项和交互项，既可以表示技术进步，又可以呈现线性状态以方便参数估计，数据拟合更好、结果预测更精确，因此，利用超越对数形式将 $\ln(x_{it}\beta)$ 展开为：

$$\ln(x_{it}\beta) = \beta_0 + \sum_{n=1}^{N} \beta_n \ln x_{nit} + \frac{1}{2} \sum_{n=1}^{N} \sum_{j=1}^{N} \beta_{nj} \ln x_{nit} \ln x_{jit} \tag{8-3}$$

从企业的角度考虑运营效率，建立运营成本和运营收入的投入与产出关系框架。在此框架下，建立随机前沿生产函数和效率评价模型分别如下：

$$\ln y_{it} = \beta_0 + \sum_{n=1}^{N} \beta_n \ln x_{nit} + \frac{1}{2} \sum_{n=1}^{N} \sum_{j=1}^{N} \beta_{nj} \ln x_{nit} \ln x_{jit} + v_{it} - u_{it} \tag{8-4}$$

$$CE_{it} = \frac{E(y_{it})}{E[y_{it}/u_{it}=0]} = e^{-u_{it}} \tag{8-5}$$

式中：x_{nit}——运营企业 i 在第 t 年的第 n 个投入指标，t 反映技术变化；

y_{it}——汽车租赁企业的运营收入或运营渗透率；

β——待估计的弹性系数；

CE_{it}——效率值，表示在相同投入下实际产出与完全有效产出的比值。

二、技术无效率模型

为确定汽车租赁企业技术无效率的解释变量，考虑车队规模水平（Z_{it}）和车辆利用率（S_{it}）这两个可控指标进行分析。其中，Z_{it} 反映了企业在租车市场中的发展水平，S_{it} 主要表示租赁车辆的利用程度。同时考虑时间趋势的影响，来反映技术的变化，则技术无效率 u_{it} 可表达为：

$$u_{it} = \delta_0 + \delta_1 \ln Z_{it} + \delta_2 \ln S_{it} + \delta_3 (\ln Z_{it}) \cdot (\ln S_{it}) + \delta_4 t \ln Z_{it} + \delta_5 t \ln S_{it} + w_{it} \quad (8-6)$$

式中：u_{it}——技术无效率；

Z_{it}——企业 i 在第 t 年的车队规模水平；

S_{it}——企业 i 在第 t 年的车辆利用率；

δ_i——指标系数，$i = 0, 1, 2, 3, 4, 5$；

w_{it}——误差项。

运营效率中的指标参数研究通常采用"两步法"进行参数估计，但该方法没有考虑指标体系和外生因素之间的相关性，可能导致参数估计结果存在偏误。对此，有学者提出了"一步法"，即在估计参数（β）的同时，测算出效率的估计值。假设 u_{it} 服从截断正态分布 $N^+(u_{it}, \sigma_u^2)$，i 和 t 之间相互独立，$\varepsilon_{it} = v_{it} - u_{it}$。运用似然函数 $L = \prod_{i=1}^{I} \prod_{t=1}^{T} f(\varepsilon_{it})$ 估计各参数值（δ），其中 ε_{it} 的概率密度函数为：

$$f(\varepsilon_{it}) = \int_0^{\infty} g(\varepsilon_{it} + u_{it}) f(u_{it}) du = \int_0^{\infty} \frac{\exp\left[-\frac{1}{2} \frac{(\varepsilon_{it} + u_{it})^2}{\sigma_v^2}\right] \exp\left(\frac{u_{it} - z'_{it} \delta}{\sigma_u^2}\right)}{2\pi \sigma_u \sigma_v \Phi(z_{it} \delta / \sigma_u)} du$$

(8-7)

第三节 实例分析

一、数据来源及模型估计

1. 数据获取

为了更客观地反映我国汽车租赁企业的运营状况,使选取的数据更具代表性,研究国内 4 家具有代表性的传统汽车租赁企业,即神州、一嗨、首汽和至尊,5 家分时租赁企业,即杭州微公交、TOGO、Car2go、盼达和一度用车。分别选取传统汽车租赁企业 2012—2019 年的年度运营数据和分时租赁企业 2015—2019 年的年度运营数据共 57 个观测样本作为面板数据(数据来源为《中国交通运输统计年鉴》和企业财务分析报告)。采用 SPSS 软件对样本数据进行统计分析,得到研究样本的描述性统计量,见表 8-3。其中,仅 S_{it} 表现为负偏离,说明整个样本中传统租赁企业和分时租赁企业的车辆利用率均偏低。

研究样本描述性统计量　　　　　　表 8-3

企业类型	评价指标		平均值	标准差	偏度	最小值	最大值
传统租赁	产出	y_{it}	3451.1	2384.8	0.727	410.0	9183.0
	投入	E_{it}	10777.5	8561.6	1.236	856.9	33977.2
		L_{it}	4838.1	3843.9	1.355	414.5	15427.5
		K_{it}	1580.3	1061.7	0.552	133.7	3765.1
		R_{it}	2028.3	1528.2	1.207	219.8	6152.7
		G_{it}	1924.1	1527.7	1.002	153.8	5785.3
	低效	Z_{it}	0.080	0.065	0.379	0.005	0.210
		S_{it}	0.668	0.035	-0.535	0.579	0.722
分时租赁	产出	y_{it}	0.079	0.094	1.593	0.001	0.331
	投入	E_{it}	10474.5	6671.5	-0.166	992.1	20189.2

续上表

企业类型	评价指标		平均值	标准差	偏度	最小值	最大值
分时租赁	投入	L_{it}	3312.6	2279.1	-0.011	236.5	7002.3
		P_{it}	1421.7	1064.1	0.301	75.6	3801.1
		O_{it}	10745	11341.3	1.498	400	46000
		N_{it}	1269.4	885.2	0.431	118.6	3491.4
		R_{it}	1212.0	793.3	0.071	112.2	2889
		G_{it}	1524.5	1017.2	0.072	131.2	3291
	低效	Z_{it}	0.011	0.009	0.551	0.001	0.030
		S_{it}	0.654	0.089	0.128	-0.513	0.821

2. 参数估计结果分析

采用软件 Frontier 4.1 对超越对数生产函数(8-4)和技术低效函数(8-6)分别进行参数估计,结果见表8-4。可见,大部分参数估计在5%的水平下都显著,且两模型中 γ 值均为0.99,接近1,表示生产中99%的波动是因为技术低效,仅有1%是由随机误差产生。对于本样本来说,带技术效率项的随机前沿生产函数是适用的。

随机前沿函数参数估计结果　　　　　　　　　　　　　　表8-4

传统租赁				分时租赁			
变量	参数	参数估计	t 值	变量	参数	参数估计	t 值
常数项	β_0	25.23***	31.282	常数项	β_0	11.15	2.157
$\ln E_{it}$	β_1	2.88***	-4.255	$\ln E_{it}$	β_1	3.56***	10.620
$\ln L_{it}$	β_2	-3.22***	-8.120	$\ln L_{it}$	β_2	0.40***	8.551
$\ln K_{it}$	β_3	16.73***	-24.110	$\ln P_{it}$	β_3	0.47	0.488
$\ln R_{it}$	β_4	2.97***	7.733	$\ln O_{it}$	β_4	7.09***	4.725
$\ln G_{it}$	β_5	-1.83***	3.143	$\ln N_{it}$	β_5	2.93**	2.537
常数项	δ_0	0.04	1.078	$\ln R_{it}$	β_6	1.37***	9.053
$\ln Z_{it}$	δ_1	-0.06***	-3.750	$\ln G_{it}$	β_7	-2.83***	-9.913
$\ln S_{it}$	δ_2	-0.55***	-9.063	常数项	δ_0	0.06	1.230
$(\ln Z_{it}) \cdot (\ln S_{it})$	δ_3	-0.28	-0.852	$\ln Z_{it}$	δ_1	-0.76***	-8.240

续上表

传统租赁				分时租赁			
变量	参数	参数估计	t 值	变量	参数	参数估计	t 值
$t\ln Z_{it}$	δ_4	0.14**	-1.982	$\ln S_{it}$	δ_2	-0.41*	-1.763
$t\ln S_{it}$	δ_5	0.19***	2.614	$(\ln Z_{it}) \cdot (\ln S_{it})$	δ_3	-0.45	-0.358
—	σ^2	0.007***	6.043	$t\ln Z_{it}$	δ_4	0.72**	-2.012
—	γ	0.99***	8.097	$t\ln S_{it}$	δ_5	0.37*	1.658
对数似然值	LL_{UR}	271.91	—	—	σ^2	0.171***	3.026
检验统计量	LR	162.24	—	—	γ	0.99***	3.125

注:参数估计值*、**、***表示在10%、5%和1%置信水平下显著。

从表8-4的极大似然参数估计结果中可以看出,传统汽车租赁企业折旧费用、工资成本、门店开支、保险在1%的置信水平下均显著。各指标中,工资成本(L_{it})、维护修理(G_{it})的弹性系数为负,主要是因为劳动力的扩张并不能带来租车收益,而车辆的维护修理又极大地提高了运营成本,表明控制上述指标的投入将会获得正收益。在诸多因素中,门店开支(K_{it})对运营产出(y_{it})的影响最为明显,且门店的增多会刺激收入的提高,说明汽车租赁的方便程度可以推动汽车租赁的发展。折旧费用(E_{it})和保险(R_{it})对运营产出(y_{it})都存在正向激励作用,这对汽车租赁企业的持续发展提出了要求,而由粗放型租赁转向精密型租赁,针对市场需求发展不同的汽车租赁。

由分时汽车租赁效率评价模型中各指标参数估计结果可知,除停车场租赁费用(P_{it})和充电设施投入(N_{it})外的其他投入指标均在1%的置信水平下显著。其中,车辆投放(O_{it})的弹性系数远远大于其他运营成本,且为正向作用,系数为7.09;各投入指标中,仅有维护修理(G_{it})对企业运营产出表现为负向影响,弹性系数为-2.83,影响效果明显。可见,车辆折旧、充电桩或换电设施、车辆投放、保险对分时汽车租赁企业的发展具有显著的推动作用,停车场地租赁费用对企业运营的推动作用不显著,而维护修理对企业发展呈现显著的消极作用。由此说明,对于分时汽车租赁企业的发展市场,覆盖率和规模化是提高租车收益的关键。此外,折旧费用对两类企业的运营产出影响都较大,说明良好的二手车市场可以为企业提供好的折旧环境,充分获取车辆的剩余价值,并促进车辆迭代与更新。

3. 假设检验

为评估解释变量与其他随机效应之间的关系,需定义一些技术低效影响的零假设,其中,$LR = -2(LL_R - LL_{UR})$,LL_R 和 LL_{UR} 分别为有约束模型和一般模型的对数似然值。如果原假设成立,那么检验统计量 LR 服从卡方分布,检验结果见表8-5。检验1表明,生产函数中要素的二次项是显著的,传统的道格拉斯生产函数被拒绝;检验2、3表明,车队规模水平和车辆利用率对企业技术低效具有显著的决定作用;检验4证实了生产技术效率具有显著的时间效应,表明技术效率存在显著的动态性。可见,本模型在5%水平上都不能被拒绝,具有一定的解释力。

假设检验结果 表8-5

零假设(H_0)及含义	LL_R	LR	自由度	临界值	决策
1. $\beta_{12} = \beta_{13} = \cdots = \beta_{55} = 0$ 生产函数不存在要素交叉和二次效应	129.65	71.13	15	30.58	拒绝 H_0
2. $\delta_1 = \delta_3 = \delta_4 = 0$ 车队规模对技术效率无影响	68.49	101.71	3	11.84	拒绝 H_0
3. $\delta_2 = \delta_3 = \delta_5 = 0$ 车辆利用率对技术效率无影响	73.55	99.18	3	11.84	拒绝 H_0
4. $\delta_4 = \delta_5 = 0$ 技术效率的联合时间效应为零	61.61	105.15	2	9.21	拒绝 H_0

二、影响因素分析

低效的解释变量对传统租赁和分时租赁的影响具有同向性,除交互项外的其他变量都对技术低效有显著的影响。其中,δ_1、δ_2 在模型里均为负值且都显著,表明变量(车队规模水平、车辆利用率)与技术效率之间存在正相关关系,即该类变量对技术低效有正向作用,企业可通过调整这些变量提高运营效率。另外,时间与其他变量的交互项系数非零且显著,说明技术变化是非中性的。其中,δ_4、δ_5 均为正值,表明时间趋势下,车队规模水平、车辆利用率对运营效率的边际效应将下降。图 8-3 展示了企业车队规模水平和车辆利用率对两类企业运营效率的具体影响。

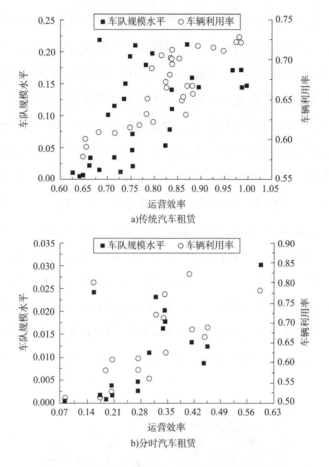

图 8-3 企业车队规模水平和车辆利用率对效率的影响

由图 8-3 可以看出,随着车队规模水平的提高,传统租赁企业的运营效率呈先升后降的趋势。这表明租赁车队规模的发展有利于产业结构转变,促进市场适度竞争,但同时会吸引更多投资,导致供需失衡,企业运营效率下降。总体来看,车队规模水平对分时租赁企业的运营效率有促进作用,车队规模的扩大有利于提高企业运营渗透率和吸引力。显然,车辆利用率与运营效率呈正相关,提高利用率可以降低投入冗余。

三、运营效率评价

根据式(8-5)计算得到不同时期各类型企业的运营效率,变化情况如图 8-4 所示。图 8-4a)显示,2012—2019 年,4 家传统企业的运营效率都呈现"倒 U 形"的变化特征,平均效率由 2012 年的 0.81 上升至 2014 年的 0.89,再降低至 2018 年的 0.78。追寻其下降的原因,可能是因为企业的生产扩张超越了规模承受能力。例如神州租车,其车队规模从 2014 的 6.3 万辆增加到 2018 年的 13.5 万辆,而市场需求增长缓慢,导致边际成本增加。从纵向分析,神州租车和一嗨租车的运营效率相对较高,其平均效率保持在 0.85~0.95 之间。图 8-4b)显示,各分时租赁企业的运营效率差距较小,且均呈现上升趋势。其中杭州微公交、TOGO、盼达的运营效率相对较高,平均效率高于 0.4,而另两家企业平均效率偏低,均在 0.3 以下。

总体而言,传统企业的运营效率主要分布在 0.6~1.0 之间,而分时租赁企业的运营效率主要分布在 0.05~0.65 之间,明显低于传统企业的运营效率。这是因为分时租赁企业才处于发展阶段,企业、车队规模以及运营网点覆盖率都远小于发展较成熟的传统租赁企业。可见,需求空间大的市场环境下,企业规模越大投入产出越高,说明探索汽车租赁企业的运营模式和投入成本,是提高运营效率的关键。

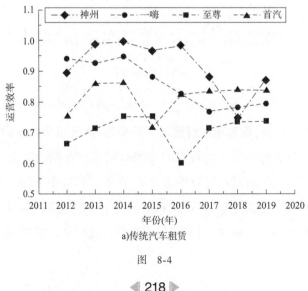

a) 传统汽车租赁

图 8-4

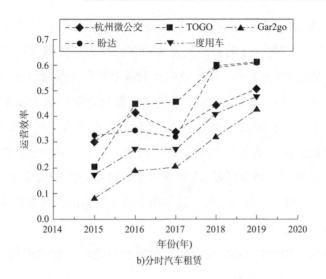

b)分时汽车租赁

图 8-4 不同类型企业的运营效率

分离生产技术变化的作用,同时考虑企业不可控因素中城市发展的影响,分析不同企业规模水平、城市发展状况下的效率水平。根据汽车租赁企业在各城市的分布渗透率,选取北京、深圳、上海、杭州、重庆、宁波、武汉、天津、南京、海口共10个城市进行对比分析,并按照城市人口数量分类为大城市(100万~500万)和特大城市(>500万)。此外,选用企业的车队规模市场占比来衡量企业规模水平,运用聚类分析对企业规模水平进行分类,分为大、中、小3种类型,具体见表8-6。

不同分类下的平均运营效率　　　　　　　　　　表 8-6

分类			年份(年)							
			2012	2013	2014	2015	2016	2017	2018	2019
企业规模水平	传统租赁	>0.13(大)	0.795	0.839	0.977	0.958	0.925	0.881	0.748	0.815
		0.06~0.13(中)	0.727	0.814	0.805	0.753	0.701	0.774	0.787	0.785
		<0.06(小)	0.663	0.757	0.688	0.749	0.725	0.728	0.683	0.754
	分时租赁	>0.01	—	—	—	0.302	0.38	0.372	0.512	0.593
		≤0.01				0.195	0.303	0.239	0.364	0.453
城市分类		>500万人	0.693	0.717	0.753	0.783	0.794	0.783	0.748	0.760
		100万~500万人	0.508	0.539	0.598	0.608	0.618	0.634	0.571	0.597

由表8-6可得,按企业规模水平分类时,传统租赁中大型、中型、小型企业的平

均运营效率分别为 0.87、0.77 和 0.72,大型企业明显比中小型企业运营要高效。主要由于大型企业拥有较强的资源整合能力和较高的运营网点覆盖率,规模经济效益显著。但在时间趋势下,三类企业的运营效率差距在逐渐缩小,说明企业规模对运营效率的边际效益在下降。分时租赁中大部分企业还处于探索阶段,发展规模较小,运营模式大同小异,因此企业间运营效率差距不大。另外发现,分时租赁、车辆共享等新商业模式的出现,对传统汽车租赁产生了一定的分流作用,使企业运营受到影响。从城市发展角度看,特大城市和大城市的汽车租赁平均运营效率分别为 0.754 和 0.584,两者差距较大,这是由于特大城市的汽车租赁业发展较早,基础设施投放较完善且租车需求量大。

从以上分析结果可以看出,我国汽车租赁企业整体运营效率仍存在较大改善空间,具体应形成以下应对机制:

(1)调整商业模式,汽车租赁企业应打破传统的经营思路,由粗放型管理模式向集约化、精细化的模式转变。

(2)加快属地融合,重视开放性强、城镇化发展快的区域,如京津冀城市群、长三角城市群、粤港澳大湾区、成渝双城经济圈等,为城市制定全面融入其产业、空间发展及生活服务的汽车租赁方案。

(3)加强行业合作,拓展除车辆租赁外的网点或平台共享,通过企业间的不断整合、兼并重组增大市场集中度,实现规模效应。积极参与行业联盟,上游连接汽车制造、销售、金融等,下游发展二手车市场,形成客户共享、协同经营的水平化协作。

本 章 小 结

本章综合运用随机前沿分析和超越对数函数方法,研究了国内 9 家汽车租赁企业 2012—2019 年的运营效率,并对其波动情况和影响因素进行了分析评价,主要结论如下:

(1) 车队规模水平对提高汽车租赁企业的运营效率有正向激励作用,但当其超过某个临界值后,边际效益将递减。

(2) 租赁市场整体规模的发展会带来产业结构的转变,促进经营企业的发展,同时也会吸引更多投资,进而造成过度投入、运营效率下降的情况。

(3) 汽车租赁业存在规模经济特性,大型汽车租赁企业的平均运营效率明显高于中小型企业,城市人口越多越有利于企业的规模发展。因此,在动态市场环境下,探索企业运营模式和发展规模,引入适度市场竞争,是提高其运营效率的关键。

第九章 主要结论

作为代表性的易逝品,待租车辆采用易逝性资产收益管理的方式,其销售机会和数量具有极强的时效性,因此,需要在有限的租赁时间尽可能地实现收益最大化。针对租赁车辆易逝的特性,借助互联网与交通行业的深度融合,近年来在实践上较多关注于利用互联网平台进行车辆的分时租赁,以达到供需平衡。然而,顾客需求的不确定性和广泛分布特征,对租赁商在应对顾客选择行为上提出了更高的要求,如何最优化调度车队资源,并设计应对机制以缓解供给缺失或不足带来的收益损失显得尤为重要。基于此,本书以共享经济时代为背景,借鉴有关收益管理和资源调度的成果,来研究竞争、路网动态变化条件下的汽车分时租赁需求特征、动态存量控制、车队调度策略及收益分配问题,得到以下结论。

(1)在影响选择意向的外部因素中,租车成本特征的作用程度较大,其中租车押金的影响最显著;心理感知变量中,感知舒适性和整洁性的影响最显著。需求特征主要表现为:对租赁车辆空间环境和整洁程度的要求较高;春秋季顾客租车出行的意愿明显增强,取车时间也呈现出季节性规律;在车型需求上表现为巢式,即高等级的车辆需求逐渐变少,平民化的车辆需求较大,且更偏向于选择小型车和紧凑车型;有过租车经历的群体用车结束后,更倾向于选择在商家网点还车的方式。针对汽车租赁中不同车型的选择偏好问题,建立的效用模型准确预测了各车型的选择概率。考虑到顾客的"溢出"和"再现"效应,运用改进的 Spill 模型对历史受约束数据进行了修复,估计出顾客的"真实需求",有效提高了需求预测精度。

(2)考虑顾客到达系统无法租赁车辆的情况,为减少顾客流失,提出了连续短时段实时顾客行为变化检测策略和马尔可夫决策过程,建立的车辆动态存量控制模型，在具体算例下得到租赁商对不同车型的最优库存车辆数，实现了车辆的柔性控制，为租赁商提供了良好的车辆存量控制策略。同时，提出了需求固定和随机时，巢式需求下租赁企业在同一联营区内如何调节多个租赁站点、多种车型的供需方案。算例结果显示，引入站点规模、车队规模、可用车辆数等约束条件的模型和算法较好地完成了战术车队规划的各项任务。

（3）租赁服务运作成本、运作效率、技术水平和服务质量是服务商选择的主要参考指标；基于委托代理理论、不完全信息理论和讨价还价博弈理论，建立的合作双方收益分配博弈模型，具有较强的实践性和说服力。汽车租赁业存在规模经济特性，适当的规模化发展有利于企业运营效率的提高，且租赁市场整体规模的发展会带来产业结构的转变；在动态市场环境下，探索企业运营模式和发展规模，引入市场适度竞争，是提高其运营效率的关键。

参 考 文 献

[1] 边文龙,王向楠.面板数据随机前沿分析的研究综述[J].统计研究,2016,33(6):13-20.

[2] 陈剑,肖勇波,刘晓玲,等.基于乘客选择行为的航空机票控制模型研究[J].系统工程理论与实践,2006(01):67-77.

[3] 程龙,陈学武,杨硕.基于态度-行为模型的低收入通勤者出行方式选择[J].交通运输系统工程与信息,2016,16(01):176-181.

[4] 陈旭.基于收益管理的汽车出租定价与车辆配置[J].系统工程理论方法应用,2005,14(3):264-267.

[5] 陈月霞,陈龙,查奇芬,等.基于潜变量SVM的出行方式预测模型[J].东南大学学报(自然科学版),2016,46(06):1313-1317.

[6] 董有德,李沁筑.基于模糊质量功能展开的服务外包供应商选择的评价模型及应用[J].上海大学学报(自然科学版),2015(2):267-274.

[7] 贡文伟,黄晶.基于灰色理论与指数平滑法的需求预测综合模型[J].统计与决策,2017(01):72-76.

[8] 郭鹏,萧柏春,李军.收益管理中非正态无约束估计的EM算法研究[J].数理统计与管理,2011,30(6):1077-1088.

[9] 郭鹏,萧柏春,李军.基于多需求分布的收益管理多舱位无约束估计模型[J].系统科学与数学,2013,33(10):1164-1177.

[10] 关宏志.非集计模型——交通行为分析工具[M].北京:人民交通出版社,2004.

[11] 霍佳震,秦瑛.旅客需求双向转移的多等级舱位控制优化问题[J].系统工程,2016,34(01):120-125.

[12] 胡奇英,刘建庸.马尔可夫决策过程引论[M].西安:西安电子科技大学出版

社,2000.

[13] 黄猷翔.汽车长期租赁之服务质量与再续约意愿影响研究——以某公司客群为例[D].台北:大同大学,2009.

[14] 韩煜东,刘伟.联合分析法研究综述与展望[J].管理现代化,2011,178(6):29-31.

[15] 景鹏,隽志才.计划行为理论框架下城际出行方式选择分析[J].中国科技论文,2013,8(11):1088-1094.

[16] 景鹏,隽志才,查奇芬.扩展计划行为理论框架下基于MIMIC模型的城际出行行为分析[J].管理工程学报,2016,30(4):61-68.

[17] 鞠鹏,周晶,徐红利,等.基于混合选择模型的汽车共享选择行为研究[J].交通运输系统工程与信息,2017,17(2):7-13.

[18] 李帮义,王玉燕.博弈论与信息经济学[M].上海:上海三联书店,2016.

[19] 李金林,徐丽萍.基于顾客选择行为的存量控制稳健模型[J].北京理工大学学报,2011,31(5):622-626.

[20] 李晓伟,王炜,杨敏,等.多模式综合交通客运方式选择行为决策机理——以大学生群体为例[J].西安建筑科技大学学报(自然科学版),2016,48(3):357-361.

[21] 梁喜,熊中楷.汽车租赁供应链中汽车制造商的回购定价策略[J].工业工程与管理,2009(1):85-89.

[22] 刘名武,魏晓梅,陈弘.基于排队的两类顾客易逝品库存控制策略研究[J].运筹与管理,2018,27(11):17-21.

[23] 刘向,董德存,王宁,等.基于Nested Logit的电动汽车分时租赁选择行为分析[J].同济大学学报(自然科学版),2019,47(01):47-55.

[24] 罗利,萧柏春.收入管理理论的研究现状及发展前景[J].管理科学学报,2004,7(5):75-83.

[25] 任远波,王成昌.基于SNA公共服务外包承包商选择关键指标识别[J].武汉理工大学学报(信息与管理工程版),2018,40(004):424-427+433.

[26] SAMI J,PASCAL F,YOUNES B.道路公共交通效率的随机前沿分析方法[J].交通运输系统工程与信息,2013,13(5):64-71.

[27] 石韵虓,陈凯,李沂洋,等.基于重构的多层次分析法的楼盘综合水平评价算法[J].长春理工大学学报(自然科学版),2020,43(03):121-129.

[28] 司杨,关宏志.计划行为理论下出租车驾驶员寻客行为研究[J].交通运输系统工程与信息,2016,(06):147-152+175.

[29] 宋鸿芳,冉伦,褚宏睿,等.基于有限理性的供应链库存控制[J].预测,2014,2(33):55-58.

[30] 孙泽生,潘莉,尚杰.共享经济视角的中国租车业需求与政策效应——基于企业内部数据与政策冲击面板数据的实证[J].产经评论,2017,8(2):46-56.

[31] 万霞,王炜,陈峻.居民全日制出行方式选择动态模型研究[J].中国公路学报,2012,25(2):121-126.

[32] 王保乾,邵志颖.基于修正UTAUT模型的共享电动汽车市场用户意愿研究[J].软科学,2018,32(11):130-133+144.

[33] 王海峰,徐济超,常广庶.运用联合分析确定在顾客满意度调查中测量的服务属性的相对重要性[J].工业工程与管理,2006(2):78-82.

[34] 王娟,杨爱峰.基于排队理论的汽车租赁运营策略[J].工业工程,2011,14(02):61-65.

[35] 王仙凤,曾向荣,郝红星.考虑汽车租赁公司维修能力的汽车调度研究[J].计算机仿真,2009,26(1):256-259.

[36] 王延清,杜其光.供应链联盟利益分配的两阶段模型分析[J].商场现代化,2007(4):114-115.

[37] 王勇,韩平.第四方物流企业作业承接不完全信息双边讨价还价分析[J].中国管理科学,2008,16(02):172-178.

[38] 韦海民,李文华.基于Shapley-理想点的PPP项目利益分配模型研究[J].工程经济,2018,28(04):78-81.

[39] 吴麟麟,卢海琴,汪洋,等.引入忠诚度变量的城际出行方式动态选择行为研

究[J].公路交通科技,2013,31(11):123-129.

[40] 吴小员,孙宝江,左哲伦.中国电动汽车分时租赁发展特征与对策研究——基于对28家主要运营商的调研分析[A].中国汽车工程学会.2018中国汽车工程学会年会论文集[C].上海:机械工业出版社,2018.

[41] 武文,帅斌,段焕焕,等.基于BL模型的居民小汽车出行行为研究[J].交通运输工程与信息学报,2012,10(3):71-75.

[42] 谢俊斐,米文宝.旅游动机对大学生租车出行选择行为的影响[J].数学的实践与认识,2019,49(4):277-286.

[43] 闫振英,韩宝明,李晓娟,等.考虑旅客选择行为的高铁席位动态控制策略[J].交通运输系统工程与信息,2019,19(001):118-124.

[44] 杨励雅,邵春福,HAGHANIA A.出行方式与出发时间联合选择的分层Logit模型[J].交通运输工程学报,2012,12(2):76-83.

[45] 叶晓甦,李丹丹,马烈,等.基于公众感知的PPP项目收益分配模型研究[J].建筑经济,2017,38(10):33-37.

[46] 张春勤,隽志才,景鹏.所有权结构与城市公交运营效率:基于面板数据和SFA模型的实证研究[J].管理工程学报,2018,32(2):44-52.

[47] 张熠,王先甲.基于AHP和动量BP神经网络的工程项目承包商选择模型[J].数学的实践与认识,2014,44(21):52-57.

[48] 章玉,黄承锋,许茂增.中国城市公交的运营效率与服务效果研究[J].公路交通科技,2017,34(1):154-158.

[49] 赵敏,王善勇.电动汽车共享的使用意向研究[J].大连理工大学学报(社会科学版),2018,39(3):32-38.

[50] 赵卫东,陈国华.基于变精度粗集的判断矩阵构造方法[J].中国管理科学,2002,10(01):94-97.

[51] 赵永强,潘泉,张洪才.基于变精度粗集的分类方法[J].计算机科学,2004,10(03):142-144.

[52] ADJEMIAN M K, WILLIAMS J. Estimating spatial interdpendence in automobile

type choice with survey data [J]. Transportation Research Part A, 2010, 44 (9):661-675.

[53] AIGER D J, LOVELL C A K, SCHMIDT. Formula-tion and estimation of stochastic frontier production functions models [J]. Journal of Econometrics, 1977, 61(7):21-37.

[54] AKOMODE O J, LEES B, IRGENS C. Constructing customised models and providing information to support IT outsourcing decisions [J]. Logistics Information Management, 1998, 11(2):114-127.

[55] BALTAS G, SARIDAKIS C. An empirical investigation of the impact of behavioural and psychographic consumer characteristics on car preferences: An integrated model of car type choice [J]. Transportation Research Part A, 2013, 54(2):92-110.

[56] BENDERS J F. Partitioning Procedures for Solving Mixed-Variables Programming Problems [J]. Numerische Mathematik, 1962, 4(1):238-252.

[57] DAVID B. Car-sharing-Start up Issues and New Operational Models [J]. Transportation research, 2004(1):3-5.

[58] ERIKSSON L, FORWARD S E. Is the intention to travel in a pro-environmental manner and the intention to use the car determined by different factors? [J]. Transportation Research Part D Transport & Environment, 2011, 16(5):372-376.

[59] FINK A, REINERS T. Modeling and solving the short-term car rental logistics problem [J]. Transportation Research Part E: Logistics and T ransportation Review, 2006, 42(4):272-292.

[60] FENG Y Y, XIAO B C. Optimal policies of yield management with multiple predetermined prices [J]. Operations Research, 2000, 48(02):332-343.

[61] GERAGHTY M K, JOHNSON E. Revenue management saves national car rental [J]. Interfaces, 1997, 27(1):107-127.

[62] HAENSEL M, SCHMIDT H. Revenue management in the car rental industry: a stochastic programming approach [J]. Journal of Revenue and Pricing Management, 2012, 11(1):99-108.

[63] HAN C H, KIM M K, KIM J R. Forecasting and adjusting seasonal demands using decomposition method: Focusing on car rental services [J]. Icic Express Letters Part B Applications an International Journal of Research & Surveys, 2015 (6):651-657.

[64] HERTZ A, SCHINDL D, ZUFFEREY N. A Solution Method for a Car Fleet Management Problem with Maintenance Constraints [J]. Journal of Heuristics, 2009, 15(5): 425-450.

[65] HJORTESET M A, BÖCKER L. Car sharing in Norwegian urban areas: Examining interest, intention and the decision to enrol [J]. Transportation research part D: transport and environment, 2020(84): 1-15.

[66] JAIN A, MOINZADEH K, DUMRONGSIRI A. Priority allocation in a rental model with decreasing demand [J]. Manufacturing & Service Operations Management, 2015, 17(2):236-248.

[67] JULIAN P, ELEFTHERIOS I, IP C. Vehicle fleet planning in the car rental industry[J]. Journal of Revenue and Pricing Management, 2006, 5(3):221-236.

[68] KAHNEMAN D, TVERSKY A. Prospect theory: an analysis of decision under risk[J]. Econometrica, 1979, 47(2):263-291.

[69] KARLSEN L E, KLEIVAN E. Risk Sharing: Norwegian style [J]. Tunnels tunneling, 1989, 24(4):33.

[70] KHOUJA M, RAJAGOPALAN H K, SHARER E. Coordi-nation and incentives in a supplier-retailer rental information goods supply chain [J]. International Journal of ProductionEconomics, 2010, 123(2):279-289.

[71] LAZOV I. Profit management of car rental companies [J]. European Journal of Operational Research, 2017, 258(1):307-314.

[72] LEE T C, HERSH M. A model for dynamic airline seat inventory control with multiple seat bookings [J]. Transportation Science, 1993(27):252-265.

[73] LI D, ZHAN P. Dynamic booking control for car rental revenue management: a decomposition approach [J]. European Journal of Operational Research, 2016, 256(3):850-867.

[74] LI M Z F, OUM T. Airline spill analysis-beyond the normal demand [J]. European Journal of Operational Research, 2000(125): 205-215.

[75] LI Z, TAO F. On Determining optimal fleet size and vehicle t ransfer policy for a car rental company [J]. Computers&Operations Research, 2010, 37(2): 341-350.

[76] LIAO G J, CHU K K, LI C H. An analysis of the corporate image factors affecting car rental management systems [J]. Journal of Statistics and Management Systems, 2009(12):793-812.

[77] DING L, ZHANG N. A Travel Mode Choice Model Using Individual Grouping Based on Cluster Analysis [J]. Procedia Engineering, 2016(137):786-795.

[78] LITTLEWOOD K. Forecasting and control of passenger bookings[C]. AGIFORS Symposium Proc 12, Nathan ya, Israel, 1972:95-128.

[79] MANNERING F, WINSTON C, STARKEY W. An exploratory analysis of automobile leasing by US households [J]. Journal of Urban Economics, 2002, 52(1):154-176.

[80] MEEUSEN W J, VAN D B. Efficiency estimation from cobbdouglas production functions with composed error [J]. International Economic Review, 1977, 18(6):435-444.

[81] MCFADDEN D. A Method of Simulated Moments for Estimation of Discrete Response Models without Numerical Integration [J]. Econometrica, 1987, 57(5): 995-1026.

[82] MCGILL J I, VAN RYZIN G J. Revenue management research overview and

prospects [J]. Transportation Science, 1999, 33(02):233-256.

[83] NIKSERESHT A, ZIARATI K. Estimating True Demand in Airline's Revenue Management Systems using Observed Sales [J]. International Journal of Advanced Computer Science and Applications, 2017, 8(7):361-369.

[84] NAHMIAS S. Perishable inventory t heory: a review [J]. Operations Research, 1982, 30(4):680-708.

[85] NUNNALLY J C, BERNSTEIN I C. Psychometric theory [M]. New York: McGraw-Hill, 1967:248-292.

[86] OLIVEIRA B B, CARRAVILLA M A, OLIVEIRA J F, et al. A relax-and fix-based algorithm for the vehicle reservation assignment problem in a car rental company [J]. European Journal of Operational Research, 2014, 237(2): 729-737.

[87] OLIVEIRA B B, CARRAVILLA M, ANTONIA, et al. Fleet and revenue management in car rental companies: A literature review and an integrated conceptual framework [J]. Omega the International Journal of Management Science, 2017, 8(11):1-27.

[88] PAPON F, HIVERT L. Some Analyses from French Panel Data on Car Rental and Car Sharing within Households [J]. IATSS Research, 2008, 32(2):6-15.

[89] PEUGH J L. A practical guide to multilevel modeling [J]. Journal of school psychology, 2010, 48(1): 85-112.

[90] PITT M, LEE L. The measurement and sources of technical inefficiency in the Indonesian weaving industry [J]. Journal of Development Economics, 1981, 9(1): 43-64.

[91] SCHMIDT H. Simultaneous control of demand and supply in revenue management with flexible capacity [D]. PhD thesis, Germany: Clausthal University of Technology, 2009.

[92] SETIAWAN R, SANTOSA W, SJAFRUDDIN A. Effect of Habit and Car Access

on Student Behavior Using Cars for Traveling to Cam-pus [J]. Procedia Engineering, 2015, 125(3):571-578.

[93] SHAHEEN S A, COHEN A P. Carsharing and Personal Vehicle Services: Worldwide Market Developments and Emerging Trends [J]. International Journal of Sustainable Transportation, 2013, 7(1):5-34.

[94] SU X M, ZHANG F. Strategic customer behavior, commitment, and supply chain performance [J]. Management Science, 2008, 54(10):1759-1773.

[95] SUN Y, LIU K. Impact of Mileage Anxiety on Intention to Use Pure Electric Vehicle [J]. Journal of Wuhan University of Technology, 2017, 41(01):87-91.

[96] SWAN W M. Airline demand distributions: passenger revenue management and spill [J]. Transportation Research Part E Logistics & Transportation Review, 2002, 38(3):253-263.

[97] TALLURI K T, VAN R J. Revenue management under general discrete choice model of customer behavior [J]. Management Science, 2004, 50(1):15-33.

[98] TSAPAKIS I, SCHNEIDER W H. Use of support vector ma-chines to assign short-term counts to seasonal adjustment factor groups [J]. Transportation Research Record, 2015, 2527(1):8-17.

[99] WALKER J, BEN A M. Generalized random utility model [J]. Mathematical Social Sciences, 2002, 43(3):303-343.

[100] WANG H J, SCHMIDT P. One-step and two-step estimation of the effects of exogenous variables on technical efficiency levels [J]. MPRA Paper, 2002, 18(2):129-144.

[101] WEAT H L R, BODILY S E. A taxonomy and research overview of perishable-asset revenue management: yield management overbooking and pricing [J]. Operations Research, 1992, 40(5):831-844.

[102] MITRA S. A Parallel Clustering Technique for the Vehicle Routing Problem with Split Deliveries and Pickups [J]. Journal of the Operational Research Society,

2008, 59(11): 1532-1546.

[103] ZHU J. Using turndowns to estimate the latent demand in a car rental unconstrained demand forecast [J]. Journal of Revenue and Pricing Management, 2006, 4(4):344-353.